●86頁の表中、日本SC大賞の受賞年の表記に誤りがありました。

受賞年が1900年代となっていますが、全て2000年代に訂正します。

例）第7回（1917年）→ 第7回（2017年）

●225頁8行目

（誤）　　（正）

普通は財産化→普通財産化

●307頁下段後ろから4行目

（誤）　　（正）

社会保障→社会教育

続／新ショッピングセンター論

突破するSCビジネス

大甕 聡 ＆ 未来SC研究会

SHOPPING

CENTER

BUSINESS

TO

BREAK

THROUGH

目次

序　論　新時代の商業施設　009

地域との共生再構築　010

時代の花形としてスタート　013

❖SCは一つの形態、あるいは複合体　016

❖SC大国アメリカをモデルに　018

❖SCのビジネスモデル—日米の相違点　020

❖百貨店や商店街との相違点　021

第1部　SC半世紀の総括　027

第1章　「玉川髙島屋ショッピングセンター」の軌跡　028

1　新たなビジネスモデル「SC」を導入　028

2　新たな価値創造、田んぼから商業地へ　033

3　開業後の歩み　042

072 第2章 「日本ショッピングセンター協会」の設立とあゆみ
072 1 発足と同時にスタートしたSC協会事業
081 2 全国規模に普及、拡大・多様化するなかで…
094 第3章 「日本式SC経営」の新たな発展型を求めて
094 1 日本的SCの要「管理運営の三原則」
097 2 外的環境変化とSCへの影響
099 3 ジャパンスタンダードの綻びと解決の方向性
106 4 新基本三原則の制定と「新ジャパンスタンダード」の構築
115 第2部 転換期のSC
116 第1章 生き残りを賭けた時代に
116 1 疲弊する自治体とSC
119 2 新「経営指標」の必要性
121 3 広角度から見た影響要因

第2章　SC内部の課題　122
1　SCの同質化　122
2　深刻な施設の老朽化　126
3　SCの金融商品化　127
4　定期借家制度の功罪　128
5　賃料制度（共益費＆総合賃料の課題）　130
6　商店会（テナント会）　133
7　人材確保・育成　135
8　SCの新定義も必要に　137
第3章　外部構造からの影響と当面のあり方　140
1　産業構造　140
2　社会構造　154
3　多様と属性を共生する時代　158
4　地方の財政構造　163
5　自然災害とSC　168

第3部　サスティナブルな未来型ＳＣを目指して　175
第1章　ＳＣモデルの多様化　176
1　多様化するディベロッパー　177
2　三極化する立地対応モデル　181
3　サードプレイスとしてのＳＣ　191
4　ＳＣ概念の変化と社会資本化　193
5　伝染病とＳＣ　195
第2章　ＳＣビジネスモデルの転換　198
1　商業施設から生活施設、社会施設へ　199
2　コロナとＳＣ　206
第3章　官民連携を加速するＳＣの可能性　216
1　自治体の広域連携化とＳＣ　217
2　立地適正化計画とＳＣ　220

3　公共施設等総合管理計画とＳＣ　223
4　ＰＰＰ／ＰＦＩとＳＣ　226
5　エリアマネジメントとＳＣ　232
6　行政サービスの商品サービス化とＳＣ　241
7　官民連携を加速するＳＣの可能性　250

第４章　突破するＳＣビジネスモデル――「ＳｏＣ」　264
1　ソーシャライジングセンターの哲学的背景　265
2　ＳｏＣのマネジメントシステム　268
3　まちサポート会員システム　275
4　地域知財資料館　279
5　ソーシャライジング・テナントミックス　281
6　ＳｏＣの事業成立性　285

まとめにかえて　296

300 [対談] 地域、商圏、行政との共生へ。
近未来のSCの形、あり方を探る。

311 OPINION

312 逍遥と交歓、安楽の聖地へ

334 SCが次代を操舵する時代が来る

360 あとがき

364 資料

112 COLUMN リアルなお買い物、アゲイン!

172 COLUMN わが街のSCに望む

214 COLUMN ショッピングセンターには“風が吹いて”います。

294 COLUMN SCにはECの“買い付け”にない引力が

序論

新時代の商業施設

序論　新時代の商業施設

地域との共生再構築

２０２０年、ショッピングセンター（以下ＳＣ）をはじめ全小売流通業が歴史的ともいえる曲がり角に立った。そのあり様に対して過去の経験値が未来に向けなを、実効性を持ち得るかどうかの問い直しが迫られている。

少子高齢化はもとより、生活者の消費意識、買い方の変化（ＥＣ＝電子購入）に加え、コロナ禍による行動、生活変化とともに、特に働き方においては在宅勤務など劇的な変化をもたらした。その他種々な社会構造の変化がＳＣを取りまいている。

ＳＣはこの20年間、業界を挙げて、それゆけドンドンと新設ラッシュになり、あっという間に３２００館（２０１９年日本ＳＣ協会調べ）を超え、ＳＣが日本国中に広がっている。ちなみに47都道府県でＳＣが営業していないところはない。地域の消費者の利便性は世界中でもトップクラスといえよう。しかしその裏返しでＳＣ間の競合激化、人口減少地域の増加などで売上げが減少する傾向が目立ってきた。業界関係者の間では「先を見ずにＳＣの開業競争に各ディベロッパーが走った結果のツケがまわった」との声が高まっている。こうした状況下、地域別、商圏別のＳＣ同士にも格差が広がっている。

特に同一商圏内にある小型な館、老朽化した館の苦戦が目立ち、同質化したテナントを集積したＳＣ同士の競合では消耗戦の感すら見受けられる。一方、競合激化商圏でも、鉄道やバスターミナル駅に直結するＳＣは強さを発揮している。小商圏でがんばっているところ、大商圏で伸びているところにはそれぞれの特長、戦略、新しさも見える。

さてこの先、ＳＣは何を問い直すべきか。ひと言でいえば「地域との共生の再構築」である。立地商圏を問わず考えてみなければならない。

後半の２部、３部でも提起されるが、時代環境の中で浮上した新たな課題の地域との共生、お客様との共生、まちづくりへの役割が大きなテーマとなるだろう。例えば、“ＳＣの進化型”のひとつであるソーシャライジングセンター（ＳｏＣ）では社会インフラ（公共の文化施設、スポーツ施設、クリニック、自治体の支所、出張所等）とのドッキングをさらに進める必要があると提案している。

いわゆる地域住民の暮らしを支える公共性のハード、ソフトを備えたＳＣとまちづくりである。

半世紀前に開業した玉川髙島屋ＳＣはまちづくり志向、計画を出発当初からもっていた。25年前、繊研新聞の紙齢一万号記念論文に倉橋良雄氏（当時・東神開発代表取締役）はＳＣのあり方、この先の方向を見据えた論文を投稿している。

「田んぼを商業地に、ショッピングセンターを核に新しいまちづくりをする。ＳＣには文化施設、スポーツ施設、公民館的施設等も導入し、新しいまちづくりを目指す」「20年後にはその地域との共生なくてはＳＣは生きていけない」と。まさに今日のＳＣの行く末を示唆している。

その玉川髙島屋ＳＣは、今もそのコンセプトで他のＳＣのリード役となっている。第１部で日本初の本格的ＳＣ開発、そして商圏の住民、街との共生を目指してきた玉川髙島屋ＳＣの経験に一定のスペースを割き紹介するのも、そうした意味からである。

時代の花形としてスタート

１９６９年11月、日本初のショッピングセンター専業ディベロッパー、東神開発が東京世田谷区の二子玉川に本格的な郊外型ＳＣ、「玉川髙島屋ショッピングセンター」を開業させた。同じく11月東京池袋に西武・西友流通グループ（当時）がライフスタイル文化提案型の「池袋パルコ」を、西の大阪・梅田では阪急グループ（当時）が川の流れる地下街として「阪急三番街」が華々しくオープンした。この三つの本格的ＳＣが一挙にオープンした１９６９年を業界では「ＳＣ元年」と呼んでいるが、２０１９年（令和元年）11月に揃って50周年を迎えた。

「玉川髙島屋ショッピングセンター」のオープンに際し日本経済新聞は、～70年代の花形をめざし～というタイトルで、我が国にもショッピングセンター時代が到来するという予測記事を掲載している。

昭和44年11月11日　（火曜日）

“70年代の花形”めざし

―相次ぐショッピングセンターの建設―

商社・デパート中心に

専門店からレジャーまで

11日に開店する玉川高島屋ショッピングセンター

住宅事業に進

定時株主総会招集公告

日本経済新聞（1969 年 11/11 日付）

それから半世紀、我が国のＳＣの現況は下表の通りである。

また百貨店、チェーンストアと比較しながら、過去49年間のＳＣの推移は次頁の通りである。

このように、ＳＣは日本経済新聞が予測したように、「時代の花形」として極めて順調に成長し、日経ＭＪが選ぶ「２００６年ヒット商品番付」では、当時、郊外に続々と出現した「ショッピングセンター」が西の横綱にランクされた。

しかしその頃から後述するように、ＳＣ業界にさまざまな問題が顕在化しはじめた。冒頭で結論的に提起したＳＣの今後の発展方向を念頭におきながらこれまでのＳＣの基本を確認する作業から入りたい。継続するもの、再検討を要するものがそこから浮かび上がってくるだろう。

わが国のＳＣの現況

総 SC 数	3,220
総テナント数	161,960 店
総キーテナント数	2,928 店
1 SC 当たりテナント数	50 店
総売上高（推計）	32 兆 6,595 億円
総店舗面積	53,193,597㎡
1 SC 当たり店舗面積	16,520㎡

＊店舗面積は、SC 内の物販（小売）業、飲食業、サービス業の店舗区画面積の合計。
＊総売上高（2019 年推計）は、消費税込。
（日本ショッピングセンター協会　SC 白書 2020 より）

業界団体別売上

単位 百万円

	百貨店協会	チェーンストア協会	SC協会
1979	5,220,570	6,651,542	5,766,700
1980	5,722,550	7,571,394	6,204,900
1981	6,055,150	8,412,897	8,094,100
1982	6,245,864	8,925,913	9,071,800
1983	6,366,368	9,418,791	9,173,200
1984	6,586,587	9,895,198	10,077,200
1985	6,832,094	10,446,968	10,620,700
1986	7,146,742	10,903,670	11,377,400
1987	7,491,002	11,442,304	11,895,400
1988	7,996,661	12,275,728	13,591,200
1989	8,605,650	13,031,181	13,961,300
1990	9,330,258	13,862,046	15,115,300
1991	9,713,095	14,848,877	16,198,700
1992	9,519,641	15,322,558	16,836,000
1993	8,960,318	15,444,413	17,058,500
1994	8,771,323	15,780,637	22,202,900
1995	8,568,275	16,034,067	22,786,800
1996	8,837,770	16,695,823	24,655,700
1997	9,187,687	16,863,563	25,603,900
1998	9,177,357	16,834,111	25,108,300
1999	8,993,583	16,596,462	27,201,600
2000	8,820,029	16,263,173	28,132,500
2001	8,572,465	15,910,360	26,627,500
2002	8,344,684	14,370,127	26,115,800
2003	8,111,692	14,426,761	26,189,500
2004	7,878,798	14,253,289	26,382,600
2005	7,841,460	14,175,675	26,729,800
2006	7,770,044	14,022,428	26,830,600
2007	7,705,225	13,978,827	27,163,300
2008	7,381,364	13,275,387	27,258,500
2009	6,584,112	12,834,982	26,896,100
2010	6,292,122	12,355,633	27,411,000
2011	6,152,566	12,702,443	27,439,800
2012	6,145,322	12,534,046	28,187,600
2013	6,217,140	12,722,449	28,920,900
2014	6,212,458	13,020,750	29,738,500
2015	6,174,279	13,168,288	31,077,900
2016	5,978,014	13,042,645	31,325,900
2017	5,953,256	12,917,532	32,035,500
2018	5,887,003	12,988,305	

❖SCは一つの形態、あるいは複合体

◎ショッピングセンター（SC）の定義

ショッピングセンターとは、一つの単位として計画、開発、所有、管理運営される商業・サービス施設の集合体で、駐車場を備えるものをいう。その立地、規模、構成に応じて選択の多様性、利便性、快適性、娯楽性等を提供するなど、生活者ニーズに応えるコミュニティ施設として都市機能の一翼を担うものである。

◎SC取り扱い基準

ショッピングセンターは、ディベロッパーにより計画、開発されるものであり、次の条件を備えることを必要とする。

1．テナントの店舗面積は、１５００㎡以上であること。
2．キーテナントを除くテナントが10店舗以上含まれていること。
3．キーテナントがある場合、その面積がショッピングセンター面積の80％程度を超えないこと。ただし、その他テナントのうち小売業の店舗面積が１５００㎡以上である場合には、このかぎりではない。

4．テナント会（商店会）等があり、広告宣伝、共同催事等の共同活動を行っていること。
（日本ＳＣ協会の定義と取り扱い基準から）

さて、「今世紀最強の流通業態は、ＳＣである」とか「百貨店とＳＣを融合して」等の話を聞くことがあるが、ＳＣは業態ではないので二つとも間違えている。

業態とは、営業形態。どのような売り方をするのかを基準に分類したもので、百貨店、総合スーパー、スーパーマーケット、コンビニエンスストア、ディスカウントストア、ホームセンター等をいう。ＳＣは、「形態」あるいは「複合体」であり、種々の業態をミックスさせたものである。

したがって、百貨店とＳＣを融合させても何の化学反応も起こさないし、無意味なことである。

東神開発が、秘密裡に進めていたＳＣの開発プロジェクトを開業2年前にすっぱ抜いた日本経済新聞の一面トップには、「高島屋、衛星デパート建設、車利用の客ねらう」であった。記事の中では、ＳＣを「小売業の一つのカテゴリー」として捉えていたが同じ理解をしていたように感ずる。

しかし、ディベロッパー東神開発が目指したのは、あくまで不動産ビジネスとしてのＳ

C経営であり、50年、100年を見据えたまちづくりで、最終的には二子玉川を将来「副々都心にする」という壮大な目的、使命が背景にあった。これについては、第1部で触れる。周知の通り、少なくとも、これまでのSCは商業機能の占めるウェイトが高い。そのため、SCの本家アメリカでは、ディベロッパーのことを「ノン・マーチャンダイジング・リテーラー（商品を扱わない小売業者）」と呼んだ時期があった。このことがSCという形態ないしは、形態を運営するディベロッパーの性格を誤解させる一因となったかもしれないが小売業を深く知ることは、SCを運営するディベロッパーにとっても必要かつ重要な認識の一つであることは間違いない。

❖SC大国アメリカをモデルに

世界初のSCは、1922年アメリカ・ミズリー州カンザスシティーに誕生した「カントリークラブプラザ」といわれる。賃借人（レッシー）である「テナント」を一元的に管理するディベロッパー（レッサー）が初めて登場した。ディベロップメントとは、もともと、写真の「D・P・E」の「D（現像）」の意味だが、SC等の分野では、「潜在価値を顕在化する行為」を指し、ディベロッパーという。

その後1950年にワシントン州シアトルに初めての本格的な広域型SC「ノースゲートSC」が華々しく開業する。核テナントとして百貨店が出店した他、100店余りの専門店、レストラン、スポーツ施設、クリニック、旅行代理店、プレイガイド、銀行、郵便局等々のテナントを有し、5千台を収容する駐車場を併設した。一つの「街」が郊外に突然出現したということで当時まだ100館ほどしかなかったアメリカのSC業界はもとより流通業界にも衝撃を与えた。「モータリゼーションの申し子」である近代的SC時代の幕開けである。

アメリカの流通誌を通じ日本の関係者もすぐこのことを知るが、一般大衆が自家用車を使える状況にはなく、アメリカで起きた夢のような出来事としか捉えられなかった。その後徐々に広域型（リージョナル）SCが誕生するが、その頃初めてSCを学問的、体系的に解析したとされるビクター・グルーエン（1903〜1980）が登場する。彼は一つの集大成として、ミネアポリスに「The Mother of All Malls」と呼ばれる「サウスデール」を1956年にオープンさせる。このグルーエンが開発したSCモデルは瞬く間に全米を席巻しSC大国アメリカの基になった。

後年、「玉川高島屋ショッピングセンター」を開発した東神開発の倉橋はこのグルーエンの哲学、思想を学びながら独自の日本型SCのビジネスモデルを確立し、「玉川高島屋ショッピングセンター」を開業する。

❖SCのビジネスモデル―日米の相違点

日米のSCビジネスモデルの違いについては後述するが、ここでは簡単に述べる。アメリカではディベロッパーとテナントの関係は単なる賃貸人（レッサー）と賃借人（レッシー）の関係でしかないが、日本における両者はSCの共同事業者的色彩が強い。SCの黎明期ではテナントを「運命共同体」と位置づけるディベロッパーも存在した。従って両者は、アメリカでは「VS」、日本は「&」の関係といえる。

テナントのほとんどが固定賃料で入店するアメリカと、歩合賃料のウェイトが高い日本ではSCの運営戦略に違いが出るのは当然のことである。

顧客満足度を高めるためディベロッパーとテナントが共同で、例えば「接客ロールプレーイングコンテスト」に参加したり、売上げが低迷するテナントの経営にディベロッパーが当然の如く関わり打開策を打つといった日本の行為もアメリカでは思いもよらぬことのようだ。

日本とアメリカのSCは見た目はある程度似ていても、「似て非なる」存在なのだ。このビジネスモデルの違いを、どう捉えるか。あるいは、今後これをどう考えるべきかは、本書の重要なテーマの一つである。

❖百貨店や商店街との相違点

百貨店とSCはまず産業分類からして違う。百貨店は、「小売業」でありSCは「不動産業」である。しかしながら顧客から見ると、両者は見た目は非常に似ていることもありほとんどの人が明確にその違いを説明できない。

筆者がSC協会の専務理事時代に参加していた経済産業省との定例連絡会は、「小売業協会」「百貨店協会」「専門店協会」「チェーンストア協会」といったメンバーと一緒だった。

初回に私からの「SCは、不動産業なので、この会のメンバーにそぐわないのでは」との質問に対し、経済産業省の担当課長の答えは「見た目一緒だからいいでしょう」だった。表①は、一般的な百貨店とSCの相違点をまとめたものである。

もともと百貨店は巨大なセレクトショップであったと理解しているが、総体の売上げは1991年の9兆7130億円をピークにその後、減少傾向に歯止めがかからない。ヤング層の百貨店離れ、主要客の高齢化など理由はあるが、昭和初期から行われた消化仕入契

表①　百貨店等大型小売業とSCとの相違点

	大型小売業	S C
業種	小売業	不動産業
契約形態	消化仕入れ契約等	賃貸借契約
利益の源泉	売上げ（商利率）	主に賃料
計数管理	昨対主義	原価主義
MDの考え方	品揃え、ショップ揃え	テナントミックス
運営管理の対象	自店の売り場	出店者（テナント）
販促手法	短期・催事・集客型	長期・PR・戦略型

表②　商店街とSCとの相違点

	商店街	S C
成立過程	自然発生的	計画的
テナント（店舗）	誰でも参加可能	契約当事者に限る
主な運営従事者	独立事業者等	SCデベロッパーおよびテナント
合意、コンセプトの維持	困難	容易
トータルマネージャー	不在	存在

約制度もその原因の一つではないかと感じる。ある百貨店では昭和40年代約30％だった消化仕入契約のウェイトがいまでは80～90％に上昇しているとのことだ。

消化仕入れでリスクを負わないMD、バイヤー制度は百貨店の得意とする「毎日がファッション」のイメージがなくなりお客は魅力を感じなくなったと言えよう。

表②は、商店街とSCの相違点である。

自然発生的にでき上がる商店街に比べSCは極めて計画的に仕上げられる。人が集まるところにできるのが「商店街」であり、人を集めるために創るのがSCである。しかしSCのルーツは商店街であることは間違いはなく、その意味で、商店街は「本家」でありSCは「分家」といえる。SCと百貨店は仲の良い友達の場合もあれば大型店同士で競い合う場合もある。

ちなみに中小企業庁がまとめた2018年・商店街実態調査報告書」（全国12．096軒に調査票を送付し、有効回答数4234軒から集計）によると空き店舗率は前回より微増し、13・77％と、空き店舗率に歯止めがかからない。（1995年は6・87％）

一番の悩みは、後継者難64・5％、次に店舗の老朽化が38・8％となっている。

ともあれSCもまた計画的に造られた「商店街」である。コロナ禍の中、この商店街も買い物目的の人達だけを集めようとするだけでは成立しなくなってきた。

この「商店街」に多様な価値をプラスさせる必要性に迫られている。その一つに公共性、二つ目にＳＣ商圏の活性化に貢献する地域との共生、三つ目は例えば従来のテナントとはひと味違う、伝統、ＭＤ力、商品力を持つ百貨店の小型店（サテライト）、あるいは食品街の導入等も考えられる。また一方でＳＣの原点もここできちんと振り返ることも重要だ。

余程の新しさを付加しなければＳＣの求心力は失われるだろう。

Tapio

SUNPARK

第1部 SC半世紀の総括

本格的なショッピングセンターが日本に開業してから半世紀。東京オリンピック（1964年）を契機に、消費者に生まれた新しいライフスタイル、ファッションを求める気分高揚の中でSCは誕生した。

第1章

「玉川髙島屋ショッピングセンター」の軌跡

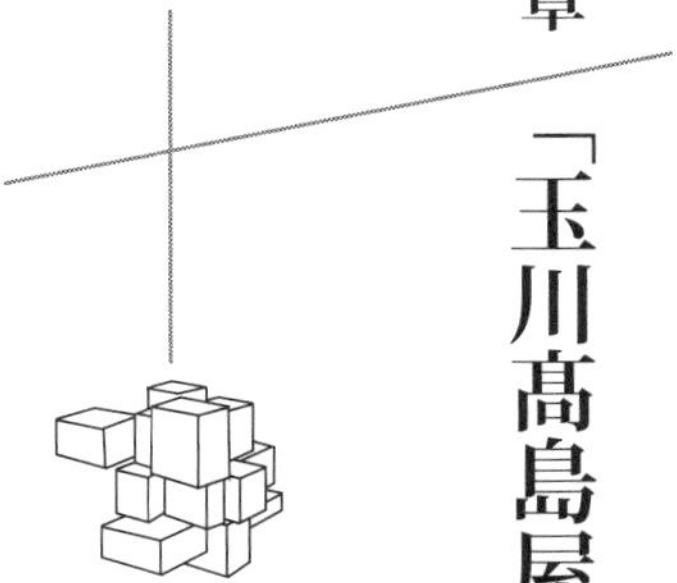

1 新たなビジネスモデル「SC」を導入

倉橋良雄の足跡

日本のＳＣの父といわれる倉橋良雄（１９１４〜２００３）（写真）は海軍経理学校の教官として終戦を迎えた年の１９４５年、これからの日本に予測された食糧難に対処すべく、国の支援を得て、海軍経理学校の研究員12〜13名を引き連れて、信州池之平高原に向かった。

その地で高原酪農事業に取り組むためだ。その事業に邁進するが、標高１４００メートルで、かつ湿地帯という立地選定に難があり倉橋らは徐々に農業用溜池として作られた人口湖「白樺湖」を中心とした観光事業へシフトしていく。そうしたなか、かねてから誘いのあった高島屋に入社すべく１９４９年に下山する。

下山してほどなく高島屋大阪支店庶務課に配属される。しばらくはフリーランサーとして、上司の欧米百貨店視察報告書や会社の百年誌を読んだり、戦前、戦後の決算書を分析したりという日々を送る。たまたま同社で記念論文の募集があり、「戦前戦後の百貨店経営比較と今後の進路」というタイトルの論文をまとめ、応募する。それが役員の目に留まり翌年1月に本社経営科学部に異動し、そこから彼の本領が発揮されていく。経営科学部では、科学的百貨店経営学と百貨店営業の理論と実際を徹底的に学ぶ。１９５１年には課長に昇進するが平社員1年、係長1年で課長に昇進したので傍目には異例の出世と映ったようだ。

その後一貫して企画調査畑を歩むが、「横浜高島屋」を１９５９年に開店させるに当たっては大いに力を発揮した。同店はほどなく稀有な高収益店として注目を浴びていく。後年氏は「横浜駅の西口は、将来、巨大なショッピングタウン、センターになると思うので核

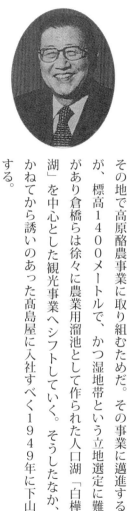

店舗としての横浜高島屋は如何にあるべきかを常に考えながら店づくりを行った」と述懐している。これは、後に述べるシアトルの「ノースゲートショッピングセンター」が念頭にあったに違いない。

ともかく、この横浜高島屋の成功がのちの二子玉川でのSC誕生へと結びつく。

欧米商業調査で掴んだSC開発の可能性

1961年横浜高島屋の増築の目鼻を付けたところで調査部長として本社勤務に復帰した。当時は池田内閣の所得倍増計画や「流通革命」論という経済潮流が盛んに唱えられ、どの企業も日本経済の高度成長の波に乗り攻勢を強めた。倉橋もまた、新たな社の長期経営計画を策定すべく、1962年の春から夏にかけ96日間の欧米小売商業視察の旅に単身で赴いた。

アメリカ13都市、欧州7カ国7都市を歴訪した。当然百貨店トップとの面談が主だったがSCも視察した。しかしモータリゼーションの発達したアメリカのSCを見て、日本でのSC開発は15年は無理と判断せざるを得なかった。

ところが欧州に渡り、スウェーデン・ストックホルムの欧州最初の郊外型SC、フェリンビーとファルスタの二つのＳＣを視察して米国とは違ったＳＣの側面を見る。

アメリカの中型ＳＣの規模があるにもかかわらず駐車場の収容台数が１３００台ほどしかない。不思議に思い裏手に廻ったらストックホルムの中心街から来る電車の駅とバスターミナルがあった。担当者に聞くと来客の50％は電車やバスで来るとのこと。倉橋は「そうか、ある種の大量交通機関の助けを借りれば５，６年後でも日本でＳＣは可能だ」との見方に変わる。帰国してすぐ、髙島屋の第１次長期計画を策定する傍ら並行してＳＣ立地選定の作業に着手した。

立地選定の徹底調査

まず始めたことは、「日本で最初のＳＣを建設するのだから、日本一の立地を選ぶ」との考えを基に最適地を探すことであった。

選定条件は、
①広域商圏を確保できて、その中心になれる場所
②商圏内に必要にして十分な消費人口があること
③購買力が外へ流失している地区

④商業環境上、将来性のある場所
⑤商圏内生活者の生活文化水準が高いこと
⑥交通の便が集中している（電車、バスの結節点）
⑦道路交通の要衝であること

東京、京阪神、名古屋の3大都市圏の近郊にあって、これらの7条件を満たすと思われる5カ所（東京2、京阪神2、名古屋1）を選出した。

その上で現地調査を行い、各10点満点で集計したところ、東京・二子玉川が抜群の点数を得た。

こうして日本で初めてのSCは二子玉川と決定、その開発に向けて動き出すことになった。現地調査を行ったところ東急二子玉川駅前に2ヘクタールほどの田んぼが残っており、当面必要な3～4ヘクタール程度をまとめるのはさほど難しくないと判断、計画を進めることとした。

念のため倉橋は、当時都市問題の権威・都立大

立地選定の要素「交通の要衝」となっている。

学の礒村英一教授を訪ね今後の二子玉川を商業立地上どう考えておられるかを尋ねた。教授は、「自動車交通時代になると、第3京浜、国道246、東名高速道が、環状8号線と落ち合う辺りが東京の連絡口となる。世田谷80万人の住宅地と田園都市線の新興住宅地を抱える二子玉川は将来有望な商業地になる可能性を持っており、SCを造るなら成功は間違いない」と太鼓判を押した。

倉橋は二子玉川は、日本で最も潜在価値を有する立地であり、そこでの成功にいよいよ確信をもった。同時に、これまで我が国になかった新しいビジネスモデルとしてのSCが全国で開発されるようになり、流通業界に一つの革命を起こすことになると考えた。

2 新たな価値創造、田んぼから商業地へ

東神開発の設立と土地の買収

1962年に髙島屋は三和銀行（当時）、日本生命、野村證券にSC事業参画の要請をし、内諾を得た。そのうえで土地買収のための東神開発を1963年12月28日に登記した。

社名は、二子玉川は東京と神奈川の県境にあり、両方にまたがる仕事をするのでという、

軽い気持ちで「東神」と命名されたが、倉橋はその時、東神の神は神奈川でなく神戸と考えると東海道ベルトラインをカバーする会社とも言えると発言したようである。

こうしてどこの馬の骨か分からないような会社の名前で、坪20万円で6千坪・12億円で買い上げる計画が決まり、早速用地買収に取りかかった。当初は坪14～15万で順調に土地を取得していったが敷地のほぼ真ん中の地主が言を左右にして話がなかなか進まない。なにかおかしいと思い土地台帳を調べたらなんと東急百貨店の名義になっていた。しかも３００坪を坪50万円というべらぼうな高値で買い上げられてい

開発前の二子玉川（駅前）「玉川町会発足70周年誌」より

ることが分かった。

東急としては、駅前の土地をまとめ買いしている会社があるがひょっとして西武という噂もあったようで、西武の渋谷進出の話や両社の先代からの確執もあり玉川進出は絶対阻止する決意で地主の言い値で買ったようである。

東神としては、大変困った立場に追い込まれたが幸い、東神開発の役員に名を連ねる日本生命の弘世社長が東急の役員をされ、当時日生劇場の創設でも協力関係にあることから弘世社長に仲介の労をお願いした。

数日経って、弘世社長より土地譲渡の基本的な了解が得られたということで髙島屋飯田慶三会長、不破祐俊常務、倉橋の3人で五島昇社長に挨拶に伺った。

五島社長はその席上、「てっきり、西武と思っていましたが、髙島屋さんだったんですね。それじゃあんな高値で買うこともなかった」と大笑いされ、正式に譲り渡しの話がまとまったが、譲渡時期は2年後にしてほしいとの話があった。海外出張中の横浜髙島屋飯田東一社長が帰国し挨拶かたがた土地譲渡の具体的な交渉に入った。

その折、五島社長は、①二子玉川駅の東に5万坪ほどの土地を持っているがあそこにハワイのアラモアナSCのようなものを造りたいと思っている②ただ当分新玉川線、田園都市線に忙殺され、あと10年は難しいとの話があった。

飯田社長は、「それまで、東神が地ならしをしておきましょう」と語り、「駅の東は、東急、西は東神」が中心に開発するという基本的な線引きがなされた。

後年、2011年に「二子玉川ライズSC」がオープンするが、そのときの約束が実現するのに45年かかったということであり感慨深いものがあった。

東急の300坪については2年後の1966年に2年分の金利を乗せ、坪60万円で譲渡された。

この話は、秘密裡に進められたため他に流れず周辺の土地買収の作業は粛々と続けられたが日経のスクープにより、皆の知るところとなり、地価はみるみる上昇していった。

日本経済新聞　昭和42年(1967年)6月19日　(月曜日)　(日刊)

日本経済新聞

高島屋　衛星デパート建設

車利用の客ねらう

郊外人口の増加で

米国式の戦略　金融機関あと押し

外国企

セ

SC建設計画をスクープした日経記事（1967.6.19）

結果、予算12億円は倍の24億円に膨れ上がり当初の計画を根本から見直す羽目に陥った。

そして苦労に苦労を重ねた土地買収のメドがついた翌1964年12月、資本金1億円で横浜髙島屋、髙島屋、前述の3社の5社均等出資でSC専業ディベロッパー「東神開発」が、正式に誕生した。

ちなみに「ディベロッパー」の語源は、写真の現像液のことを言い、それを用いて現像することを「ディベロップメント」と言う。隠れているもの、つまり潜在しているものを顕在化、浮かび上がらせる行為を言う。東神開発はまさに一大需要顕在化のディベロッパーとしてスタートしたのである。

綿密な商圏設定と市場調査

田んぼだった土地が商業地として姿を変え、立ち上がっていく様を誰が想像しただろう。そんなグランドデザインの下、具体化への作業は第2段階へと入る。

倉橋はSCの規模、テナント構成などを策定するための市場調査に着手した。
①先ず商圏設定である。二子玉川を中心とした道路状況、電車・バスの交通機関等を考慮に入れながら、電車はだいたい30分圏内の駅、その駅から徒歩10分位のエリア、バス路

線は20から30分位のエリア、車は主要道路で20分位のエリアを鉛筆でマークし、大まかな商圏図を描いた。

周辺の商店街は自由が丘、溝の口、武蔵小杉にある程度で強力なライバルとは言えなかったが、電車で25分の渋谷はそういうわけにはいかない。ハフモデルなどを使いながら若干の修正を行い商圏を想定した。具体的には都内は北側で渋谷方面が環状七号線まで、西は小田急線まで、東側は東横線まで。南側は田園都市線の長津田まで、南武線沿線は武蔵小杉から稲田登戸までとした。

当時の商圏人口は75万人と推定したが人口動態、道路、交通開発計画進展に伴い、1975年頃には150万人になると推計した。

②次いで市場調査だが、先ず商圏内各区の区民の購買力の推計を行った上で区役所の商業調査、区民の買い物調査を貰い受けそれを基に区民がどこで何を買っているのかを調べた。そこに購買力推定値と商業調査の数値を突き合わせて購買力流失量を掴んだ。買い物調査によると衣料品では30％以下、贈答品で10％程度、食料品は60～70％を区内で買うが、それ以外は区外で買うという結果であった。

さらに1千戸を抽出しSCを利用されるかどうか、力を入れて欲しい商品・サービス、SCへの来店手段等の調査を行った。1千戸の内32％が車を所有するが、SCができた場合には車で行くとの回答だった。あと電車が40％、バスが20％、徒歩が10％ほどでオープン後の来店手段の比率もほぼこの通りであった。

③それ等を基に初年度の売上げ推計をしたら80億円と出た。同時に1週間の来店者数を15万人と推計した。80億と推計した時のSR率（来店者中の購買客の比率）は80％だったが、実際は100％だったので初年度売上高は100億円を達成した。

④施設の規模は完成時の商圏人口75万人をベースに、開店時は約半分の2万5千㎡でスタート。5〜6年以内に5万5千㎡に倍増するとした。

これは、都心やターミナル百貨店に行く必要のない売り場面積のSCを企画したものだったが、1977年の南館増築が終わった後に調査したところもう都心に行く必要がないと喜ばれた。

⑤SCを造る場合、商圏内住民の生活文化水準を知る必要もある。調査の結果、商圏内世帯の所得は比較的高かった（世田谷区は東京23区平均の20％高）。

また文化人の多いことでも有名で学者、芸術家、芸能人、政治家、スポーツ選手などの著名な人々が居住している。さらに横浜市緑区などの田園都市沿線も生活水準が比較的高い人々が住んでいることも分かった。

調査に基づく基本コンセプト

ＳＣ成功の基本要件の一つは適確な基本コンセプトの確立であるが、調査に基づいて考え出された基本コンセプトは次の８点だった。

①ＳＣのレベルは日本一の高級なＳＣにする。

②予想される顧客は日本橋の百貨店や銀座の専門店を利用している人が大部分だから、百貨店は髙島屋を、専門店は銀座の一流専門店や六大都市の有名専門店を招く。当時はまだ外国の専門店は視野になかった。海外の専門店が玉川にデビューするのは１９７７年の南館オープン時となる。

③販売する商品は日本橋、銀座の一流店並みの商品を中心とする。

④ＳＣ館内や外観の雰囲気も日本橋、銀座の高級百貨店、専門店並みとする。

⑤サービスも日本橋髙島屋並みとする。

⑥規模は前出の通り。

⑦世田谷在住者の生活文化水準に合ったＳＣ造りを心掛ける。

⑧後発ＳＣとの競合分析。

国情に合わせたマネジメントとＭＤ

倉橋はビクター・グルーエンの「Shopping Towns in USA」を参考にしながらも我が国の国情に合わないものは切り捨て、日本の美風である「互助共栄」の精神をマネジメントの根幹に据えた。

①立地は、まだモータリゼーションの未発達な国情に鑑み鉄道駅の近接地とした。

②地価が高いので建物構造は中層とした。そうした制約からアメリカのようなモール構造ができなかった。

③ＭＤ面では広域型のＳＣ（ＲＳＣ）とし、「食品」をＭＤに組み入れた（アメリカでは、ＲＳＣ．ＳＲＳＣでは、食品は扱わず、消費者はもっと小型のコミュニティＳＣ、あるいはネイバーフッドＳＣで買うのが通例。もっとも近年はＲＳＣ，ＳＲＳＣでも食品テナントが見られるようになった）。

④アメリカとの最大の違いはディベロッパーとテナントの関係をどう規定したかにある。アメリカでは前出の通り、両者は賃貸人と賃借人であり、それ以上でもそれ以下でもないが、倉橋はＳＣを構成するディベロッパーとテナントは「運命共同体」であり、次のような「管理運営三原則」を定めた。

⑴両者は、互いに信頼し⑵共存共栄を目指し⑶自主性を尊重する、というものである。開業後ＳＣ運営の基本となるこの理念は後に「玉川方式」と呼ばれた。

3 開業後の歩み

開業初年度で予算を超過達成

１９６９年11月11日午前11時「玉川髙島屋ショッピングセンター」」は開業した。初日の来店客数は、11万人、車が臨時駐車場も含めた車の収容台数は１万１千台を数えた。開店初日はどこでも大盛況になるが、10回以上札止めをして入場制限せざるを得ない混雑ぶりであった。

前もって用意した13の臨時駐車場（河川敷を含む）もフル回転したが夜まで混雑が続いた。照明設備のないところでは、懐中電灯が唯一の頼りといった有様で、お客様にご迷惑をかける醜態も見せてしまった。

翌日の各新聞には、前述のように「郊外ＳＣ時代到来」と大きく報道され、テレビ、ラジオ、流通関係の雑誌等でもいろいろ取り上げられた。

11月オープンだったのですぐ、クリスマス、歳末、正月時にあたり、かなりの賑わいを見せていたが、2月になると客足が鈍くなり売上げの減少が目立つようになった。

百貨店の休みである「水曜日」、ウィークデイ最後の「金曜日」は客数が少なく「魔の水曜日、客の金（こん）曜日」と揶揄する人もいた。

想定内とはいえ客数のまばらな夜の集客のため、いろいろな「ナイト・ショッピング・キャンペーン」を展開していた頃だった。朝日新聞がヘリで1台も停まっていない駐車場屋上を撮影し、「閑古鳥の鳴くショッピングセンター」という見出しで社会面のトップで扱った。撮影日は百貨店の定休日で、屋上に車がないのは当然なので意図的ともとれる記事に抗議しようという意見もあったが一応黙視しようという結論になった。

SC全景パース「50年の歴史」

というのも開店し２～３カ月が経過し、季節変動指数を勘案すると年間の売上予算は達成できると確信していたからである。事実1年経っての売上げは、計画の80億円に対し、25％増の１００億円の売上げを達成できた。

管理運営三原則の具現化

オープン後、先に掲げた「管理運営三原則」は以下のように具現化された。

①ディベロッパーとテナントの相互信頼

SCは、ディベロッパーとテナントで構成される。共同事業者、Co-Operatorである。同じ釜の飯を食う家族のような存在である。

ディベロッパーは、テナント選定基準に基づき志を同じくする信頼できるテナントを誘致するので問題はないが、ディベロッパーとしては、テナントにどう信頼してもらうかが重要になる。

いろいろ考えた末、ガラス張り経営ということでディベロッパーの経営数字のすべてを公開することとした。そこで、最初の商店会の「管理委員会」（ほかに総務委員会、企画宣伝委員会）で、家賃と共益費の原価を公開し、決算報告を毎期行った。共益費は実費精算方式のため毎期坪単価が変動する。後年、南館増築の折は本館の機械室を共用活用することによりスケールメリットを生むことができた。それによって、前期比15％減の単価を実現でき、テナントに喜ばれた。

ディベロッパーもテナントも「よりよいSCをつくり上げる」という立場でSC運営に携わることによりお互いの信頼関係が醸成される。そうした意識的な取り組みが「もめごとのないSC」との評価を得るようになった。

②ディベロッパーとテナントの共存共栄

ディベロッパーとテナントはWin Winの関係、即ち共存共栄の関係を構築することが肝要である。その関係を支障なく進めていく上で、最も押さえておかなければならないのが家賃制度の問題だ。固定家賃だけではなく当初より歩合賃料制の導入は不可欠と考え、開業4年目からは「固定費＋売上げ歩合制」に変更することを了承してもらい、共存共栄の実を上げる素地を固めることができた。

また固定家賃の改定については次のような基本方針を策定し、その後の改定交渉も比較的スムーズに行うことができた。

「固定家賃改定率策定のガイドライン」
・〈SCの立場から〉他SCとの差別化投資が実現できる改定率であること。
・〈テナントの立場から〉家賃は上がっても売上げ歩合併用で率は下がる改定であること。
・〈ディベロッパーの立場から〉借入金の増加に歯止めがかかる改定であること。

家賃制度改定に当たり、ディベロッパーは商圏内のターゲットに合った顧客をさらに来館させ、テナントは来店客を固定客にすべく努力するという役割を明確にさせた。そのためには、「企画宣伝委員会」の行う各種の販売促進策が重要になるのは言うまでもない。今日とは違い当時は、右肩上がりの環境にもありこのような施策がとれたともいえよう。

③テナントの自主性尊重

契約と管理規則を守る限りテナントには自由闊達なパフォーマンスを発揮できるように、ディベロッパーはテナントの自主性を最大限に尊重し、無用な制約や干渉を行わない。ディベロッパーとテナントは、賃貸借契約を締結した同等の権利を有するパートナーであるという認識をSC全体で持った。

一例を挙げると最近は、他SCのなかには商店会の会長をディベロッパーの社長が兼務する例も散見されるが、「玉川髙島屋ショッピングセンター」では役員はもとより理事にも就いていない。ただ顧問という立場で事務局から要請があれば出席することになっている。核店舗の玉川髙島屋も有力な理事ではあるが役員はもとより専門委員会の委員長も辞退しており、テナントの自主性に委ねられている。

休日、営業時間等の重要事項も関連委員会で練り、理事会で決定されたことをディベロッパーが承認し、実行に移してきた。

ディベロッパーの主体性の放棄といった異論もあるかもしれないが、こうした理念のもとにSC運営を続けてきた結果50年の今日があると確信している。

SC運営戦略の変遷

・ディベロッパー第一主義（不動産管理型）でスタート―1969〜

玉川髙島屋SC以前に開業した地下街型などのショッピングセンターは固定家賃を徴収することがディベロッパーの専らの業務などだった。

テナントとの「共存共栄」「相互信頼」を掲げて、オープンした「玉川髙島屋ショッピングセンター」も初年度の家賃は、原価の60％程度でスタートせざるを得なかった。しかし4年後には家賃に歩合制を加味する権利を留保するという契約を交わしていたため、テナントの経営内容、来店顧客の動向については注意深く分析を行っていた。歩合制の移行をスムーズに進めるためには契約書面上の取り決めだけではなく、テナントの営業促進にも関わっていくというものだ。オープンして2年ほどは「不動産管理型ディベロッパー」に近い運営形態であったといえよう。

・テナント第一主義（営業管理型）に方向転換──1972〜

オープン前にリーシングに携わったディベロッパーの担当者は開業後は、企画、総務、管理といったセクションに分散した。ところが相談事のあるテナントが従前のリーシング担当者を訪ねるといったことが頻繁に起こり、本来の業務に支障をきたすという事態になった。もともとアメリカにはディベロッパーがテナントの相談事に応えるとか、テナントをサポートするといったセクションは存在しないようであるが、倉橋は管理課に「営業係」を新設し、テナントの要望に応えることとした。この営業係はテナントの窓口というだけではなく、テナントの経営パートナー的色彩も強めていく。

テナントが利益を上げられる体制にもっていかないことにはディベロッパーも立ちいかないという考え方が浸透していたからだ。直接の引き金は1972年の家賃の歩合制導入であった。

出店契約書では、開業４年目に歩合制を採用する権利を留保するとの条項が記載されていたが、２年目で全テナントが黒字になるという見込みも立ち、４年目から、固定家賃＋売上げ歩合の合計家賃制度に移行した。

ディベロッパーとテナントは従前より「運命共同体」とした社の方針もあり、この時点で「テナントさんあってのディベロッパー」、テナント第一主義の「営業管理型ディベロッパー」に変身する。

この制度改定を機に、ディベロッパーは商店会の「企画宣伝委員会」により積極的にコミットするようになる。ディベロッパーは顧客に来店させる責務をもち、テナントはその顧客に良質な商品を提供するという両者の役割分担が確立されていく。

根本の思想は、「玉川高島屋ＳＣ」という同じボートに乗った仲間（テナント）からは落伍者（退店）を一人として出してはならないというものであった。しかしながら、３年、５年と経過するとテナント間で格差がつき始める。折からのオイルショックと１９７７年の南館開業で93もの専門店が新たにオープンするとテナント間の競合は加速し、経営的に行き詰まるテナントも出現しはじめた。

こういった状況下、「運命共同体の思想」のもとにテナントを継続させるためにあらゆる方策を講じた。

「出店保証金の早期返還」……資金繰りの苦しいテナントには保証金の一部を早期返還。

「適正面積への変更」……契約面積を再考し、縮小することで保証金の返還、家賃の減額を図る。

「業種、業態の変更」……時流に合ったＭＤに変更し売上げ増を図る。

「棚上げ家賃制度の実施」……経営が好転するまで家賃を減額。減額分は棚に上げ、然るべき時に返してもらう。こうした方策のほか、人材難に悩むテナントには一定期間ディベロッパーの社員を店長として派遣したり、家族経営の二つの飲食店の帳簿を預かり資金繰り、場合によっては仕入れ、税の申告業務代行などあらゆるテナント支援策を実行に移していった。

・顧客第一主義（マーチャンダイザー型）へ移行――1980〜

ディベロッパーによる「営業管理型」への注力、いわばテナント至上主義はＳＣ１千館時代を迎える1980年位まで続く。

もっと社会の流れや小売業の実態をより的確に把握する必要があるのではとの考えで、「マーケティング部門」を拡充することとなり、四大卒のマーケティングに興味を持つ女性を採用することとした。丁度その頃東急がたまプラーザに、郊外型ＳＣを開発することが発表された。

二子玉川では何かと縁があり、五島社長との約束もあるということで、東神開発としては、ＳＣ全般に亘るすべてのノウハウを提供する傍ら、たまプラーザ迎撃戦略の構築を急ぐという相矛盾した行動をとらざるを得なかった（これが、今の「二子玉川ライズ・ショッピングセンター」とのいわばワン・チームとしての動きに繋ってくる）。ともあれ、登用した女性たちを中心にマーケティング調査が行われた。

調査では商圏の一部が重なる「たまプラーザ東急ショッピングセンター」の影響度予測では売上げが７％減と予測された。そして、自社の強みや弱み、課題等を徹底的に調査し、分析した結果、①今のテナントミックスは非常にトラディショナルなものであり、商圏内の顧客が満足する店揃えという点では極めて問題があること②それを解決するためには従来のような既存テナントの活性化程度の手法では対応できないということが判明した。何らかの理由で顧客の支持が得られていない、顧客に見放されているという当たり前のことを認識せざるを得なかった。

「玉川高島屋ショッピングセンター」のサスティナブルな発展を目指すため、テナントの入れ替えも行うということを商店会の総会で了承を得、相当数のテナントの入れ替えを含む全館リューアルを実施した。そして１９８３年の「たまプラーザ東急ショッピングセンター」オープンの影響はほとんど皆無という結果に落ち着いた。

こうした経験を経て、より顧客を意識した施策を講じていくべきとの考え方、顧客第一主義の戦略を推進していく。

組織的にはマーケティング担当を新たに配置し、よりリアルタイムな顧客の動向、時代に対応した専門店の情報を把握する体制を整え「マーチャンダイザー型ディベロッパー」へ変身していった。

・地域第一主義（地域の活力を創り出すプロデュース型）へ―1988〜

1989年11月「玉川髙島屋ショッピングセンター」は、開業20周年を迎えた。20年という節目に合わせるように時代は「昭和」から「平成」に変わった。

20年を総括をした上で今後の中長期計画を立てるために、前回に増して綿密な顧客調査、商圏分析等を実施した。その結果、二子玉川は近年とみに重層化した「渋谷大商勢圏」に完全に呑み込まれているという残念なデータが出た。

開業以来、田園都市線に沿ったやや細長い単独商圏のSCという認識で、他エリアを意識せず、一定の間隔で一定の情報を発信し、比較的高頻度に来店いただくという手法をとってきたが消費者の買い物動向調査等の結果はこれに対して「ノー」の答えが出た。

「渋谷大商勢圏」を考えるとリーダーは東急、フォロアーは西武であり、二子玉川は、3番手に甘んじることになる。

それを打開するために採用したのが「ニッチ戦略」である。例えば、自動車業界において、リーダーは、トヨタ自動車、フォロアーは日産になるが、ことトラックに関しては、日野自動車が一位のシェアを誇っている。これもニッチ戦略の成功例の一つである。

では、二子玉川でニッチ戦略を構築する際のキーは何か。そのキーは、周辺を含む「環境」ということになった。玉川は渋谷と違い至近に多摩川があり、貴重な地域資源の国分寺崖線（こくぶんじがいせん）を控えた緑豊かな自然に恵まれたエリアである。この周辺環境を生かした形で20周年のメジャーリニューアルを考えることとした。

その基本コンセプトは、「ニューアーバン・アダルトガーデンシティ・タマガワ」とし、「緑園性」「回遊性」「体感性」をテーマにテナントミックス、館内外の環境演出を施した。単なる「もの売り場」からSCのギャザリング・プレース（集う場）、サード・プレース（家、職場等に次ぐ場所）化へのギアチェンジである。いわば、「訪れること自体が目的となる楽しい、豊かな環境づくり」を目指した。

後年、アメリカに「ライフスタイルセンター」が出現し話題になるが、「玉川髙島屋ショッピングセンター」はそれを先取りしていたともいえる。ともあれ、この地域を強く意識した戦略を推進する中で、顧客第一主義は「地域第一主義」にシフトし、地域の活力を創出する「プロデュース型ディベロッパー」に進化していった。

地域、行政窓口を担当する渉外セクションも新設され、花ミズキフェスティバル、多摩川の自然を守る会、多摩川サケの会への協力をはじめ「まちづくり」にも積極的に参画し、地域との良好な関係を図るとともに玉川地区の発展に努めてきている。

「まちづくり」への発展に寄与

前述したように玉川高島屋ＳＣが地域第一主義「まちづくり」をＳＣ発展のキーコンセプトに掲げたのは開業20年後、今から30年前である。しかし、「まちづくり」への関与は開業前から組織した

20周年リニューアル「街と共に歩んだ50年」より

「二子玉川振興対策協議会」からスタートしていたのである。この協議会を通じ、周辺住宅地の道路舗装、街灯の新設と補修のための寄付、前面道路の植樹（花ミズキ）や公園などの提供を行った。

ＳＣの「ソト」を意識した最初の開発は、地元の有力地主と合弁で開業した「ドッグウッドプラザ」（１９８７年）であり、「面開発」の第１号に位置づけられる。

その後、「点開発」というか後の新南館開業のためにストックしていた種地を順次ショップ化するとともに、テナントには「玉川高島屋ショッピングセンター」の商店会ではなく、地元の商店街の会員になっていただいた。

１９９８年には環状八号線と２４６号線が交差する瀬田交差点の所に面開発の第２号ともいえる「ガーデンアイランド」をオープンさせた。

20周年リニューアル「街と共に歩んだ50年」より

ケヤキコート
(2000年開業)

アイビーズプレイス
(2014年開業)

屋上庭園
(南館7階)

ホワイトモール (南館 6 階)

ガーデンアイランド (2005 年リニューアル)

ガーデンアイランド (屋上庭園)

2000年にはストリート開発としての「ケヤキコート」がオープンするが、この開発の流れで、「マロニエコート（2001年）」「アイビーズプレイス（2014年）」が順次オープンする。

さらに2004年には後に述べるが、南館西の街区に京都の町屋風の風情あるレストラン、洒落たショップ等を展開した「柳小路」（東角、南角、西角）を開発した。

また2009年「錦町」、2010年「仲角」、2018年「南角」の建て替え（増床）と、二子玉川裏路地の再開発を推進している。

このように、「点・面」「ストリート開発」を織り交ぜながら、「地域第一主義」に基づき取り組んできた結果、本館、南館を中心として現在、11の館から成るSCになった。

少し視点が異なるが商圏内の居住者増を目指し、1970年代半ばから田園都市線沿線の不動産事業にも取り組んだ。市ヶ尾ローズプラザ（戸建訳30戸）、つくし野マンション2棟の他、玉川3丁目、辻堂、逗子、花月園等のマンションの販売を行った。さらに、野村不動産とジョイントし、梶ケ谷、玉川1丁目のマンション建設にも関わった。

フロントランナーとしての自負と数々の試み

初のＳＣ専業ディベロッパーとして、産声を上げた東神開発は、フロントランナーとして、日本で初めてという数々の試みにチャレンジするとともに、そこで得たノウハウを無償で公開してきた。それが業界の発展に繋がるという倉橋の強い思いに裏打ちされていた。ここでは、その代表的な事例を紹介する。

①1971年〜ゴミリサイクルへの取り組み

その頃再選された美濃部亮吉都知事が、産業廃棄物を「都民の敵」と見なし、夢の島への廃棄手数料を大幅にアップさせた。(「ゴミ戦争宣言」)

廃棄手数料は共益費の構成費目であったが、いくら実費精算といっても手をこまねいているばかりではいられないということで、東急車両に依頼し「ゴミ圧縮機」を開発した。この機械でゴミが約5分の1に圧縮できた。手数料も5分の1に文字通り圧縮し、共益費の負担削減に寄与できた。

次に取り組んだのは、生ゴミ（残飯等）をコンポストし「肥料」「資料」に再利用することである。そのためメーカーと共同で機械を開発し、一定の効果を得た。この他にも、発泡スチロールの溶解機、ビンの破砕機等を活用しながらリサイクルに努めたがこれは、テナントに予め12〜13種類の選別作業をしてもらうことが前提になっている。

二子玉川駅
二子橋・川崎・横浜方面
二子玉川ライズS.C.
ドッグウッドプラザ
南館アネックス
タワー
パーキン
南館
専門店
連絡橋
柳小路
駅方面地下連絡通路
連絡通路
玉川通り（国道246号線）
専門店
連絡口
西館
東館アネックス
本館
アレーナホール・サロン
東館
タカシマヤ
アレーナ通り
連絡橋
マロニエコート
アイビーズプレイス
花みず木コート
ケヤキコート
渋谷方面
ガーデンアイランド

SCの全館配置図

現在これらの作業は、本館地下2階の「リサイクルセンター」で行われているようだが、当時に比べて社会的課題に取り組む企業としてES面でもプラスになっていると感じる。

ちなみに1973年には空調を制御することにより大幅な電力量の削減を達成できたことに対し、資源エネルギー庁長官賞が授与された。

②1972年初の「固定費＋歩合制家賃」の導入

準備に2年ほどかけ、開業4年目に従来の固定家賃に歩合制をプラスする制度をスタートさせたことは前述したが、ディベロッパーとテナントが共同事業者としてSCのサステイナブルな繁栄を目指すという意味でも大きな契機となった。

SC業界にそれが伝わると、全国各地のSCから導入案の中身や交渉過程、特に留意する点などの問い合わせが相次いだ。

業界発展のためにすべての情報を公開するという社の方針があり、電話での質問にも、ていねいに応えたつもりだが通常業務を思い通りに消化できず、多少複雑な思いであった。

一方各SCの課題やポジショニング等もいろいろ理解できた点は後のコンサルタント会社設立の契機にもなった。

③1973年春、欧州視察ツアーを実施

歩合制の導入が決まり、将来のディベロッパー経営にも一つの目鼻がついた頃、開業から行われてきた店長会活動のスペシャルバージョンとして、次世代のSCの方向性を探るべくまちづくりに長けたヨーロッパの主要国視察ツアーが実施された。団長は商店会事務局長で、店長36名、ディベロッパーからは３名の計40名で10日間の日程で行った視察先は次の通り。

・スウェーデン…「玉川高島屋SC」の立地のヒントとなったストックホルム郊外の「ファルスター」「ウェリングビー」の２つのSC
・イギリス………「ハロッズ百貨店」、田園都市「スティベニッジ」「オックスストリート」「ボンドストリート」等
・フランス………パリ郊外の再開発地区「ディファンス」「ギャラリーラファイエット」「三越」「プランタン」(高島屋)、フランス初のSC「パリル２」や「サントノレ」「シャンゼリーゼ」他に著名なパサージュ等
・ドイツ…………フランクフルト郊外のドイツ唯一のSC「マインタウナス・ゼントラム」等
・イタリア………ローマ万博（中止）のために建設された新都心「エウル」、ミラノの「ビットリオ・エマヌエレ・ガレリア」等

④１９７６年、月刊「たまがわ」の創刊とコミュニティ戦略の推進

開業時から来店者調査、顧客調査を綿密に実施し、商圏内の顧客に情報を定期的に届けるというコミュニケーション戦略を採ってきたが１９７６年、新たなコンセプトで編集されたコミュニティペーパー『たまがわ』を創刊する。今までにないコンセプトで編集された8ページのタブロイド判『たまがわ』は、毎月、51万部が新聞に折り込まれた。ＳＣ初のＰＲ誌の誕生である。紙面は商品情報ではなく、ライフスタイル提案の特集記事として掲載されるなど、随所に物の豊かさから心の豊かさに移行しつつある時代を反映させる紙面構成になっていた。

お客様を単なる「消費者」ではなく「生活者」と捉えた様々な生活文化の発信は商圏内の女性に熱く支持され、ＳＣのイメージづくりに大きく貢献した。

この「モノ」から「コト」への時代認識をベースに、２年後の１９７８年には日本で初めて商業施設に付随したカルチャースクール「コミュニティクラブたまがわ」が開設される。ミセスをメインターゲットにした美術、手芸、工芸、音楽等の多彩なサークルが開講され、知的好奇心を満たすだけではなく、会員同士の交流の場として活用された。

その後、料理教室「サロン・ド・グルメ」、スポーツクラブ「UP STUDIO」、ガーデンアイランドのオープンに合わせて生まれた「ガーデニングクラブ」、陶芸教室をベースにした

玉川テラス or PARK & TERRACE OSOTO

「たまがわ」(表紙)

豊かに暮らすライフスタイル編集記事

「たまがわインスティテュート」が、次々と展開されていった。

２０１１年には、「教える、教えられる」関係ではなく、お客様同士の交流を大切にしようというコンセプトで、サロンスペース「玉川テラス」を開設し、プロの講師だけではなく、専門店や百貨店のスタッフ、あるいは資格を持つお客様が講師となり食、ファッション、美容、健康など気軽に参加、体験ができるアクティビティが展開されている。

これらの取り組みは今日まで引き継がれ、50周年を記念し、次世代をターゲットにしたギャザリングスペースとして南館7階と8階と屋上に「PARK & TERRACE OSOTO」が誕生。解放的な空間で多彩なアクティビティが展開されている。

またコミュニティ戦略では、「Hanako」や「家庭画報」などの女性ファッション誌との紙面やイベントのタイアップ＝クロスプロモーションも次々に展開していった。

このマスメディアへの露出の増加によって、ＳＣと街のブランドイメージが高ま

Hanako Week タイアップ表紙

り、「住みたい街ランキング」でも顔を出すようになった。

メディアでは、いわゆる「コマダム」の街と表現されたが、洗練された母娘二世代、三世代のお客様がショッピングや食事を楽しむ姿は玉川を象徴する光景となった。

⑤1980年、情報処理のシステム化に着手

倉橋はSCにおける情報集積化、ネットワーク化の到来を確信し、営業課に在籍していた佐藤義光（現SCキューブ社長）を呼び、「これからは、情報の時代になる。SCの情報化を自社で実現するため情報システム部門を立ち上げるので君が責任者になってほしい」と命じた。佐藤はまったくの素人だったが部下数名と社内の事務作業の合理化、効率化にとどまらない情報発生時点でのダイレクトな情報処理、情報の共有化を可能にするシステム開発に着手した。

2年後、1982年には段階的に社内の経理・人事業務、売上管理、家賃請求業務等の分散入力システムを稼働させた。

1987年にはCATシステムを導入し、バーゲンセール初日の2万件を超えるクレジット処理の自動化を可能とした。また今では当たり前だが、テナントの売上げ報告をCAT端末から行うという日本初の仕組みも開発した。同年のハウスカードであるSCカード発

行に合わせ、ＳＣ顧客情報システムも開発した。

　１９８８年には、それまでＳＣのカード売上げは、クレジット伝票をカード会社に送付していたが、カード会社の足並みが揃わず苦戦していたＮＴＴデータのＣＤＳ構想（クレジット売上精算を電子データで一括転送する仕組み）に賛同し、ＣＤＳサービスの導入を決め、処理業務の合理化と運用費用の軽減化を図った。

　１９９３年のシンガポール支店（当時）開設の際は、玉川髙島屋ショッピングセンターとシンガポール髙島屋ショッピングセンターのシステムをインターネット回線で接続し、玉川でシンガポール髙島屋ＳＣの売上げ動向と財務会計の把握が即座に可能となった。日本のＳＣディベロッパーとしての初のクラウド型の取り組みである。

　その後、２０１２年にＬＡＮを利用した日本初のクレジット端末と駐車場清算の連動システムを開発し、駐車場の事務処理の自動化とともに、入出庫渋滞の解消による駐車場回転率のアップ、駐車場の管理費用の50％削減の効果を上げた。

　まったくの素人集団が短期間でこれだけの成果を上げたというのは倉橋のけい眼もあろうが、持ち前の「パイオニア精神」で取り組んだ佐藤を中心とする「情報システム」スタッフの努力の結果だろう。

⑥1981年、女性社員を積極採用

「コミュニティクラブたまがわ」で、木村尚三郎東大教授の後に本にもなった「男時・女時の文明論」に関する講演を聞き触発された人事課長の発案で、マーケティング担当として四大卒の女性を６名採用した。

オープン10年を経過し多少色あせたテナントミックスを見直し、１９８３年の「たまプラーザ東急ショッピングセンター」の進出、１９８９年の開業20周年に備えるためであった。

彼女らは短期間のうちに社会状況の変化を踏まえた顧客動向等を分析し、ＳＣの方向性をまとめたレポートを提出してきた。これを基に社内で議論に議論を重ねた結果、「たまプラーザ東急ショッピングセンター」対策のひとつとして20数店舗のテナント入れ替えを実施した。

その結果売上げ面での影響はほとんど皆無だったことは前述の通りである。40年前のこの女性の登用はその後のディベロッパー各社の採用方針にも大いに影響を与えた。

⑦2003年、バレーパーキングの導入

ロスに出張の折、皆で行く中華レストランで映画でよく観るバレーパーキングサービスをしばしば体験した。便利で駐車場のキャパシティのアップにもなり、なかなか良いアイディ

アだがＳＣには馴染まないと思っていたが、ニューヨークのホワイトプレーン地区にある「ウェストチェスターモール」でバレーパーキングサービスを行っていることを発見した。これをよく観察し、２００３年から駐車サービスの一つとしてメニューに加えた。車を預かる間のカーウォッシュ・ワックス洗車、室内清掃、ポーターサービス付きで行っている。

⑧２００４年、「柳小路」開業

たまがわの街づくりに寄与すべく、点開発・面開発・ストリート開発と手がけてきたが、一連の「柳小路」の開発は目的がいささか異なる。

計画地の南館の奥は、かつて多摩川に渡し船や屋形船が往来した時代には、料亭や置屋が軒を連ね、特に夜は賑やかなスポットであった。ここにＳＣ館内では実現しにくい夜の営業がメインの飲食店を中心とした

「柳小路」

「柳小路」を開発し、かつての華やいだ空間の再現を試みた。京都の町屋風の外装に、板塀、石畳を配した風情溢れる路地裏開発は街の奥行きを大きく拡げる結果となった。

余談であるが私が入社した当時の役員は、飯田新一社長、不破祐俊専務、倉橋常務等であった。ここまで「玉川高島屋ショッピングセンター」の開発、管理運営に直接携わった倉橋を中心に語ってきたが、専務の不破にもいろいろと影響を受けた。東神をよく知る地元では「不破さんがいなければ、ＳＣはできなかったかも知れない」と言い切る人もいる程の情の細やかで信念を持った優れた経営者であった。

第2章 「日本ショッピングセンター協会」の設立とあゆみ

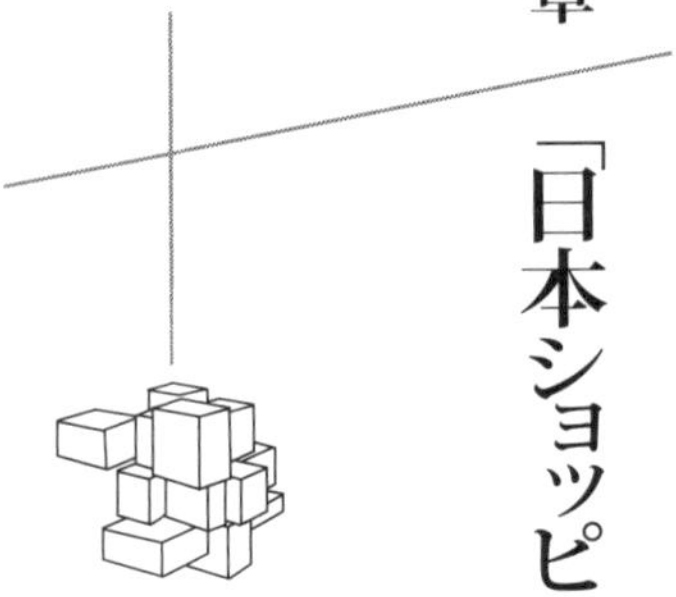

1 発足と同時にスタートしたＳＣ協会事業

日本経済を牽引する顔ぶれが集まった協会設立

玉川高島屋ショッピングセンターが開業すると、「バスに乗り遅れるな」とＳＣの建設のラッシュが始まった。玉川高島屋ショッピングセンターは事前調査に実質５年もの時間をかけ、満を持してオープンしているが、入念な基本計画がないままオープンしたＳＣでは当然のことながらトラブルが続出した。一つはテナントとの間の出店契約がらみのトラブルであり、二つ目は来店車両による交通渋滞に対する地元住民からのクレームである。

奥住マネジメント研究所の奥住正道所長や東神開発の倉橋常務のところにこの種の相談が相次いだ。そこで、当時ダイエーの取締役開発部長だった松下孝夫氏を加えた三人が中心になり、1971年の夏、「SC研究会」を立ち上げることとなった。

各社の開発、管理運営の担当者に呼びかけたところ18社が集まった。メンバーは、百貨店や、チェーンストアだけではなく、三井不動産、三菱商事など幅広い業界から構成。「相互扶助」「相互啓発」を目的とすることを確認した上で、月1回、毎回3時間の研究会がスタートした。

各社から、開発、テナント問題、管理運営、あるいは近隣住民とのトラブルなど切実かつ緊急に解決を迫られている問題が提起され、その解決法を全員で議論した。翌年1972年9月、12回・50時間に亘った研究会を終了させた。

当初18社でスタートした研究会だが終了時には国内の有力なSCのほとんどが参画し36社になっていた。そして、この研究会をこのまま解散させずに培ったノウハウをベースに公的な協会を設立し、わが国のSC発展の推進機関にしようと「日本ショッピングセンター協会設立準備委員会」が結成され、最年長の倉橋良雄が委員長に推された。

準備委員会は、1972年に第1回が開催されるが、計5回の会議を通じて協会会則、組織、事業内容等の基本事項を取り決めた後、委員会を7回開催し予定通り1973年4月、正会員（ディベロッパー会員）70社、準会員（現行2種正会員・テナント会員）と賛助会員46社、計116社の参加を得て「日本ショッピングセンター協会」が設立された。

設立と同時に「日本ショッピングセンター協会設立総会」が高輪プリンスホテルで開催された。

総会議長にはパルコ渡辺貞義社長が選ばれた。会長には江戸英雄氏（三井不動産社長）、以下32名の役員が選任された。百貨店や量販店などの流通業をはじめ不動産や電鉄系など、当時の日本経済を牽引した錚々《そうそう》たる顔ぶれが名を連ねた。設立準備委員長の倉橋氏が設立趣意書を読み上げた。時代を切り開こうとする熱い思いが結集された会となった。

そうした当時の空気感や企業の勢いを知るうえで、役員一覧を次頁に紹介する。

テラスモール湘南

日本SC協会設立趣意書

我が国最初の商業集団として昭和27年駅ビルが出現以来すでに20年、また郊外型SCが誕生してはや4年が経過しました。現在SCと称している商業集団は全国に数百か所もあるものと推計されます。

これらのSCは地域開発に、また我が国小売業の近代化に大きく寄与しているばかりではなく、消費者への利便はもとより、建築や店舗技術面にも革新を促す場を提供してきました。

そのSCが、現在各方面から発展に大きな期待と注目を集めているにもかかわらず、過去1年余、業界の有力筋が奥住研究所で勉強会を行った外には各企業相互の間に何等の情報交換や研修の場もなく、互いに模索を続けているのが実情であります。

私どもはここに日本SC協会を設立し、SCの果たすべき役割をより高度の立場から考え、内外SCの調査研究、また運営管理に際しての諸問題のルール化等を解決する為、関係各業界の参加を求めて諸情報の交換、整理及びそのPRの場を作ることに致しました。

この協会は会員相互の親睦は勿論、政府、公共機関への窓口ともなり、小売業の近代化、地域社会の発展、地域消費者への奉仕のため、よりよいSCの建設並びにその運営についての研究と研鑽を行うのが目的でありまして、当協会の使命は重大なものがあると信じている次第であります。

ここに本協会設立の一端を述べ、協会に未加入のディベロッパーを始め、テナント及び関係各業界の各社のご参加を得、相携えてSC業の一層の発展を図りたいと存じますので会員の皆様のご協力をお願いする次第であります。

設立当時の役員

会長	江戸英雄	三井不動産	取締役社長
専務理事	松下孝夫	(前)ダイエー	取締役開発部長
常任理事	穴吹清彦	相模鉄道	取締役社長
常任理事	伊藤雅俊	イトーヨーカ堂	取締役社長
常任理事	飯田新一	東神開発	取締役社長
常任理事	太田　信	新都市開発センター	取締役社長
常任理事	岡田　茂	三越	取締役社長
常任理事	岡田卓也	ジャスコ	取締役社長
常任理事	斉藤治平	大宮ステーションビル	取締役副社長
常任理事	重村実治	神戸地下街	取締役社長
常任理事	高橋久徳	ユニー	取締役社長
常任理事	田中　勇	東急電鉄	取締役社長
常任理事	堤　清二	西武百貨店	取締役社長
常任理事	寺尾一郎	新都市センター開発	取締役社長
常任理事	中内　功	ダイエー	取締役社長
常任理事	西端行雄	ニチイ	取締役社長
常任理事	村岡四郎	京阪電気鉄道	取締役社長
常任理事	森　薫	阪急電鉄	取締役社長
常任理事	和田満治	いづみや	取締役社長
常任理事	渡辺貞義	パルコ	取締役社長
理事	伊藤鈴三郎	松坂屋	取締役社長
理事	伊原木一衛	天満屋ストア	取締役社長
理事	木谷義隆	鶴屋百貨店	取締役社長
理事	川崎千春	京成電鉄	取締役社長
理事	木下又三郎	本州リビングセンター	取締役社長
理事	今野芳雄	十字ＳＣ	取締役社長
理事	高木芳友	忠実屋	取締役社長
理事	高田敏一	泉北開発	取締役社長
理事	野萩豊太郎	キンカ堂	取締役社長
理事	山西義政	いづみ	取締役社長
監事	岩田孝八	長崎屋不動産	取締役社長
監事	船津貞一	片倉工業	取締役社長

設立後5年で協会活動の基盤確立

もともとSC協会の活動は勉強会がベースで、それが発展的に発足した組織なので、調査、教育、研修に重きを置いた事業を展開することを目的としている。設立と同時に精力的に協会の基礎固め、体制整備に取り組み、設立後ほぼ5年で現在の協会活動の基盤を確立した。その初期の主な取り組みを以下に紹介する（協会編・40年の記録より一部転載）。

［1973年度］
- 4月　設立総会。会長に江戸英雄氏、専務理事に松下孝夫氏が就任。事務局を東京都台東区東上野1-6-2荒井ビル6階に置く。
- 5月　SCの開発、テナント募集状況を紹介する「SC情報」を発刊。（月2回）
- 6月　開発、建設、管理・運営研究部会発足。（毎回「研究レポート」を発行）
- 7月　「Shopping Center」を隔月刊発行、翌年から月刊に。のちに「ショッピングセンター」に、さらに「URERU」に改題、そして2004年11月に「SC JAPAN TODAY」に改題し現在に至る。2017年7・8月合併号を500号記念として発刊。

・8月　ディベロッパー、テナントの実務担当者向けの「ショッピングセンター学校」を、同じく会員の意見交換の場として「ショッピングセンター懇談会」を設置。
・11月　「テナント研究会」設置。
・3月　大店法の施行に伴う説明会、研究会を開催。
［1974年度］
・4月　国内視察研修「国内クリニック」開始。初回は東九州地区。
・5月　第1回海外視察研修実施。米国東部、西海岸地区SCの視察と併せ、「国際ショッピングセンター協会（ICSC）」の年次総会に参加。
・9月　通商産業省の要請に応え全国SCの実態調査、SC定義策定のための「SC実態調査専門委員会」を設置。
・10月　会員向けに「会報」を発行。
・12月　SCの定義が定められる。
・1月　新年名刺交換会を東京赤坂東急ホテルで開催（以後毎年開催）。
［1975年度］
・4月　通商産業大臣の許可を得て「社団法人日本ショッピングセンター協会」となる。
・5月　ショッピングセンター学校通信教育「SC管理士養成講座」と「テナント店長養成講座」を開講。

・9月　特別研究会「ORによるSC建設計画手法講座」を年6回開催。研究成果を翌年12月に発表。
・2月　特別研究会「マーチャンダイジングへの計量的アプローチ」を6回開催。

［1976年度］

・4月　全国の403SCを収録した「ショッピングセンター名鑑'76」を発刊。
・10月　地方未加入テナントに向けたSC研究会を開催。
・11月　第1回日本ショッピングセンターコンベンション（全国大会）、開催統一テーマは「流通近代化とSC～地域社会におけるSCの役割～」。
・3月　SC販売統計調査を開始。（SC総数が500を超える）

［1977年度］

・10月　SC賃貸借条件委員会を丸5年、延べ40回開催し、「SCにおける賃貸借条件についての考え方参考事例」をまとめ、1983年1月の全国大会で発表。（後に、共益費小委員会で「SC共益費の考え方（運用上の指針）、工事区分小委員会で「SC工事区分の考え方」（運用上の指針）をまとめ、併せて発表。

2 全国規模に普及、拡大・多様化するなかで……

初期の活動以後、今日までの特記事項

協会の基幹事業としての人材育成事業への取り組み

協会は１９７３年４月の設立の４カ月後、早くも「ショッピングセンター学校」を江戸校長、奥住副校長の下で開校。翌年春には国内研修、海外研修がスタートし、ＩＣＳＣの年次大会にも参加した。

翌１９７５年からは「ショッピングセンター学校」通信教育も始まった。

通信教育のテキストは店長講座は奥住氏が、管理士養成講座は倉橋氏が中心となって編纂。特に管理士養成講座における日本型ＳＣのマネジメント手法は、当時もめごとの少ない「玉川髙島屋ショッピングセンター」の、いわゆる「玉川方式」をベースに構築された。要約すると・ＳＣを構成するディベロッパーとテナントは、共同事業者であるという「ＳＣ管理運営の基本原則」を第一に据えたのである。

日本型ＳＣ運営の根幹となるこの思想は、通信教育のテキストのみならず各種のセミナー、研修ツアーあるいは地方未加入向けＳＣ研究会、ＳＣ協会の機関誌等でも取り上げ

られ、順次日本全国で認知されていく。ちなみに2018年度の開催は左記の通りとなっている。

セミナー	年間47本	受講人数	1843名
海外研修	年間3回	参加者数	73名
通信教育	SC開発講座		138名
	SC管理運営講座		449名

その他全国7支部での各種セミナー、勉強会、トップマネジメント向けの「緑陰・秋晴れトップフォーラム」、SCアカデミーにおける講義、SC経営士会での研究会、SC全国大会における各種セミナー、パネルディスカッションなどは協会のまさしく基幹事業といってよい。

また1976年に第1回として開催された協会の一大イベント「日本ショッピングセンターコンベンション（全国大会）」はその後も回を重ね、2019年で第47回を数えている。

1983年、「SCにおける賃貸借条件についての考え方」の発表

1976年秋の臨時国会である議員が「名古屋の某SCは、小売商業調整特別法（市場法）に違反するのではないか」と質問した。

趣旨は、生鮮二品を扱う業者が一定数出店しているので市場法に定める市場（いちば）条件を逸脱している。市場法違反であるというものであった。

そこで通産省（当時）はSCが市場に該当するのかも含めて、市場法の見直しを検討するとともに協会の見解も求めてきた。協会では、①SCは、市場とは異なる理由づけと、②未だトラブルの多いSCの賃貸借条件のあるべき姿をまとめる目的で「賃貸借条件委員会」を設置し、見解をまとめることとした。

市場法との関連については、成案をまとめ通産省に報告したところこれを了承し、翌年の市場法改正に際してSCはその適用を免れた。

②の「賃貸借条件」の問題については、途中2年ほど中休みがあったが、5年かけ、1983年の全国大会で発表した。

「賃貸借条件」については、①賃貸面積②建設協力金③入居補償金④建設協力金と入居補償金の徴収事例⑤敷金⑥賃料⑦共益費⑧SC工事区分⑨解約に関する事項などの指針をまとめた。

「SC経営士制度」の発足

1983年にはSC数は1千を超え、その後も順調に推移し、協会設立20年を迎えた

1993年には2千館を達成した。そうした拡大化が加速するに伴いSCの多様化も進展し、また改正大店法の見直しなど業界を取り巻く環境も大きく変化する。こうした状況に鑑みSCの定義を改正すると同時に、「SC経営士制度」を発足させることとした。

従来の人材教育ではカバーしきれない、より高度な知見を有するプロフェッショナルな集団をつくろうとするもので、同年第1期のSC経営士資格認定が行われ、11名の新SC経営士が誕生した。その後結成されたSC経営士会を通じ現在も、協会と一体になって、各種事業や提言を行っている。

2019年には第28期のSC経営士試験が実施され、合格された55名がSC経営士として認定された。これで経営士は、計724名となっている。

30周年に伴う各種の記念行事等（2003年〜）

＊顕彰制度の創設

設立30周年行事の目玉の一つとして、これからのSCのあり方を示唆し社会的役割を果たしているSCを顕彰し、SC業界の一層の発展に寄与することを目的として、「日本SC大賞」を創設した。

また2007年からは経済産業省と協議の上、策定した「地域貢献ガイドライン」を基に、地域活性化に取り組み、地域のコミュニティの核として地域住民の生活に欠かせない地位を築いているSCを表彰する地域貢献大賞「倉橋良雄賞」が新設された。

2019年5月の協会定期総会において第8回の日本SC大賞・第6回地域貢献大賞を下記の通り決定した。これまでの受賞SCは次頁の通り。

また顕彰制度とともに、設立30周年を契機に「SCアカデミー」と大学への冠講座をスタートさせた。

「SCアカデミー」は、主としてSC事業に関わる会員企業の中

■第8回日本SC大賞

賞名	SC名	所在地
金賞	二子玉川ライズ・ショッピングセンター	東京都世田谷区
銀賞	ルクア/ルクアイーレ	大阪府大阪市
銅賞/ES賞	JRタワー(アピア・エスタ・パセオ・札幌ステラプレイス)	北海道札幌市
ニューフェイス賞	GINZA SIX	東京都中央区
リノベーション賞	ニッケパークタウン	兵庫県加古川市
ES賞	新静岡セノバ	静岡県静岡市
特別賞	南三陸さんさん商店街	宮城県本吉郡

■第6回地域貢献大賞

賞名	SC名	所在地
地域貢献大賞(倉橋良雄賞)	ポップタウン住道オペラパーク	大阪府大東市
地域貢献賞	赤れんがテラス	北海道札幌市
	イオンモール天童	山形県天童市
	南砂町ショッピングセンターSUNAMO	東京都江東区
	ラスカ熱海	静岡県熱海市
	イオンモール倉敷	岡山県倉敷市
	鳥栖プレミアム・アウトレット	佐賀県鳥栖市

歴代の「日本SC大賞・金・銀・銅」

日本SC大賞	金賞	銀賞	銅賞
第7回（1917年）	★御殿場プレミアム・アウトレット（中部）	★渋谷ヒカリエ（関東・甲信越）	★イオンレイクタウン（関東・甲信越）
第6回（1916年）	★テラスモール湘南（関東・甲信越）	★JR博多シティ（アミュプラザ博多）（九州・沖縄）	★軽井沢・プリンスショッピングプラザ（関東・甲信越）
第5回（1915年）	★阪急西宮ガーデンズ（近畿）	★ルミネエスト店（関東・甲信越）	★エスパル仙台店（東北）
第4回（1914年）	★ラゾーナ川崎プラザ（関東・甲信越）	★パークプレイス大分（九州・沖縄）	★イオンモール岡崎（中部） ★天王寺ミオ（近畿）
第3回（1913年）	★ららぽーと TOKYO－BAY（関東・甲信越）	★アミュプラザ鹿児島（九州・沖縄）	★モリタウン（関東・甲信越）
第2回（1912年）	★ルミネ横浜（関東・甲信越）	★札幌ステラプレイス（北海道） ★御殿場プレミアムアウトレット（関東・甲信越）	★アトレ恵比寿（関東・甲信越） ★イオン岡崎ショッピングセンター（中部） ★ヘップファイブ（近畿）
第1回（1911年）	★玉川高島屋ショッピングセンター（関東・甲信越）	★ファッションドーム141（東北） ★TOKYO-BAY LaLaport（関東・甲信越）	

※SC名・賞名は受賞当時のもの、（ ）内は推薦（ノミネート）支部名

堅社員向

大学生を

する若い

である。

●86頁の表中、日本SC大賞の受賞年の表記に誤りがありました。
受賞年が1900年代となっていますが、
全て2000年代に訂正します。
例）第7回（1917年）→第7回（2017年）

「SCアカデミー」の創設

準備に3年をかけ、2007年に始動した「SCアカデミー」は、次世代の若いSCマネージャーの養成を目的とした。そのためSCを学術的、体系的に学び、SCの新潮流や将来動向の予測などを研究する。講師はSC業界はもとより、実業界や学会など各方面で活躍されている人を招き講義を担当する。現在、第15期の「SCアカデミー」を展開中だが2020年度まで、

冠講座実施大学

関東・甲信越	桜美林大学、千葉商科大学、文化女子大 横浜国立大学、法政大学、埼玉大学、明 立教大学、東京都市大学、成蹊大学
北海道	北星学園大学
東　北	東北学院大学、宮城学院女子大学、岩手
中　部	名古屋市立大学、静岡県立大学
近　畿	摂南大学、大阪市立大学、関西学院大学、 立命館大学、流通科学大学、甲南大学、
中国・四国	広島修道大学、下関市立大学
九州・沖縄	西南学院大学

552名が修了書を受理している。

大学への「冠講座」の寄贈

「SCアカデミー」は主として、SCディベロッパー企業の中堅社員を対象としたものだが、冠講座は大学生を対象にしたもの。SCのイロハを理解してもらいつつ、将来SC業界に就職し、活躍する人材を育成しようというものである。SC経営士が中心なった講師陣が交代で、半期（60分、16単元）にわたり各大学の担当教授と連携しつつ、「ショッピングセンター概論」の授業を受けもつ。

これまで全国述べ41大学で実施し、7千人超が履修している。

「SC接客ロールプレーイングコンテスト」

SCに出店している専門店の販売員の接客技術の向上を目的に、1995年「日本ショッピングセンターコンベンション（第20回全国大会）」において第1回全国ロールプレーイングコンテストが開催された。その規模は年々拡大を続け、直近の第24回大会（2018年9月）は全国522のSCから1075名の競技者が参加した。歴代の部門賞を除く大賞の経済産業大臣賞の受賞者は次頁の通りである。

日本SC協会接客ロールプレイングコンテスト歴代大賞受賞者

	氏名	所属SC	店名	企業名	地区
第24回大会（2018年度）	高見　幸男	岡山一番街	リーガルシューズ	(株)リーガルコーポレーション	中国・四国
第23回大会（2017年度）	椛澤　翔	新有楽町ビル	シップス	(株)シップス	東京
第22回大会（2016年度）	原田　千紘	東京ソラマチ	フラワーデコ	(株)白楽花園	東京
第21回大会（2015年度）	竹原　篤史	三井アウトレットパークジャズドリーム長島	ザ・ノース・フェイス	(株)ゴールドウイン	中部
第20回大会（2014年度）	斉藤　智也	丸ビル	ビームスハウス	(株)ビームス	東京
第19回大会（2013年度）	山形　歩民	盛岡駅ビルフェザン	ゾフ	(株)ゾフ	東北
第18回大会（2012年度）	玉川　祥子	セルバ	コテミディコレクション	(有)ノートルシャンブル	東北
第17回大会（2011年度）	田川　和樹	りんくうプレミアム・アウトレット	アディダスファクトリーアウトレット	アディダスジャパン(株)	近畿
第16回大会（2010年度）	青木　優香	クイーンズスクエア横浜	ビームスボーイ	(株)ビームス	関東・甲信越
第15回大会（2009年度）	松本　佳代子	三井アウトレットパーク幕張	ニューバランス・ファクトリーストア	(株)ニューバランスアスレチックス	関東・甲信越
第14回大会（2008年度）	原　麻子	新丸の内ビルディング	イルカランドリーノ東京	(株)アークジョイア	東京
第13回大会（2007年度）	児玉　佳子	玉川髙島屋ショッピングセンター	スターバックスホールビーンストア	スターバックスコーヒージャパン(株)	東京
第12回大会（2006年度）	今井　薫	イオン新発田ショッピングセンター	AMO’S　STYLE	トリンプ・インターナショナル・ジャパン(株)	関東・甲信越
第11回大会（2005年度）	横堀　玲那	丸の内ビルディング	BREEZE　OF　TOKYO	(株)WDI	東京
第10回大会（2004年度）	久保田　有輝	イオン浜松志都呂ショッピングセンター	AMO’S　STYLE	トリンプ・インターナショナル・ジャパン(株)	中部
第9回大会（2003年度）	延島　雅子	イクスピアリ	グレードビーム・マーケット「ロレイエベーカリー」	(株)イクスピアリ	関東・甲信越
第8回大会（2002年度）	小渕　亜希	吉祥寺ロンロン	ダイアナ	ダイアナ(株)	関東・甲信越（現・東京）
第7回大会（2001年度）	斉藤　達也	エスパル仙台	銀座かねまつ	(株)かねまつ	東北
第6回大会（2000年度）	村松　立基	新宿マイシティ（現ルミネエスト）	チーズ王国	(株)久田	関東・甲信越
第5回大会（1999年度）	高橋　加奈	マイング博多駅名店街	五十二萬石　如水庵	(株)如水庵	九州・沖縄
第4回大会（1998年度）	緒方　亜紀子	ルミネ横浜店	パサデココbyコンポハウス	(株)花菱	関東・甲信越
第3回大会（1997年度）	瀬川　美枝	4丁目プラザ	ザ・ボディショップ	(株)イオンフォレスト	北海道
第2回大会（1996年度）	松本　しのぶ	京阪モール	やよい	(株)やよい	近畿
第1回大会（1995年度）	趙　啓子	堺高島屋SCUP’ル	ザ・ボディショップ	(株)イオンフォレスト	近畿

ＳＣ接客マイスター制度

「ＳＣロールプレーイングコンテスト」が年々盛んになるに伴い、２０１５年度には「ＳＣ接客マイスター制度」が創設された。これは、ＳＣ業界で働くテナントスタッフの地位向上を目的とした協会が認定する資格制度であり、協会が実施するＳＣ接客ロールプレーイングコンテスト支部大会に出場し、実技試験を受けることが基本になる。

２０１９年度末の検定試験合格者は、１級２４７名、２級１８９名、３級７６９名合計１２０５名となっている。

「ＳＣビジネスフェアー」

第22回ＳＣ全国大会から、会場はそれまでのホテルから展示ホールのある「横浜パシフィコ」に変更されたが、これを機会に「ＳＣビジネスフェア」も中身を一新して、リスタートすることとなった。

次表は、２００３年度から今日までの「ＳＣビジネスフェア」の推移だが、当初のほぼ倍の面積でＳＣに関係するディベロッパー、テナント、関連企業が、様々な工夫を凝らしてブースを展開し、情報交換あるいは商談が行われている。会場内での出展社プレゼンテーションも人気が高い。近年は海外からの出展も目立ち、貴重な〟発見と出会いの場〝になっている。※２０２１年はコロナで中止。

従業員満足度を目ざす「ES宣言」

少子高齢化社会の到来とともにテナントの人手不足が激しさを増している。協会では２０１５年に「人材確保小委員会」を設置した。そうした委員会での作業を通して２０１８年には「ES宣言」を発表した。「ショッピングセンターにおけるES宣言」を受けて、ディベロッパーとテナントはSCの運営を担うパートナーとして互いに協力しつつ、テナント従業員のES向上に向けて当面、課題に取り組むことを確認した。

＜SCビジネスフェアの推移＞

	面積（㎡）	出展社数	小間数	来場者数（延べ）
2003年度	6,700	209	419	14,429
2004年度	10,000	188	309	16,000
2005年度	10,000	214	368	22,000
2006年度	10,000	223	417	27,700
2007年度	10,000	223	395	30,700
2008年度	–	221	395	23,400
2009年度	10,000	195	365	29,800
2010年度	10,000	201	377	32,400
2011年度	10,000	190	356	35,400
2012年度	10,000	193	382	38,100
2013年度	13,300	216	474	41,500
2014年度	13,300	219	406	51,500
2015年度	13,300	217	504	61,000
2016年度	13,300	203	511	55,200
2017年度	13,300	219	544	55,900
2018年度	13,300	253	578	55,900
2019年度	13,300	253	564	53,000

SCビジネスフェア

第3章 「日本式ＳＣ経営」の新たな発展型を求めて

1 日本式SCの要「管理運営の三原則」

序論でも述べたが、１９２２年にアメリカで発明され、１９５０年代にビクターグルーエンにより完成された「ＳＣ」というビジネスモデルに倣い、我が国初のＳＣ「玉川高島屋ショッピングセンター」が１９６９年に誕生した。その開業に主導的役割を果たした倉橋良雄はビクターグルーエンの思想、哲学を徹底的に学びつつも、「古来、日本の美風である互助共栄の精神」を色濃く反映させた日本式ＳＣ経営モデルを打ち立てた。

この日本流にカスタマイズされた経営モデルは、ディベロッパーとテナントは、①相互に信頼し②共存共栄を図り③自主性を尊重する「管理運営の基本三原則」を遵守することを大前提にした。

それを具現化するためディベロッパーである東神開発は開業4年目から、「共存共栄」を目指した損益分岐点を超えた売上額に対する歩合賃料制を採用するとともに相互信頼を実現するための経営数字の公開「ガラス張り経営」を行った。、共益費の運用に当たっても、実費精算制を採ることと併せてコスト削減の方策を種々実施した。商店会運営についてはテナント主導の考え方で東神開発としては、議決権のない顧問としての立場で会議に参画した。

そして、売上げ不振のテナントに対しては、ディベロッパーとして考え得るすべての方策を実施し共同事業者たるテナントが退店することを未然に防いだ。

しかしながら、開業20年を迎える頃には、競合ＳＣも出現するようになり、他ＳＣとの差別化戦略の必要性からもある程度のテナント入れ替えは止むを得ないということを商店会の同意を得て進めた。それが第1章で紹介した「営業管理型ディベロッパー」から「マーチャンダイザー型ディベロッパー」への変身である。

こうして、「玉川髙島屋ショッピングセンター」は「もめごとの少ない」あるいは「テナントの不平、不満がディベロッパーの役員室まで持ち込まれたことのない稀有なＳＣとして、業界の中で独特の地位を築くに至った。

相互信頼と共存共栄の思想が後に「ＳＣ研究会」を経て設立された「日本ショッピングセンター協会」にも引き継がれ、通信教育のテキスト、セミナー、出版物等で紹介されることにより、日本式ＳＣの経営モデルとして全国のＳＣに定着していった。

アメリカのＳＣと日本のＳＣは「似て非なるもの」といわれるが、アメリカＳＣが標榜するいわゆる「グローバルスタンダード」とこの「ジャパンスタンダード」の主な違いを列挙してみよう。
①ディベロッパーとテナントは、アメリカでは単なる「レッサー（賃貸人）」と「レッシー（賃借人）」、日本は相互に信頼し共栄を目指す「共同事業者」。
②歩合賃料のウェイトの低いアメリカ、高い日本。
③ＣＳ（顧客満足度）等の共同活動に熱心な日本と考えもしないアメリカ。
④ＳＣにとっての最大のステークホルダーは、アメリカは「株主」や「投資家」。日本は「テナント」。
後年、ニューヨークにある国際ショッピングセンター協会の担当者と日本のディベロッパーについて意見交換したことがある。その際に米国側から次のような感想が述べられた。
・日本のディベロッパーのスタッフの数が多いことに驚いた。

・ディベロッパーが個別のテナントの売上予算を編成していること。
・ディベロッパーが不振店に積極的に関与し、共同で売上向上策等にトライしていること。
・ディベロッパーがテナントの販売員まで把握しているだけではなく、新人研修会まで実施していること。
・CS向上のため、ディベロッパーとテナントが共同でCS講習会を実施したり、「接客ロールプレーイングコンテスト全国大会」参加のための予選会開催のコストをディベロッパーが負担していること。

これらのことは、アメリカでは到底考えられないとのことであった。

このジャパンスタンダードに裏打ちされた日本のショッピングセンターは、順風満帆に成長を続けるも、21世紀に入り、内外の環境変化に伴って様々な試練、課題に直面することになる。

2 外的環境変化とSCへの影響

１９８５年の「プラザ合意」により円高を強いられた日本政府は大幅な金融緩和政策を採るが、これがバブル経済（１９８６年12月〜１９９１年２月）を誘引するも貿易不均衡は解消されなかった。業を煮やしたアメリカは１９８９年からの日米構造協議を通じ内需拡大、多大な公共投資、一連の規制緩和等を日本に強く要請する。この結果、国際化が一挙に進展し、終身雇用、年功序列、企業別組合といった日本式経営が全面否定され、世の中に金融資本第一主義が跋扈《ばっこ》し、「お金を儲けて何が悪い」といった拝金主義も横行する中、人心も荒廃し各種の偽装事件をも誘発し大きな社会問題になった。

ＳＣ業界にも、規制緩和の流れから１９７４年に制定された「大規模小売店舗法」が２０００年に廃止され、代わりに「まちづくり三法（改正都市計画法、大規模小売店舗立地法、中心市街地活性化法）」が制定された。これらを背景に、ディベロッパーの出店戦略にも変化が見られると同時に、かねてからのグロバリゼーションの進展と相まって、ＳＣ経営の軸が徐々に利益重視、効率重視へとシフトしていった。

こうした流れの中で、次のような新たな動きが見られ始めた。

①総合賃料制の登場
②テナント会（商店会）の廃止
③定借制への移行
④不動産の証券化

これらは、従来のジャパンスタンダードとは異なる事象であるが、ジャパンスタンダードの経年劣化、制度疲労に一因があるものも含まれている。

3 ジャパンスタンダードの綻びと解決の方向性

前節の①から④は全国一律の動きでない分、各ＳＣが対応に苦慮しているようだ。これらの解決の方向性について述べたい。

①総合賃料制について

もともと賃料はＳＣを維持するための費用、共益費は共用部分を中心としたＳＣを運営管理するための費用とされている。しかしながらその運用に当たっては次のような問題を抱えている。

・共益費に含まれる項目が多岐にわたるため金額が高くなっている（大都市圏のＳＣの共益費は月坪8千円前後と率直に言って高い）。

・協会のいう「共益費の三原則（①受益者負担の原則②公平平等の原則③実費主義の原則）」が形骸化している。その結果、実費精算制を採るＳＣが極めて少ない。

・賃料と共益費の明快な区分がなされていないため、賃料原価に算入すべき共益費項目も散見される（それが高額になる原因のひとつである）などだ。

さらに近年は他ＳＣとの競合が激化する中、差別化を図るために共用部分のメンテナンスやインフォメーションスタッフ、トイレ周り等にこれまで以上にコストをかけるという例も見られ、賃料か共益費なのかの判断がより難しくなっている。

したがって、現状の共益費自体をどう再構築するかが喫緊の課題である。単純に総合賃料制に移行することでそれらが解決されるとは思えない。

収益性が反映される賃料と、単位面積でコストを回収する共益費はまったく性格を異にする。マンションに例えると階層別、場所別効用指数に基づいて決められた家賃に、㎡単価で決められているマンション管理費を合算して家賃を決めるようなもので、極めてナンセンスである。

将来、賃料の増減に関わる変動要因、あるいは共益費を構成する公共料金の変動等に伴って、単価を改定する必要性に迫られた場合、どう対処するのであろうか？

この制度を採用する背景には共益費の計算が、複雑で面倒だという理由もあるらしいが、ディベロッパーの仕事が日常の極めて細かな業務の積み重ねということを理解してないと思わざるを得ない。

さらに忘れてはいけないことは、共益費の運用に当たっては、それを構成する費目のコストをいかに削減し、テナントの経費の改善に資するよう努めることだろう。水道光熱費やじんかい処理費はじめほとんどの構成費目がその対象である。

したがって、今後の共益費のあり方については、次のように考えたい。

・当然、総合賃料制ではなく、「賃料」と「共益費」は別個に考える。
・共益費の構成費目は収益性の反映されない費目に限定し、協会がガイドラインを公表する。
・それにより現行共益費は、ほとんど賃料原価に移行させる。結果、経費項目はおそらく現行の5～6分の1に圧縮されることになろう。
・共益費は、実費計算にて、毎年精算する。
・共益費削減については、ディベロッパー、テナントが相互に努力する。

②テナント会（商店会）について

テナント会が廃止される背景には次のようなことが起因していると考えられる。

テナント会の活動に理解の乏しい外資系テナント、SCへの出店数の多いテナントの物理的制約、定借契約によるテナント変更の頻繁化に伴うディベロッパーとテナントあるいは

今、テナントとディベロッパーの関係は「モゾワンダーシティ」

「ダイナシティ」

テナント同士の一体感の希薄化、一部ディベロッパーのテナント会軽視などが挙げられる。また廃止までにはいっていないが、活動が形骸化している地方の単館SCも散見される。

しかしながらこれからのSCはますます多機能ミックス型に移行し、これまでと違った業態のテナントの参入も多くなり、メンバー構成も多様になる。それだけにこれまで以上にディベロッパーとテナント、そして多様化するテナント同士のコミュニケーションを図る場としてのテナント会の重要性が増してくる。現状の問題点を直視し、解決の方策を模索し、一歩前進した形のテナント会を再構築する絶好の機会とすべきだろう。

③定借制について

定借制は、都市圏のSCを中心に採用されているが、それがもたらした影響や問題点は次のようになるだろう。

・契約期間の短縮化により投資額を回収するだけの利益を確保することが困難となるため、テナントの出店意欲を著しく減退させている。

・出店コストの早期回収を図るためテナントは内装費や人件費を抑制するが、それが魅力ある空間演出の欠如、非正規雇用の増加という事態を招いている。

・契約期間が短期なためディベロッパーは次の出店先の確保に注力し、既存のテナントや顧客とのコミュニケーションが希薄になる傾向がある。

やはり最大の問題点は、目先の対応に捉われた短期思考になりがちなことと、ディベロッパーとテナントとの信頼関係が著しく損なわれたことである。

そもそも定借制を導入する際のディベロッパーとテナントの間の真剣な協議、話し合いが少なすぎたところに問題がある。従来の普通契約を定借に変更することはテナントにとって死活問題のはずであり、ディベロッパーにしても定借制は単純に有利と考えているところが多いようだが本当にそうなのかと多方面から深く考察した形跡はあまり見られない。

定借制を採るアメリカのSCを見ると画一的なテナントミックスによる同質化が顕著であると同時に、ディベロッパーのテナントへの姿勢が「強いテナントには弱く、弱いテナントには強い」といった傾向が垣間見える。

したがって、定借制の今後については定借制を継続する場合でも業種業態を問わず最低でも5年以上の契約期間での運用が望ましいし、本来の共同事業者として利益とリスクを適正に分け合うという前提で運用上のガイドラインを打ち立てるべきである。

④不動産の証券化

不動産証券化もSCにとっては悩ましい問題である。現状における不動産証券化の問題は、次の通りである。

・ディベロッパーとテナントの共同事業としてのSCというより、所有者側の不動産事業的色彩が強いこと。

・目的の異なる関係者が多いために複雑な利害調整が必要なこと。

・金融庁の監督下、投資家保護の視点が最優先されること。

・あらゆる指標が数値化され、キャッシュフローの極大化が事業目的となっていること。

その結果、地域社会や顧客視点が遠のき商店会廃止を含む運営コストの徹底的な削減を図るとともに、定借を活用しつつ支払い能力の高いテナントを誘致することが最優先される。また売買により所有者が変わるとそれに伴いPM（プロパティマネジメント＝SCの運営会社）も変わり、SCの管理運営上の問題が発生している。

そこでこれからの不動産証券化の目指すべき方向性について述べる。

まずSC事業は単なる不動産事業ではなく、ディベロッパーとテナントの共同事業であり、最大のステークホルダーは地域社会であることを所有者側に徹底的に再認識させる。つまりオフィスや住宅ではなく、SCを所有する意義「SCオーナーシップ」を改めて啓蒙することである。

ＰＭフィーのあり方は「賃料収入の○％」という単純な収入変動型ではなく、ＳＣ特有のコスト（テナント会活動経費、販売促進費、まちづくり関連コスト等）を勘案した報酬体系にすべきである。

また運営者側では、「賃料保証型マスターリース」の取り組みを是非検討していただきたい。

4 新基本三原則の制定と「新ジャパンスタンダード」の構築

前節で、ジャパンスタンダードの綻びともいえる現象面とその対応について述べたが、ここではこれからの日本式ＳＣ経営の規範となる「新ジャパンスタンダード」のあるべき姿について考察したい。

本章の初めに述べた通り、「ジャパンスタンダード」の基本理念、あるいは根本の思想はディベロッパーとテナントの「相互信頼」並びに「共存共栄」そしてテナントの自主性尊重にある。これをベースにＳＣの経営あるいは運営に関わる諸々の施策がなされてきた。しかし外的環境の変化や制度疲労の影響で様々な問題が顕在化してきた。

この喫緊の課題に対応するための従来の「管理運営の基本三原則」を基本的には踏襲するが以下の通り一部修正を試みたい。

①「相互信頼」について

ディベロッパーとテナントが相互に信頼することはSCの永続的な発展に不可欠なことであるが、そのためには共同事業者としてのディベロッパーとテナントの役割分担を明確に設定することが肝要だ。つまり、ディベロッパーはターゲットと想定された顧客を安全で快適なSC空間に誘引し、テナントは適切な商品とサービスを提供し顧客の定着化を図ることである。

この信頼関係をより強固にするためにディベロッパーによる定期的な「経営報告会」的な会議体を持つことを提言する。経営数字のみならず、SC運営上の様々な案件も検討することでより深いパートナーシップが醸成されるはずである。

②「共存共栄」について

グローバル化の流れは、効率や利益至上主義を加速させたが、SC業界でもディベロッパー、テナント双方にやや乱暴な物言いが目につくようになり、大変気にかかる。基本理念の一つである「共存共栄」も、「強存強栄」になっては業界のみならず、顧客にとっても望ましいことではない。

逆に従来はディベローパーとテナントのみの「共存共栄」の意味だったが、これからはそのSCを取り巻く地域コミュニティーを含めた「三者の共存共栄」を意識しなければならない。何故ならばSCの立地する地域コミュニティーの発展なくしてはSCのサスティナブルな繁栄は実現できないからである。

③「自主性の尊重」について

SC草創期には、ディベローパーはテナント会に口も金も出さずにテナントに運営を委ねる傾向が強かったが、その後SC間の競合が始まるにつれ口も金も出し、かつテナント会長も務めるディベロッパーが多くなった。

厳しくも困難な新たな時代環境を前に今改めてテナント会の運営のあり方について深い検討が必要だろう。

前述の「経営報告会的な会議体」の役割を明確にした上で「テナント会」は、草創期の思想で運営されることが望ましい。具体的には会長は会員の中から互選､ディベロッパーは、オブザーバーないしは顧問として参画（議決権なし）、面積の大小にかかわらず、議決権は会員一人当たり1票、原則として、独立した事務局を有する。

近年、テナント会あるいはテナントがディベロッパーの施策に対し意見を述べることがほとんど見受けられなくなった。テナント会の廃止、定借制の採用、共益費の賃料への組

テナントあってのSC

み入れ、乱れる工事区分の運用、不動産の証券化に関わる諸問題など、これらに対するテナントの声がまとまった形で見えてこない。

いま、求められるのは「自主性の尊重」ではなく、「自主性の発揮」である。

最後に、「SCの定義」と「SCの取り扱い基準」については改めて検証を加える時期にきていると考える。

これらは、日本ショッピングセンター協会が設立された翌年1974年に定められたものだがその後改定され今に至っている。

まず、「SCの定義」については「ショッピングセンターとは一つの単位として計画、開発、所有、管理運営される商業、サービス施設の集合体で、駐車場を備えるものをいうと定義しているがいまどき、一つの単位として計画から管理運営まで行われているSCは、一部の地方の単館SCを除いては寡聞にして聞いたことがない。商業、サービス施設に限っての集合体とするのも現状に即しない。

また、「SC取り扱い基準」については、

・SCの構成メンバーは小売業を前提としているが、それで問題ないのか。

・店舗面積1500㎡以上としているが、それが適正か。
・テナント会等の表現は、曖昧すぎないか。
・共同催事等の共同活動を行っているテナント会は、どの程度存在するのかなど、判然としない記述が多い。
これらは「新ジャパンスタンダート」の根幹に影響する極めて重要な事案であるからして協会においては定義改定のための特別委員会を立ち上げ、協会設立50周年に当たる2023年度を目途に成案を得るべく始動して欲しいと心から要望する次第である。

C・O・L・U・M・N

リアルなお買い物、アゲイン！

私はなぜ買い物が好きなのだろう？

私の仕事はフリーのコピーライターなのだが、仕事の打ち合わせに出かけた帰り道、ほぼ必ず、出先の駅ビルなどショッピングセンターに足を向けてしまう。私は、ブツ欲が強すぎるのか？いや、何かを所有したいというよりも、新しい何かに出会いたいのだ。これまでとは違う自分を引き出してくれそうなファッションやコスメ。毎日をちょっとオシャレにしてくれそうなインテリアや食器。そして味わったことのない食べ物や調味料。これを着たり使ったりしたら、自分がどんな気持ちになるのか、まわりのみんなはそれを見てどう思うのか。そんなことを妄想しながら、ショッピングセンターのあっちこっちを見てまわるのが楽しいのだ。

こんな年になるとは思ってもみなかった２０２０年。コロナ禍のなか、私の仕事もリモートミーティングが多くなり、事務所兼自宅に引きこもる日々が続いた。何日間に一度、地元の大型スーパーに生鮮食品などを買いに行く以外、買い物はもっぱらネットショッピングになった。マスクをかけた宅配便のおにいさんはすっかり顔なじみだ。どうせ外出しないんだから、新しい服や靴を買うこともない。ささやかな楽しみとして、ちょっと高級なアロマや入浴剤を買った。ひとり暮らしだというのに、ワインもドーンとケースで買った。日に日にたるむお腹に、さすがにこれはマズイと、ヨガマットも注文した。それなりに買い物して、消費に貢献しているつもり。だけど、何だかいまいちワクワク感がないんだなぁ…。

そんなある日、生鮮食品を買いに行くついでに、久しぶりに地元の駅ビルをブラブラしてみた。すっかりご無沙汰になっていたファッションのお店をのぞいた。そして思ったこと。ネットでも買えるのに、実際の商品が目の前にあるというのは、何だかいい。気分がアガる。やっぱり手触りだったり、まわりのお客さんの話し声だったり、ネットショッピングにはない五感へのシゲキがあるからかなぁ。リアルな買い物って、いいな。

ショッピングセンターのみなさま、コロナ禍が明けて、また私のショッピングセンター詣でが始まったら、いろんなシゲキで私を翻弄して!

梶田あずさ（コピーライター、アートディレクター）

le coq sportif
Columbia
DOLCE & GABBANA
TOC
Free
Wi-Fi

第２部
転換期のＳＣ

日本のショッピングセンターの年間開業ペースは２０１９年から減少、純増数はマイナスに転じた。この先も全体数の減少傾向が続くのは間違いない。かつて時代の寵児と言われたＳＣも曲がり角に立った。

第1章 生き残りを賭けた時代に

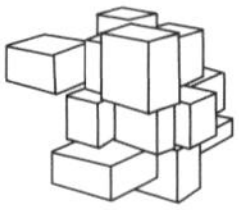

1 疲弊する自治体とSC

日本固有のＳＣ開発・運営管理の標準モデルが経年劣化していることを第１部では述べてきた。これを乗り越えるべく新たなＳＣ開発・運営管理の標準モデルを構築することが本書「突破するＳＣビジネス」の目的である。

ＳＣ開発・運営管理の新標準モデルを模索するにあたり、第２部では時代環境などのマクロ要因がＳＣ内のミクロの課題にいかなる影響を及ぼしているかを考えていく。時間軸としては４年後の２０２５年に照準を合わせて今後のＳＣを考える。いまから新規に用地を選定し、開業するＳＣに要する年月も大概にして５年程度である。４年後という未来は自分事としてもイメージしやすい期間である。こんな時代だからこそ想像力を駆使して未来を論じ合わねばならない。

いま日本の国や基礎自治体は、かつて経験しなかった大変な時代を迎えている。突然のコロナ禍対応の影響についてはさておき、人口減少・少子高齢化の人口動態が起因して、税収減及び社会保障費の増大が重くのしかかっているからである。

２０２５年には75歳以上の後期高齢者が２千万人となり、その数はしばらく横ばいとなる。また厚生労働省によると認知症患者の数が７００万人となる。２０２５年の社会保障費は１４９兆円（２０１７年の１２０兆円

進む高齢化

からみて30兆円の増大）となり自治体は消費増税分を充てても補い切れず、やむなく行政サービスの一部をカットすることとなる。それは老朽化する公共施設や道路インフラの整備、観光振興、社会教育行政等への費用削減である。これらの行政サービスの低下を嫌う生産年齢人口が転出することで、自治体そのものも広域連携化で中枢都市となれずサテライト的地位となるところも出てくる。まさに生き残りを賭けた時代が始まるのである。

一方、ＳＣ業界もまた生き残りを賭けた過酷な競争時代を迎えている。

半世紀にわたり我が国のＳＣ業界は幾多の困難に直面してもその都度それを乗り越えてきた歴史を持つ。それは「課題解決業としてのＳＣ」と呼ばれるがごとく、創意工夫の連続であった。

しかしいま立ちはだかる課題はかつてなかったレベルの難題である。それはコロナ禍という想定外の環境変化ではなく、構造的に避けては通れない人口減少がもたらす客数減という根幹的な問題である。

客単価アップは期待できず、（販売促進策により月当たりの客単価が一瞬上がったとしても、顧客の可処分所得が上がらない限り年間トータルでみた客単価は下がる）客数減がそのまま売上減となりテナントは退店し、賃料収入は確実に下がっていく。そんな中で賃料収益にのみ頼るＳＣは加速する過当競争により経営に行き詰り、ダウンサイズするところも出てくるであろう。

そもそもバブル期から公共施設もSCも造りすぎたのである。税収減も売上減も予測可能であったのにもかかわらず問題を先送りにし、同一機能の公共施設と同質MDのSCを乱立させたツケがいよいよ回ってくる。

2 新「経営指標」の必要性

日本のSCは、商業集積の形態としてアメリカのSCをモデルとしながらも、その運営の柱となるテナントとのコミュニケーション関係を基軸に捉え、展開してきた。そのモデルを都市でも地方・郊外でも変わらず展開することにより百貨店を追い抜き、日本の商業施設として今や売上高32兆円を誇る地位を占めるに至った。

1960年代後半から1970年代にかけて、「ジャパン アズ ナンバーワン」に象徴される拡大経済構造に支えられたモデルでもあったといえる。

まずはマーケットの拡大と顧客数の増大を前提としたマーケティングを行い、定量的な予測値がほぼ経営指標となりえた時代であった。

しかしながら近年に至り、「人口減・少子高齢化」という新たな問題が出現すると、従来のSCマーケティングでは長期的な経営計画の策定ができないという状況になってきている。経営を左右する要因が経済的なものだけではなく、産業構造、社会構造、文化構造等SC単独の力では可変不可能な要因が増大してきたことが経営予測を立てづらくしている。

従来からSCはそのターゲットを絞り、それに合わせたフロアコンセプト、MD構成を定め、多産されるブランドの選択的配置により活性化を図り売上げ拡大を図ってきた。ただし多ブランド戦略、リニューアルが中心であった。

しかしながら、急速化する少子高齢化社会では、減少していく従来のメインターゲットにこだわればこだわるほど売上げを確保できない状態となるのは明らかであり、昨今はミセス、紳士、子供、ティーンズと全方位ターゲットに転換するSCも増加している。背に腹は代えられない状態なのである。明らかに主要ターゲット数そのものが激減していくのが自明であるにもかかわらず、といって根本から変革すべき議論は深まらず、20年前と変わらぬ運営スタイルを継続している。

環境が急速に厳しくなる中で、ディベロッパーの内部の構造改革を推し進め、大きく変化するマーケットに対応していかねばならない。従来のように、「あれもこれも」でなく「あれかこれか」の選択と新しい標準づくりの決断を迫られる状況に入っている。

3 広角度から見た影響要因

ＳＣの危機が叫ばれる。まずは「Ｅコマース」と「人口減」が挙げられる。コロナ禍で衣料品（日常、非日常品含め）は10～12％がＥコマースでの購入に急拡大した。

また人口減は買上客の減少に直接結びつくため総体の売上げ減少を説明しやすいが、少子化になれば必ずしも売上げが減るとは限らない。売上額は、買上客数×客単価であるから、買上客が減ったとしても1人当たり単価(年間購買額)が増加すれば売上げは減ることはない。

しかしながら日本の場合、「人口減」だけではなく、「貧困化」という現象もセットになって発生している。このために買上客も単価も共に減ることになるから、なかなか前途が見えてこないことになる。ある意味、チェックメイトの状態なのである。さらに、客層がミレニアル世代に移っているにもかかわらず、この世代独特の消費性向に対応しきれていない。

こうした環境の多面的変化を踏まえ、次章では、現在の顕在的かつ潜在的課題を広角度でとらえ、それがＳＣに与えている状況、及び今後与えるであろう影響を挙げ、まずは当面それにどう対処していくべきかの方向性を考えてみたい。

第2章 SC内部の課題

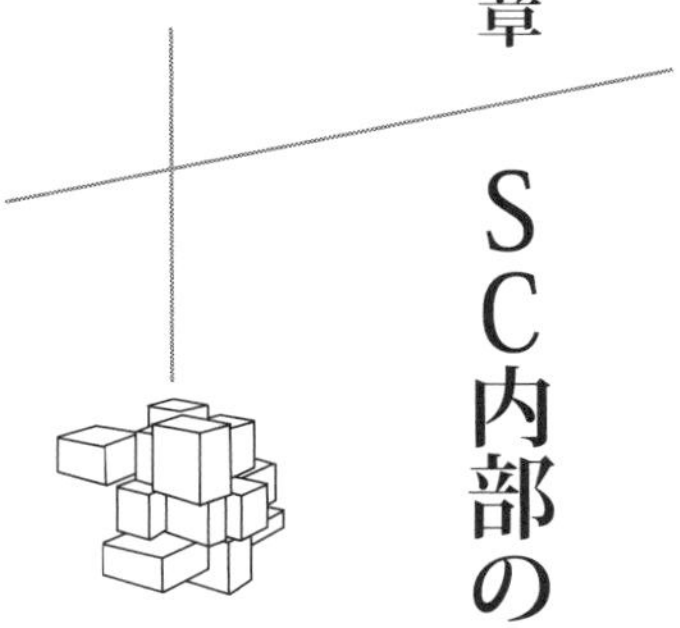

1 SCの同質化

日本ショッピングセンター協会によると２０１８年末現在で国内のＳＣは３２２０館で、ここ数年新規オープンは減少傾向にある。閉館するＳＣもあり２０１９年末では３２０９館となり純増数は初めてマイナスに転じた（表1）。新設ＳＣの平均面積は21世紀に入り２００８年までは拡大傾向にあったが、それ以降は1万5千㎡～2万㎡程度で落ち着いている（表2）。

ＳＣのタイプを表すモデルを日本ＳＣ協会では正式に統計としてまとめていない

が、一般的にはアメリカの分類を基にＲＳＣ(Regional Shopping Centre=広域型)、ＣＳＣ(Community Shopping Centre=中域型)、ＮＳＣ(Neighborhood Shopping Centre=近隣型)と分類することが多い。

施設規模と商圏規模は一般的には正比例の関係にあることから日本においては、ＲＳＣは概ね４００館程度（さらに大きな超広域型のＳＲＳＣ＝Super Regional Shopping Centerを含む)、ＣＳＣは１４００館程度、ＮＳＣも１４００程度である(表3)。イメージとしては「ららぽーと」や「イオンモール」などがＲＳＣ、「イオン」や「イトーヨーカドー」、「ゆめタウン」などはＣＳＣ、小さなＳＣがＮＳＣだ。

ＲＳＣは百貨店やＧＭＳを核としてファッション、雑貨、飲食、サービスといったバラエ

表１

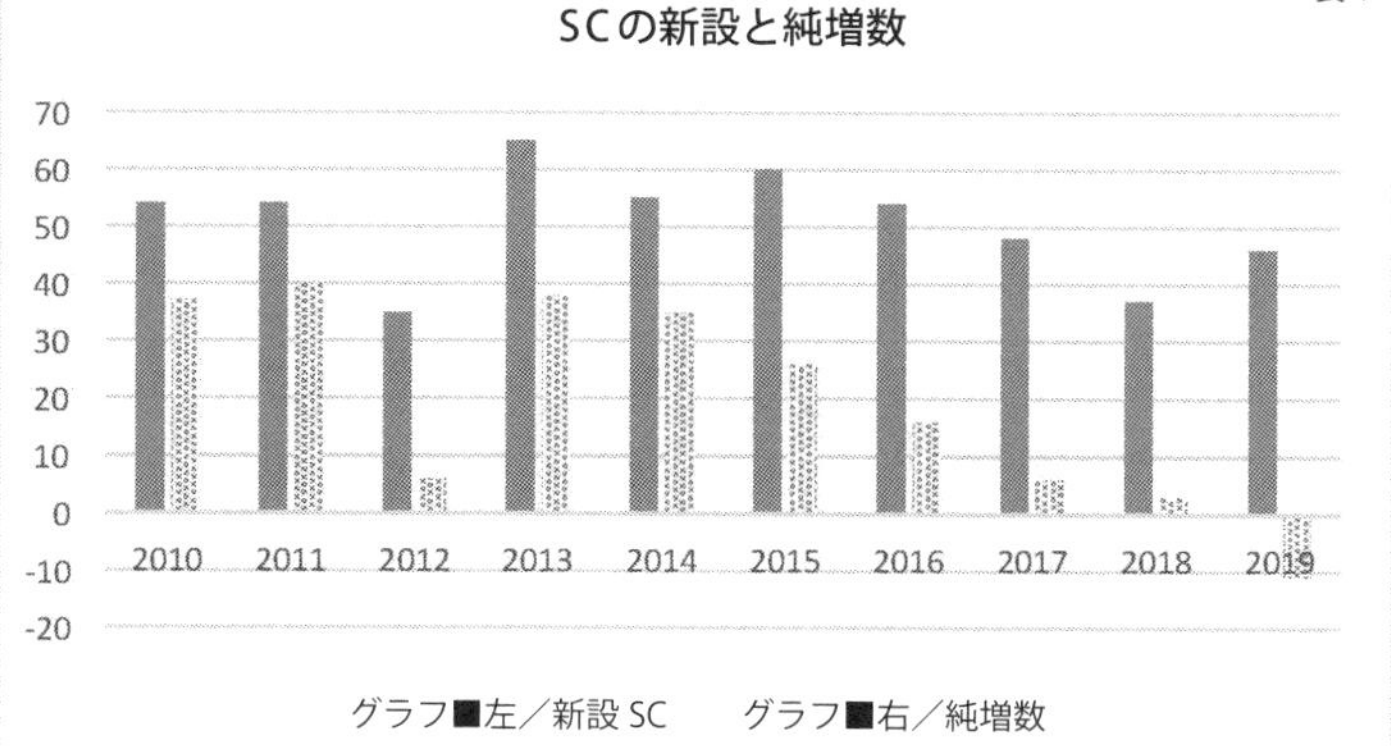

ティーに富んだ業種構成で１００店舗以上のテナントで構成する。ＣＳＣは大型食品スーパーに大型の服飾売り場や生活関連用品のテナントが50店程入店している。ＮＳＣはスーパーマーケットを核に生活密着の店舗やサービス業態などで10～20店程度の規模である。それぞれの狙う商圏サイズにより必要なテナント構成は決まってくる。したがってどこへ行っても同じような顔ぶれになる。

　テナントは努力して新業態を開発するが、新しく売れる業態ができると他のＳＣにも出店したいと拡大化を図る。ディベロッパーも売れるテナントを誘致したい。そしてまた各地域のＳＣが同じテナント揃えとなる。

　まだＳＣが少なかった頃は地域にＳＣができると希少性があったものだ。しかし、これだけの

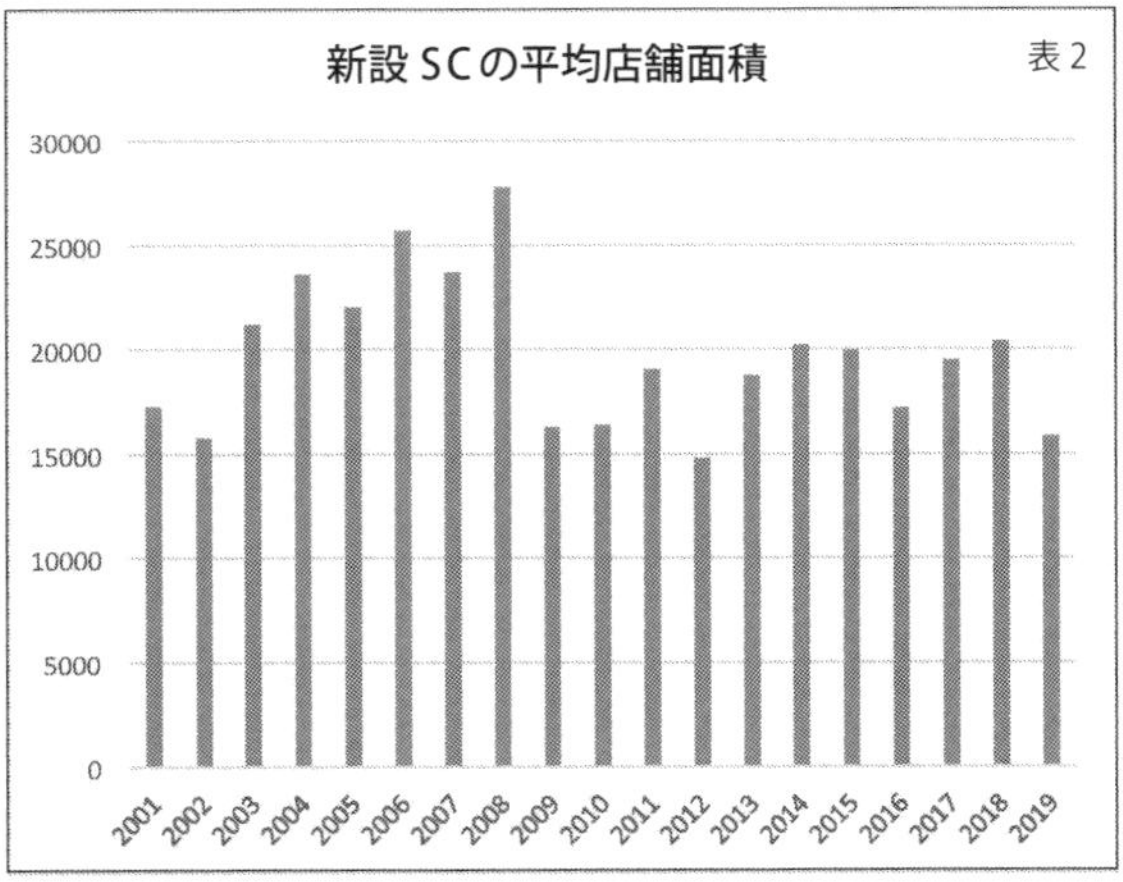

数ができると珍しくはなく、魅力的ともいえなくなるのは当然である。数があるだけではなく、みな「似ている」からである。

それぞれの企業は地域に貢献すると言いつつも事業として利益を上げるためにＳＣを造り、さらに拡大するために多店舗展開する。すると一つの企業コンセプトを反映した施設があちこちに出現する。時の流行もあるが、「良い施設」「望まれる施設」の要因を追求していくと動線のとり方、通路の広さ、長さ、天井の高さ、共用空間、照明配置、床の素材、明るさ、駐車場配置といったハードの造りも似通ってくる。

かくして全国どこへ行っても同じような顔ぶれのＳＣがいっぱいで魅力度が低下していくのである。

地域による偏在はあるものの、人口減少社会で

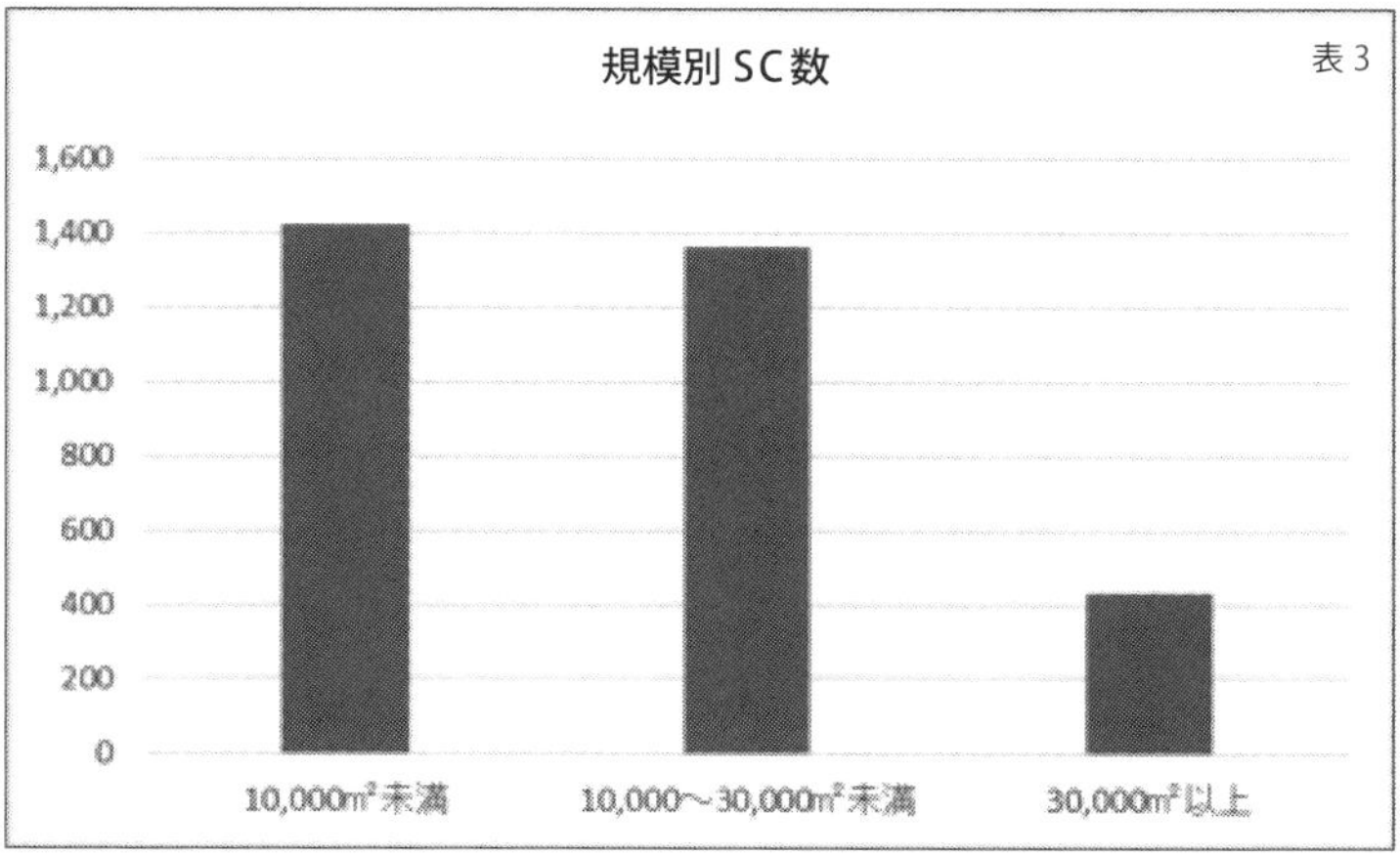

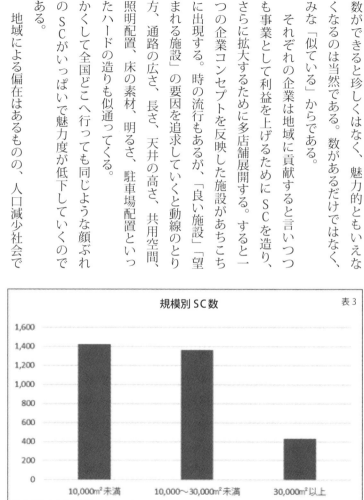

はＳＣの新設は当然減る。各ＳＣは生き残りのためにリニューアルしマーケット縮小や競合に備える。正しい市場分析に基づく明確なコンセプトにより差別化を図るＳＣが増えてくればＳＣごとの棲み分けが進むと思われるが、大概は当然ながらその時の旬のテナントを誘致するに留まる。すると同質化が繰り返されるのである。

2 深刻な施設の老朽化

ＳＣが建物であるからには当然、時間とともに老朽化する。３２２０館あるＳＣの内、この10年以内にオープンしたものは５１９館である。２００１年までさかのぼると１１０４館である。ざっくりいってオープンから20年以上を経過した施設は２１００もあり、全施設の３分の2に及ぶ。これだけの施設が老朽化している、もしくは老朽化しつつある。

売れているＳＣは維持管理に十分な予算が回せるので古くても管理状態が良いものもあるだろう。売れていないＳＣでは必然的にメンテナンスコストは削られる。すると限界を超えた設備は故障の可能性があり、最悪の場合は安全上問題が生じる。十分なメンテナンスをしていれば長持ちする設備も短期的なコストを抑えるために放置しておくと寿命は縮まる。

新築から20年を超えると老朽化のため修繕費等のメンテナンスコストが増大する。それまで順調に推移したＳＣであっても、そうしたメンテナンスの対応は頭の痛い経営課題である。

3 ＳＣの金融商品化

バブル崩壊による不良債権処理の必要に迫られていた時代、１９９８年に「資産の流動化に関する法律」いわゆるＳＰＣ法が成立した。これにより売買等の取引が大変だった不動産を証券化して売却することが可能になり、企業としては資金調達の幅が広まるとともにＲＯＡ（総資産利益率）の改善にも寄与するようになった。しかしこのことが、ＳＣのマネジメントの根幹にインパクトを与えることになった。

第1部で触れたように、日本型ＳＣビジネスはディベロッパーとテナントとの相互信頼に基づく共存共栄の精神で運営されてきたが、不動産であるＳＣが金融商品として売買されるようになると、その利回りのみに着目したファンド等のプレイヤーが参入するようになった。そのようなプレイヤーはその性質上、利回りを改善し高値で売り抜けることを目的とする。すると運営の考え方もコストを下げてリターンを上げることが是とされ、地域に貢献することや、テナントを育てるといったＳＣの経営理念がなおざりにされるようになる。

不動産の証券化によってＳＣの所有と経営が分離され、所有者側に立ってアドバイスをするＡＭ（アセットマネジメント）と現場でＳＣの運営をするＰＭ（プロパティマネジメント）といった役割分担により新たなビジネスも創出されたが、ファンド等の所有者が求めることはリターンを上げることなので運営するＰＭすらコストの一つと見る。

ＰＭは所有者の利益を上げるためにＳＣの売上げの拡大とコストの削減を図るのだが、競争の中で自らの人数も抑える提案をしなければ受託できない。したがって、必要最低限の人数で運営することが仕事となり、地域やテナントに対する十分なサービスを提供する余裕もない。

そこには中長期戦略は存在せず、前年より利益を上げる今年1年の戦術しかない。ＭＤの最適化より賃料の高いテナント優先という考えがはびこり、前述のＳＣの同質化やメンテナンスコスト削減といった考えにも結びつく。

4 定期借家制度の功罪

借主の権利が強いため土地の供給に支障がある状況を打開するために１９９２年に「借地借家法」が施行され、事業用定期借地が導入された。２０００年には「定期借家制度」

が施行され、以前は正当事由がなければ契約の更新が拒絶できなかったが、期間の満了に伴い、賃貸借契約が確定的に終了するようになった。

この制度はディベロッパーにとってはリニューアルの計画等に合わせてテナントとの契約を終わらせることができるため、中期計画を立てやすい。しかし、このことが安易なテナントの入れ替えを促進し、逆にSCの同質化を招いた一つの要因でもある。

また、競争が激しい都心部の一部のディベロッパーでいき過ぎた活用が問題となっている。業種や企業にもよるが、一般にテナントは出店に当たって自店の内装や什器等の投資を5年程度の期間で償却するよう計画する。償却後、契約が継続すれば高い利益が得られる。しかし、この定期借家契約では償却が終わると同時に契約が終了するためうまみはない（両者合意による再契約も可能ではあるが）。

売れるSCではディベロッパーの力が強く、競争上、鮮度を高めるためこの契約期間を短くし、極端な例では1年に満たない期間の契約もある。これではテナントは採算が取れないが、それでも都心部のSCで知名度を上げるために出店するケースもある。しかし、採算を少しでも合わせるために内装等の投資を軽減するため、結果的にショップコンセプトを表現できず売上げも伸びない。ディベロッパーはそれでまたテナントを入れ替え、鮮度を高めるというが、体力のないテナントにとってはたまったものではない。

確かに何年も変わり映えのない施設も面白くはないが、「鮮度命」とばかりにテナントを入れ替え続けるのはどれほどの効果を狙ってのことなのか。テナントを入れ替えるということはそのテナントについていた顧客をも入れ替わるということにつながる。

例えば、施設の棲み分けのために意図的に顧客ターゲットを変えるといった戦略に基づいてテナントを入れ替えるというなら理解できる。しかしそのような大所高所からの戦略なしに、ただ鮮度を上げるといってテナントを入れ替えるならいたずらにテナントを疲弊させるだけであり、消費者にとってもなじみの店がなくなるということは当該SCの支持者を失うことでもある。

昨今、あらゆるものがかつてに比べてスピードが上がっており、この定期借家制度のおかげでSCはガラパゴス化せずに時代に対応できたことも間違いない。制度自体に批判が及ばぬよう適正に運用する節度が求められる。

5 賃料制度(共益費&総合賃料の課題)

アメリカのSC経営モデル(=グローバルスタンダード)と日本のSC経営モデル(=ジャパンスタンダード)の大きな違いのひとつが賃料制度である。アメリカではほとんど

定借では内装投資を軽減させる

「定借制度」施行以後テナントの入れ替えが促進された

が固定賃料であり、日本では歩合賃料のウェイトが高い。

ジャパンスタンダードではディベロッパーとテナントが共存共栄のため同じ方向を向き、その成果も共に分配するという思想がある。その中で共益費とはテナントの個別区画以外の共用部分の管理費のことで、警備、清掃、水道光熱費やエレベーター、エスカレーターといった設備の維持管理、駐車場の運営等の費用の実費を各テナントの面積等に応じて徴収するのが一般的である。

施設の規模や作りによって当然費用は変わってくるが、ディベロッパーの管理能力によっても変動するはずである。そのため、本来はその実費を明らかにし、年度によって金額が変動するべきものである。しかし、最近は出店契約時に共益費を固定金額で決め実費を明らかにしないケースもある。もっと言えば総合賃料と言い、共益費込みで家賃を設定するディベロッパーも少なからずある。その理由は総合賃料の場合、ディベロッパーの努力によって共益コストが下がれば下げた分はディベロッパーの利益になる。テナントは変動費が減り固定費になれば経営の見通しが立てやすくなるのとテナント会の業種部会等で共用部分の管理についての活動が不要となり、ある意味ラクである。このため従来の賃料と共益費が総合賃料に置き換わっても金額に大きな齟齬《そご》がなければ問題にしない。

もう一つの側面として外資系テナントの存在もある。ファストファッションなど、人気があり引っ張りだこのテナントは個別の力関係もあるが、風習の違いもあり、共益費という項目に難色を示す場合が多い。ディベロッパーは外資系テナントだけに共益費を免除するということも立場上あり得ないので、いっそのこと共益費込みの総合賃料としたほうが都合がよいという面もある。

しかしこのことは必ずしも良いとこ尽くめではない。昨今の自然災害により電力料金等が上がるケースもあるが、ディベロッパーは総合賃料ではその費用増加分をテナントに転嫁することはできないのですべて吸収せざるを得ない。逆に、技術の発展によって例えば警備や清掃のロボットが開発され実用に足るレベルまで引き上げられたとき、共益費は劇的に下がる可能性もなくはない。その時、総合賃料の場合、共益費の低下部分に関してその果実をテナントは享受できない。

6 商店会（テナント会）

日本型ＳＣの経営モデルにはディベロッパーとテナントの間には、共存共栄、相互信頼、自主性の尊重という三つの大義があり、それに基づき商店会（テナント会）が設立され運営されてきた。一般的にはその中に販促部会、総務部会といった分科会が設けられＳＣの運営や意思決定に一役買っている。

１９７６年の日本ショッピングセンター全国大会の資料によると、当時、ディベロッパーが商店会に何もかも任せて本来の業務をしていないとの指摘がなされていた。昨今ではむしろ商店会が形骸化しディベロッパーの意思で一方的に運営される傾向があるように思える。商店会を解散、廃止するディベロッパーもある。

商店会では共益費の問題以外の大きなテーマは販促である。販促の内容や費用を議論、選定する作業である。当然そのＳＣにとって最良、最適な販促を決定するためである。力のあるディベロッパーがＳＣを多店舗展開すると、複数の館で共通販促を導入してコストを下げることも可能である。しかし、ディベロッパー企業としての全体最適と個別ＳＣの最適合計は必ずしも一致しない。したがってディベロッパーにとって各ＳＣでの商店会ではそのような議論はしにくい。

本社の販促部門に各ＳＣの販促費を集約し、全体最適の視点から個別のＳＣでは予算以上の販促が組まれることもあればその逆もあり得る。この場合現場ではテナント会に対し説明ができない。ディベロッパーとしては説明がつかないことをもっともらしく説明する労力を考えたらテナント会などないほうがよい。テナントにとっても現場の店長は本来の業務外の用務が減ることには賛成であるし、本部からテナント会に出席していた担当者も多店舗展開の結果すべてのＳＣのテナント会に顔を出すことは物理的に難しいし、テナント会がないことに敢えて反対もしない。

この結果、テナント会の意義は薄れ、ディベロッパーとテナントの関係も希薄になり、ジャパンスタンダードは制度疲労を認めざるを得なくなっている。

7 人材確保・育成

人口の減少はＳＣの売上げに影を投げかけているが、特に生産年齢人口の減少は働き手の減少を意味し、ＳＣ業界に限らず、国内のあらゆる業界で労働力の奪い合いを引き起こしている。

もともとＳＣに出店しているテナントの多くは店長等１〜２名のみが正社員で、あとはパート、アルバイトで回すというケースが多い。国策としても働き方改革といい、女性の社会進出や高齢者の再活用、外国人の活用等を念頭に年金その他の社会制度の再構築に動き出している。しかし現状は人手不足を理由にＳＣから撤退するテナントが少なくない。このようなマクロ的な外部要因によってＳＣも影響を受けている。

人が採用できない場合、本部の協力が得られればよいが本部人員にも限りがあるため支援が得られず、現有の人員で回さざるを得ないこともある。働き方改革で「残業するな」「有給消化しろ」と掛け声をかけるものの実際は残業が増えることになり、それによって今いる人材も辞めるということになりかねない。元来、小売りやサービスの現場で働く人は接客が好きといった人が多い。時給の安さや労働環境の悪さで他の業界に人が流れないようディベロッパーも個々のテナントの問題とせず、館全体での対策が求められる。

人材の問題としては採用、繋ぎ止めということだけではなく本来の接客業としてのレベルの維持、向上といった問題もある。

もともと、コモディティグッズ（日用品、必需品など）はショートタイムショッピングのニーズが強いので利便性のあるお店に足を

接客はSCの基本の基、販売職は人材

運ぶ傾向がある。自宅や職場、その間の動線上の路面店、駅ナカ店や駐車場からダイレクトに入れるコンビニやロードサイドショップに分がある。一方、SCは買回り品や時間消費のために買い物を楽しむ場所として優位性がある。ネットが普及してもそういったニーズにおいては一日の長があるのだが、そこで楽しい買い物体験をするために接客はとても重要な要素である。

8 SCの新定義も必要に

序論でも述べた通りSCは「今世紀最強」の形態である。日本では50年足らずで売上高32兆円を超え、一般消費財売上高の25%を占めるに至った。その成長の源泉は時々のニーズを取り込む柔軟性、変化対応力にあるといえる。それだけにSCを定義しても時代にそぐわなくなることもままあり、日本ショッピングセンター協会としてもこれまでにSCの取り扱い基準を改定したり、SC分類上の立地基準も改定してきた。現在でも例えば「テナント」の定義について「ディベロッパーとの間に賃貸借契約を結んでいるもの」とあるが、新たな業態の出現によってそのあり方に疑問点が生じている。

例えばカルチュア・コンビニエンス・クラブが展開するT－SITEなどは書店の中に

テナントが10店以上含まれており、柏、湘南などでＳＣとして扱われているが、広島県にあるイズミが開発したＳＣ「ＬＥＣＴ」の中に広島Ｔ－ＳＩＴＥがテナントとして入店している。ＳＣの中にＳＣがあるという妙な状態で、Ｔ－ＳＩＴＥに出店しているテナントはＬＥＣＴのディベロッパーであるイズミとの契約関係ではないのでＬＥＣＴの通路に顔を出していながらもＬＥＣＴのテナントではないといった具合である。また横浜市にアカツキライブエンターテイメントが展開する「アソビル」はエンターテイメントと飲食店で構成されている。ＳＣはコト消費の時代と言われながらも同ビルをＳＣとして扱っていない。

このようにコト消費の時代、曲がり角に差しかかっているとの認識がありながらも業界として対応できていない点も多くなっている。今後も、新たなディベロッパーの登場や都市、地方でのライフスタイルの分化、多様化などにより新たなＳＣモデルの出現が予想され、ＳＣの概念、定義そのものの見直しも必要となるだろう。

SCの定義や立地基準の改定も必要

新たなSCモデルの出現が予想される

第3章　外部構造からの影響と当面のあり方

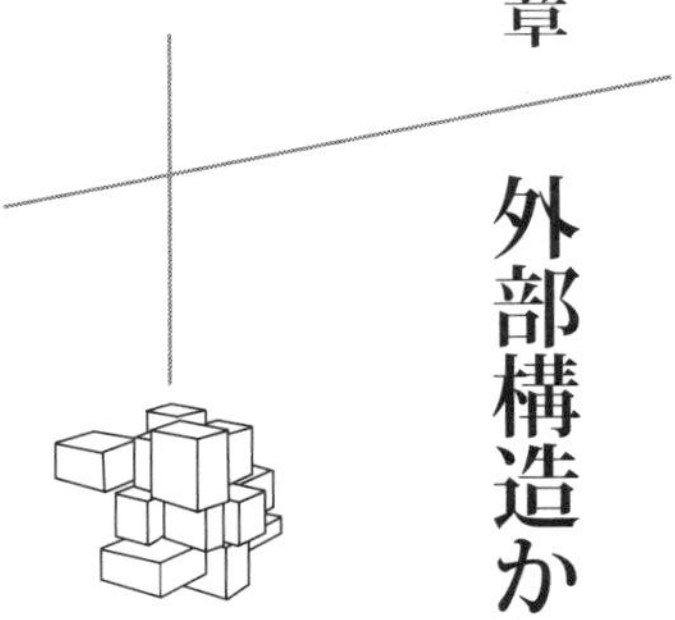

1　産業構造

Eコマースの伸展

Eコマースの伸展はめざましいものがある。２０１９年度経産省調査ではBtoC市場は19兆円（前年比7.7％増）となり、このうち物販系分野は約10兆円（前年比８・09％増）で、物販市場に占めるEC化率は６・８％となっている。

これをさらに業種別に見ると、EC化率の高いのは事務用品・文房具41・８％、生活家電32・8％、書籍・音楽34・2％、生活雑貨・家具・インテリア23・3％なのに対し、SCでの主要MDである衣類・服飾系は13・9％、化粧品・医薬品6・0％、食品等は2・9％となっている。

このことから、近年言われているEコマースの脅威はSCの核テナントとして家電・本屋・文具・インテリア家具を導入しているところはダメージが強いといえるが、衣類・化粧品などは、マーケットは大きいもののEC化率はまだ高くなく、これだけでSCに多大の「影響」を与えているとは言えないだろう。とはいえEコマースは各分野とも幅広い客層から支持を得ており、近年のアパレルメーカー、小売店も自社Eコマースの強化と実店舗との連携によりなんとかしのいでいる現状である。

「衣類・服飾雑貨等」の市場は現在約14兆円で

年／分野	2018年	2019年	伸び率	構成比率
物販系分野	9兆2,992億円（EC化率6.22％）	10兆515億円（EC化率6.76％）	8.09%	51.9%
サービス系分野	6兆6,471億円	7兆1,672億円	7.82%	37.0%
デジタル系分野	2兆382億円	2兆1,422億円	5.11%	11.1%
総計	17兆9,845億円	19兆3,609億円	7.65%	100%

分野別のEC市場規模及びEC化率（経済産業省調査による）

あり、このうちＥＣ分は1兆7728億円（前年比7．7％増）であるが、ＳＣにおけるアパレル不振の原因は、Ｅコマースというより、テナントの同質化や店舗の過出店からくるところが大きいと思える。

アパレル全体として魅力がなくなったというより、支持されるブランドとそうでないブランドとが明確に分かれつつあるともいえるだろう。個性と価値のある衣服に対する消費者の目がさらに厳しくなっている。

ちなみに、日本ではZOZOTOWNや楽天などＥＣモール業者が割拠しているが、アメリカではAmazonが全ＥＣモールのうち48％と半数を占め、ＥＣの半分がアマゾンに呑み込まれる状況であるため「デス・バイ・アマゾン」「アマゾンエフェクト」のような言葉が出てくるのも理解できる。

またアメリカでは人口増であるのに対し、日本では人口減によりＥＣ商品を配送する大量のドライバー不足が続いており、このままでは宅配便数の頭打ちも考えられる。

ただ実店舗対Ｅコマースという競合関係の視点は薄れつつあり、むしろ実店舗とＥコマースを利用者の利便性とマーケティングに使おうという「オムニチャネル的共生関係」に転換しつつあり、ＳＣにおいてもＣ＆Ｃ（クリック＆コレクト）の仕組みを導入するところも増えつつある。

実際問題として日本のＳＣは毎年30～40館が廃業しているが、その原因としてはＥコマースの影響というより人口減や高齢化による地域の衰退によるところが大きい。今後も過疎化がさらに拡大していくことが予想され、ＳＣの廃業も増大していくと思われる。日本のＳＣは拠って立つ社会基盤の変化のもとで大きな試練に立たされるであろう。

テクノロジーの進化

日本のＳＣはアメリカのＳＣと違って創業以来、「テナントコミュニケーション」を対テナント施策の根幹に据え、いわば「大家―店子」の関係を築いてきた。ある意味、ＳＣは一つの「コミュニティ」であり、同じ不動産業といっても、オフィスビルの運営と違い「手間暇」のかかる事業なのである。

そこには歩合家賃主体のテナント構成からくる売上げ向上のために、テナント（主に店長）との関係を密にしてお互いに改善策を図るということから始まって、懇親会や研修旅行等のレクリエーション関係に至るまで「信頼関係」を重視してきた経緯がある。さらには、店舗従業員の悩みの相談にものるほどフロア担当はまさに「差配人」であった。

ところが、近年に至り従業員不足が顕在化するとともに、歩合賃料中心の多くのテナントの売上げが低迷して改善もままならぬ状況に至っている。接客ロールプレイング大会への参加や店長会議への出席にも支障をきたすようになったり、ディベロッパー、テナント相方の側から現行の日常業務の効率化、見直しを求める声が強くなり、そこにＡＩやＩＯＴ等のテクノロジー導入の契機が生まれた。ＥＳ（テナント従業員満足）の考えが近年浸透してくるなかで、店舗支援の今日的あり方の一つとして広がっていくだろう。

近年、ＳＣのもつ各機能分野を情報技術で支援しようと新興の企業が多く発生し、日本ＳＣ協会の全国大会のビジネスフェア会場でもこうしたテクノロジー企業の進出が目立つようになっていた。まだ運営面での個々の導入にとどまっており、主に次の分野に集中している。

①実務的業務の効率化

これは主に店舗のバックヤード業務（あるいはディベロッパーの日常業務）を軽減するためのもので、報告書類の届け出や簡素化、情報伝達スピード化等において一定の効果を上げてはいるが欠員状態を大きく改善するまでには至っていない。今後はフロアでの誘導ロボットや高齢者向けの※ＭａａＳの導入など、サービス面でのテクノロジー導入が進展すると思われる。かたやテナント側は自動タグ化やＥＣと実店舗の在庫共有化などの運営サ

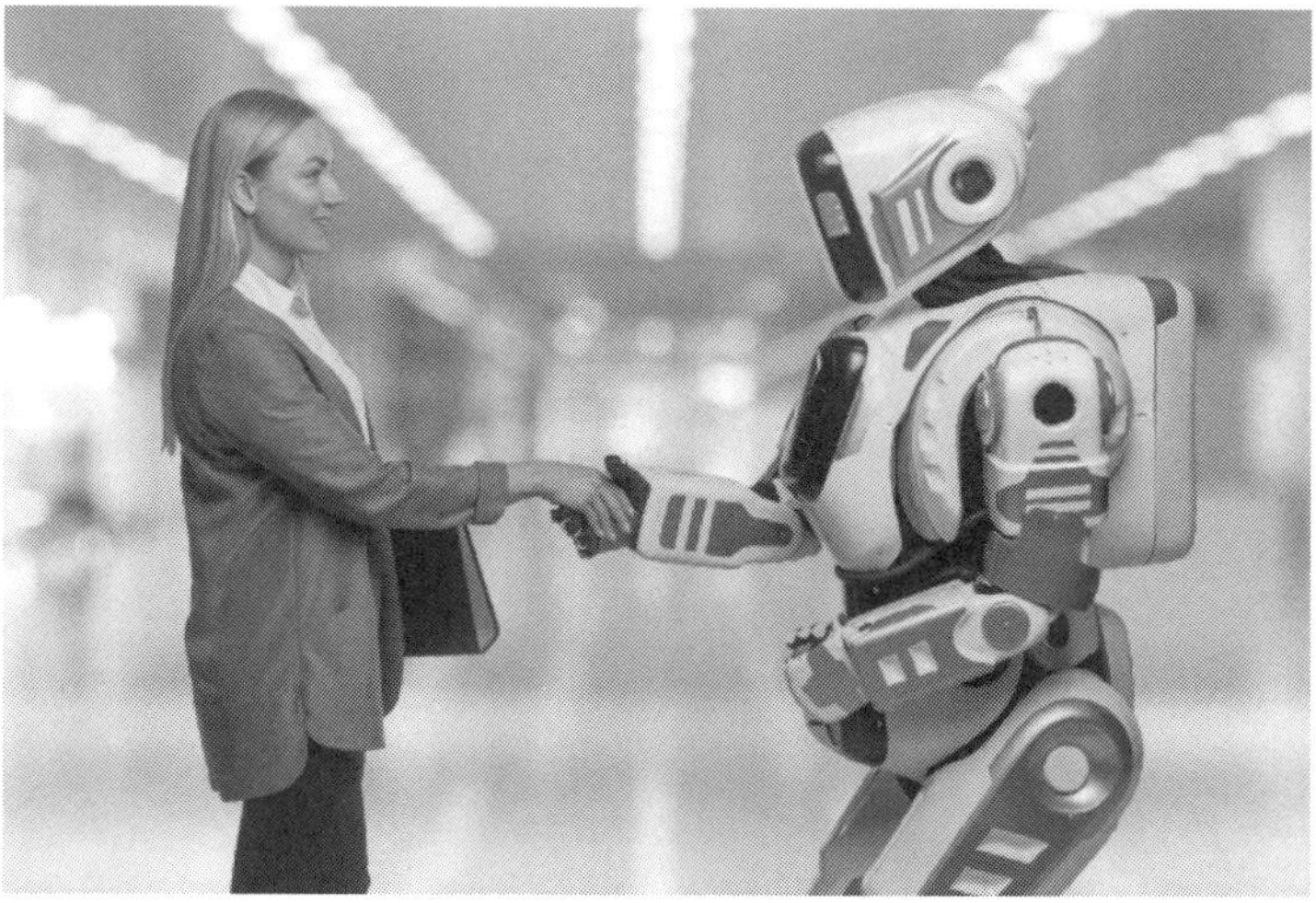

来店客をロボットが迎える

今後大きく進展するＤＸ

イドでテクノロジー導入の成果を上げつつある。

※Maas（mobility as a service）：あらゆる交通機関にITを用いて効率的に運営するシステム

②販売促進

ハード面ではデジタルサイネージから始まって、ソフト面では来館動機向上のためのポイントアプリ、ホームページにおける各テナント情報の発信（インスタグラム等）などのほか、ウェブ会員への集中販促等に導入されている。

顧客の会員化はどこのSCでも行われているもののウェブ会員と非ウェブ会員の併立状況は続いており、その結果、いまだ非ウェブ会員に対してDMを発送するSCが多いなど費用対効果の面では大きく改善されていないというのが実状である。

③ one to one マーケティング

おそらくテクノロジーが最も効果を期待できるのはマーケティング分野だろう。館内の顧客の顔認証システムの導入による行動分析や、買上履歴等に基づくone to oneマーケティング（個別ユーザー対応）がこれからは進化していくと思われる。

Amazonでは個人の買上履歴から本人の趣向・購買傾向をAIが判定し、関連商品の提案を行い購買動機を誘発するＥＣシステムであるのに対し、日本のＳＣの現状は会員の買上履歴は把握してはいるものの購売動機を誘導するまでには至っていない。

もちろん、ｏｎｅ ｔｏ ｏｎｅにするには、店舗とディベロッパーとの顧客情報の共有化と個人情報管理契約が必要となるだろう。そこではテナントとしては自社商品の売上げにこだわるような個別最適と、デベロッパーとしては顧客の買い上げ履歴から潜在的ニーズをマイニング（深堀り）し、傾向商品を提案し、テナントの選択幅と来店動機を最大化させるという全体最適の戦略が必要だ。

ＳＤＧｓへの対応

地球温暖化の抑制は、今や人類史的な課題となっ

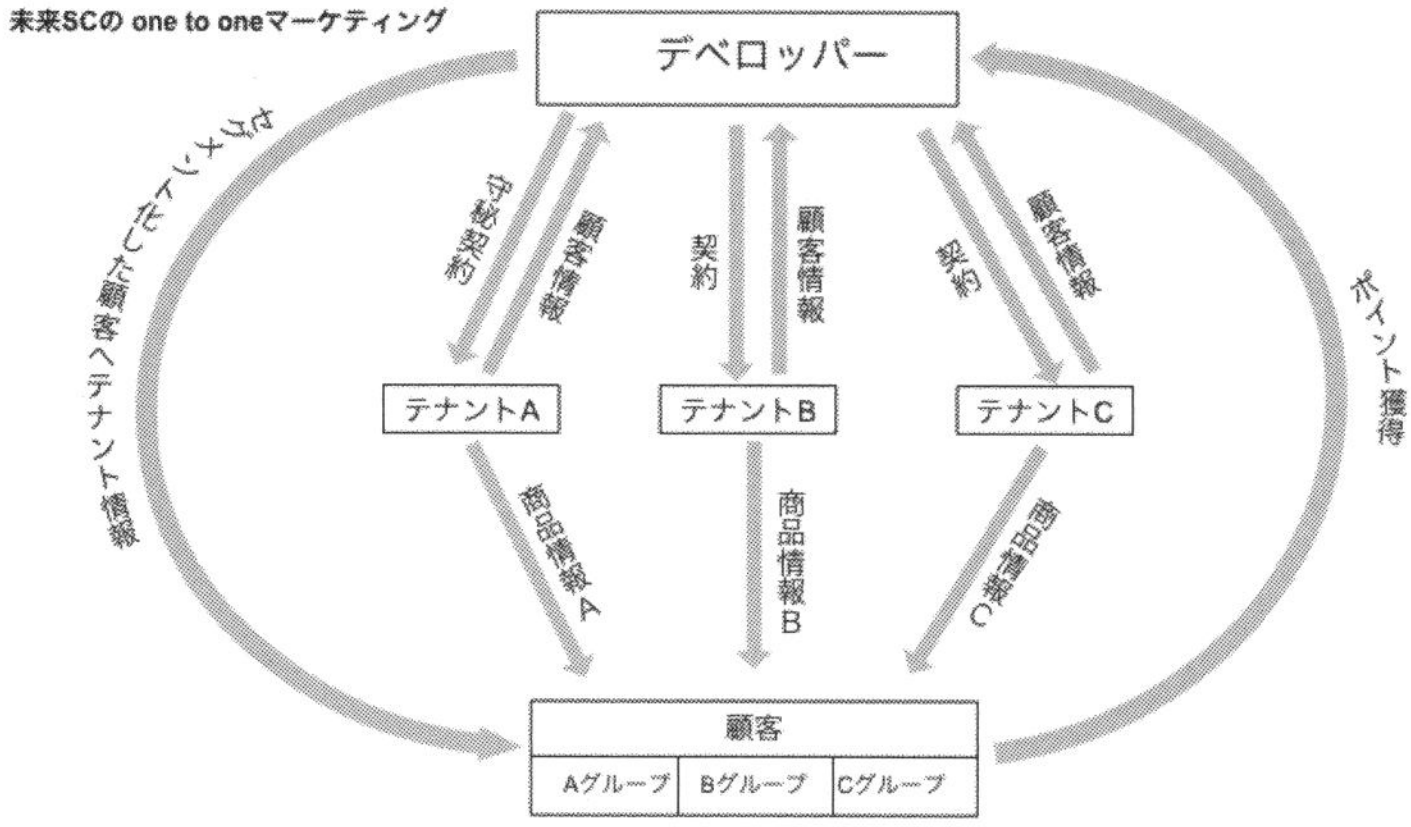

生活者一人ひとりのニーズに対応

ている。そうした中、「持続可能な社会」を目指す取り組みが唱えられ、消費と生産のあり方が見直されている。

こうした状況を踏まえ、２０１５年９月､国連サミット会議は持続可能な開発目標「ＳＤＧｓ」（エス・ディー・ジーズ：Sustainable Development Goals）を掲げ、すべての国が関わっていくものとして17目標を設定した（左図）。

環境省は、「環境」と「開発」は相反するものではなく、共存し得るものとして捉え、企業が継続的に発展するためのＳＤＧｓの活用ガイドを作成している。あらゆる産業や企業はこうした動きに呼応し、ＳＤＧｓを経営戦略の中心に据えた具体的な取り組みを進め始めている。アパレル及び飲食系店舗を多く抱えたＳＣにおいてもこうした社会的課題へ向き合う企業姿勢と取り組みの具体化が求められている。ショップロイヤルティを高め、新たな価値創造の機会と捉えることが必要だろう。

SDGsの17目標

①衣料のムダ問題

アパレルについてはあくまでテナント会社の内部問題としてしか認識されておらず、ディベロッパーとしては「セール」という形の在庫処分で対応し、飲食系で出る食品廃棄物については廃棄物処理機で処分してきた。しかしながら、余剰ブランド品の処理の実態（廃棄）が広くSNS等により拡散されると、それが単なるブランド価値の維持という理由だけでは済まなくなってきた。

なにしろ日本だけでも年間約40億点（輸入品も含む・国民1人当たり換算40枚）もの供給に対し約30億点しか消化されず、残りの10億点は基本的に廃棄するか買取業者へ売却される。さらにそれが焼却されれば大量のCO_2が発生することになる。

アパレル1点の平均単価を仮に3千円とみても10億点で約3兆円ほどが日の目を見ずに葬り去られていることになる。

「ブランド価値の維持」という個別最適が大量廃棄を生み出し、まさにそのことが全体最適への侵害を生み出しているのである。これに対し、SCディベロッパーとしては直接の責任はないにしても、SCの増大に沿って店舗数が増大し、その結果として全体として余剰在庫が増大しているという意味でいえばSC側も共同正犯としての責任は免れない。

もちろんアパレル側も最近のユニクロのように、「全商品リサイクル運動」に取り組むところも出てきている。ＳＣテナントは正価で売るべき7月に一斉セールをしているうえ、個店舗では6月からセールを展開している店もある。8月にセールをずらせばセール後に着られる期間が短くなるため買上点数が減り、逆に在庫が増えるかもしれないという危惧があるのだろう。

そもそも本来は最もニーズが高く正価でなければならない時期にプライスダウンをすることがブランド価値や利益率を下げることになる。このままではＥコマースの伸長に伴いセールも随時行われていることから、「常時安価」が常識化していて、いよいよ価格と価値への信頼感は失墜していくだろう。

大量の衣料品在庫が年間10億点も廃棄されている

アパレル業界とSC、百貨店業界等がサスティナブル社会への共同の取り組みとして「協議会」を設けるなどして真剣に従来の販売サイクルを見直すことを検討すべき時期にきているのではないだろうか。

ディベロッパー側としても館内の一定の窓口で在庫を買取りし、バザーを行うとか、恵まれぬ人々に贈るとかの運動をSC業界のSDGsへの取り組みとして行うこともいいだろう。

②プラスチック問題

最近特に注目されだしたのがビニール買物袋・包装紙である。

アパレル系販売店は紙袋のところも多いが、食物販はほとんどがビニール袋使用であり、ファストファッション系も概ねそうである。もちろん、日本の習慣では贈答のための「過包装」という習慣も手伝っているのかもしれないが、当然、食物販業界の中でも考えねばならない問題であり、SCとしても紙使用のテナントへの表彰や出店の優先条件としてテナント評価の中に取り組み項目を入れるなど協力できる部分は少なくない。

③食品ロス

SC内に直接発生するのが、食物販・飲食部門からの廃棄物または廃棄の恐れある食品である。日本では賞味期限が厳格であり、賞味期限当日の夕方以降プライスダウンを行っているが、それでも相当の量が残ってしまう。

『大量廃棄社会』（仲村和代・藤田さつき著：光文社）によれば、年間の食品廃棄物は2842万トン（2018年）であり、そのうち食べた後の純廃棄物が2196万トン（うち事業者が2010万トン）に対し、未食の「食品ロス」が646万トン（うち事業者357万トン）である。後者には食品業界の「3分の1ルール」（生産、販売、賞味期限までを3分割に設定）から出るものもある。

前者は廃棄物として肥料としての商品化やエネルギー転換も進みつつあるが、問題は後者である。これらの商品は本来的にテ

未食のまま廃棄される弁当の山

ナントが処理すべき問題ではあるが、アメリカではこうした商品を集約して販売する大型スーパー（例えば、「グローサリーアウトレット・約３００店で展開」）のような業態が存在し、その社会的使命をうたった理念への共鳴から社会的評価も極めて高い高所得者層の利用も多く、ここで買うことが即ち省資源運動への参加とみなされる。

日本でも今後こうした業態が開発されていくだろうが、ＳＣとしても社会課題に取り組むスーパーなども導入するといった新しいテナントミックスもありうるだろう。また食品ではないが、アメリカでは空き家や空き店舗から出る廃材を集約して販売する大型の中古品センターもあり、立派なエコビジネスとして成立している（ポートランドでは１９９８年にボランティアが創設した廃材再利用の「ザ・リビルディングセンター」が有名である）。

ＳＤＧｓへの取り組みは、ＳＣとしても注目すべきテーマとして、こうした食品ロスや廃材などを扱う専門スーパーなども「エコテナント」として先取的に導入することがあってもいいのではないだろうか。

２０１９年10月に施行された「食品ロスの削減の推進に関する法律」は食品ロスの削減を国民運動として推進することを唱っている。テナントとＳＣが一体となって取り組むことを期待したい。

2 社会構造

益々進む少子高齢化

人口減、少子高齢化が今後のＳＣに与える影響は極めて大である。これまで日本型ＳＣは時々の変化に応じて、運営方式やＭＤを更新してきたが、マーケットの前提条件が大きく変われば、さらに全く別のモデルも検討していくことが必須となる。

少子高齢化は先進国の避けて通れぬ現象とは言われるがアジアでは日本が世界に先駆けて最も早く現れることになる。日本以外にも韓国や世界最大のマーケットである中国でもその現象は急速に進むことが予測されている。ちなみに、アメリカでは古くから多民族・移民への寛容な風土や政策から人口は増え続け、現在の３億２千万人から今世紀末には４億人（出生率は低下しているものの、ヒスパニック系の増大による）を超すと予測されている（日本は逆に８４００万人に）。

日本では、１９６０年代に導入され拡大し続けたＳＣのマーケットそのものが、今後は確実に収縮する。ＳＣにとって最大の課題と直面することになる。

ＳＣの顧客構成を見ると、都市型ＳＣは購買力の旺盛な20～30代の女性を主ターゲットに（売上げの50％以上のところが多い）、かたや地域型ＳＣは40代以上の顧客をもターゲットとする全方位戦略をとっている。しかし、少子化ということはメインターゲットである20～30代が激減（予測では20年後には約30％減）するということであり、高齢化ということは顧客年齢層のピラミッドが逆三角形になることである。

今後は大都市型ＳＣと地方型ＳＣ、そしてその中間型ＳＣにおいて、従来の共通モデル（スケールの大小だけが違い）ではなく、立地や地域性等を考え、それぞれ異なった特徴を持った独自化戦略の対応が求められるだろう。

一方、自治体でも人口減に伴う課題は多い。「地方消滅・増田寛也編著」（中央公論

急速に進む少子高齢化

新社）によると、２０４０年には８９６町村の合併、消滅の可能性があるとされている。

国土交通省が平成26年に示した「立地適正化計画」や「都市再生特別措置法」（２００２年）は、こうしたインフラの非効率化や人口の散在による住民コミュニケーションの低下を防ぐため、「居住誘導地域」に住民を誘導し、コンパクトシティ化してリセットを目指すものだが、そもそも誘導するための強制力をもっていないため進捗しているとは言い難い。

いずれにせよ地方自治体の財政が逼迫しており、今後さらに社会保障費やインフラ保全費の増大が見込まれるため行政の一定の役割を地域拠点としてのＳＣが代行し、施設の中に取り込んでいくという方向にならざるを得ない。ただ、青森市の「アウガ」の失敗にみるように、官民連携であってもテナント揃えが十分でなかったことも含め第三セクターによる運営には問題も多く、今後の地域型ＳＣの運営は公共ファクターを取り入れつつもあくまで民間主導でいくべきである。

所得格差の拡大と貧困化

所得格差が拡大しているとは近年よく言われるが、言い換えれば確実に「貧困化」しているということである。

貧困化のガイドラインとしては1人当たり年間可処分所得が約120万円未満であるが、2015年時点で相対的貧困率は15.7%、先進国の中でも高い数字だ。

これは年金暮らし高齢者の増加に加え、母子家庭が増えているなどが影響していると思われる。

2030年以降になると第一次ベビーブーム世代の平均年齢寿命超えが始まり死亡者が急増するため、少子化と相まって消費額はさらに低下していくと推測される。

アメリカでも所得格差は拡大し、低所得化している層の人口（とりわけヒスパニック系）は増加している。しかし一方で生産年齢人口も増加しているため、国民生産力を押し上げするパワーがあるが、日本の場合は人口減と所得格差による貧困化がダブルバインドになっており、なかなか先が見えてこない。結果的にはどちらの層にとっても受難の時間は続くことになる。

ただ、公的年金受給者数は、約7500万人（平成30年度・重複を除くと4千万人）、支給総額は55兆6000億円で対前年2千億円の増加となっている。SC全体の売上高の2倍近くあることは、今後の戦略策定上も着目すべき数字である。

第2次ベビーブーム世代（1971～74年生まれ）は約200万人いるが、彼らが社会人になる時期はバブル崩壊で正規社員になれない人が多く出た。ショッピングセンターのテナントの従業員も約7割は非正規社員であり、半年で約半分の従業員が入れ替わるという流動性の高い業態である。

非正規社員の場合は時給アップや正社員化という目に見える施策というより、店長・管理者が接客や雑務に追われスタッフの相談に乗ってやれないなど、そうしたところから発生する人間関係や雰囲気になじめず退職するというケースが多い。現場力が確実に減退している。

3 多様と属性を共生する時代

外国人労働者の急増と多文化共生へ

グローバル化の影響はＳＣにも及びつつある。特に外国人労働者の進出である。現在日本における在留外国人は200万人（うち労働者は165万人）を超え、定住者の数も増えつつある。近年、とりわけコンビニや飲食業界において外国人労働者の比重が高くなっているのは、ＳＣのバックヤードでも外国人従業員の姿が多くなっているのを見ても実感されることである。今後、売上げが低迷するアパレル系テナントの代わりに食物販や飲食店舗の導入にシフトされるに伴い、ますますSC内における外国人従業員数は増えていくだろう。

バブル経済以降の人手不足に対応し、1990年の「出入国管理及び難民認定法」(以下「入管法」)改正で日系人の定住資格が可能になった結果、ブラジルやペルーの日系人の来日が急増した。2008年の「留学生30万人計画」により留学生数も飛躍的に増え、アルバイトも週28時間内と定められ、非正規社員としてコンビニ、飲食店などの従業員不足を補う形で運営を支えるまでに至っている。

さらに、2019年4月に新入管法が施行され、新たな外国人材受け入れとして在留資格「特定技能職」が創設され、働ける分野と

外国人労働者も増え、インバウンドも増えた

して14業種（在留可能期間5年～上限なし）が指定されたがその中には外食業もあり、これに関わる外国人労働者はさらに増加すると思われる。またこれら外国人労働者を受け入れる企業に対しては事業主の責務とともに日本語教育を受ける機会（日本語教育推進法）の確保を唱っている。だが実際の受け入れ企業の体力はまちまちで、十分な日本語教育の環境を整えるまでには時間がかかりそうである。

日本語能力のまちまちな外国人従業員がＳＣに多く入ってくるようになると販売職としてのマナーや接客で、通用する日本語の教育についてディベロッパーは店舗支援という形で対応せざるを得ない。同時に、孤立化させないためのその国の人達のコミュニティ形成の支援等、社会面でのケアー対策も必要となる。新人研修や災害時マニュアルのやさしい日本語への書き換えや、日本語教育用ラボなどの環境整備も必要である。

今までにないこうした「多文化共生」という視点からの新しい取り組みがテナントはもちろん、ディベロッパーにも要求されてくることを十分考える必要がある。

ミレニアル世代の台頭

ミレニアル世代（Millennial Generation）には的を絞った戦略がなかなか立てにく

い。この世代の一般的な定義としては「２０００年以降に成人したり社会人となった世代」でデジタル環境で育った「デジタルネイティブ世代」と言われている。個人主義を重視する一方でSNS等でつながりたいという両極端の志向も併せもち、戦略のフォーカスが定まらない。

　モノを所有せずレンタルやシェアリングといった「共有の思想」を背景とした消費スタイルをもつ。それは即ち、「衝動買い」や「ついで買い」もしないわけで、もともと消費に占めるかなりの「衝動性」というものを期待できない層でもある。情報には貪欲であるが、所有には淡泊である。こうした層が徐々

これまでの経験値では測れなくなったミレニアル世代

に若者の中心ともなればモノが単純に売れるわけがないのである。

従来のマーケティングでいえば、ターゲットを定め、リサーチを行いフレームワークを駆使しながら個別戦略におとしこめば一定の戦略の方向づけは策定できたが、こうした世代は、「集団」ではなく「(個の) 集合」であるため、固定化せず状況に応じて可変可能な戦略で対応するしかない。

従来「モノ」を売ってきたSC（百貨店も含め）が売れなくなるのは少子化や高齢化だけが原因ではない。こうしたミレニアル世代の消費志向が基底にあるわけだから今後のSCの戦略も、「モノを売ろう」「こんなものを作ったので食べてください」というようなプッシュ型ではなく、「箱は用意したのであとは自分で考えて、作ってください」「こういうことを考えていますので仲間になりませんか」というようなプル型をベースにして、いわば「未完成」のものを提出して一緒に完成させていこうというような参加型がマッチするのではないかと思われる。

こういう意味で今後のSCは、SNSやインスタグラム等のテクノロジーを上手に駆使しながら、店舗以外の「共用部」の有効的な活用をもっと考えていくべきである。実際にお金の落ちるのは店舗としても購買に至るプロセスにもっと工夫が必要になっている。これをマズローの欲求段階説で表現すれば、モノとお金をつなぐ欲求内容が、「欠乏欲求」から高次の「自己実現欲求」へと変化しているといえる。ミレニアル世代はまさにこの欲求を求める世代である。

この意味で顧客一人ひとりの「自己実現欲求」をかなえる提案や「あなただけの価値」を実現できそうな予感を接客の中で共有化するというプロセス形成力が必要になる。一方が一方に何かを与えるのではなく、お互いに最適解を見つけ出すというコミュニケーションプロセスが必要となってくるだろう。

4　地方の財政構造

施策の視点を地域に据える自治体

冒頭にも述べたが、高齢化・長寿化により２０２５年の社会保障費だけでも約１４９兆円となり、またインフラの老朽化に対する取替えや、修繕費も着実に増加している。

こうした中で国や自治体の費用の支出の抑制には固定費を縮小する方法と変動費を抑制する方法とがある。前者では年金額そのものの抑制及び受給時期の先延ばし、インフラ修繕・取替の選択的延伸、老朽施設そのものの解体や公共施設の集約化・複合化等、後者では日常の行政サービスの削減がある。一方で、前述した「立地適正化計画」が全国的に自治体で策定され、「地域再生」の一定の方向づけはなされたがいずれにしても今後、自治体と民間の連携のフィールドが拡大していくのは間違いない。

そういう意味で、今後のＳＣはその基本的方針として施策の視点を地域に据えた上で、経営戦略を策定する必要がある。地域の「経済拠点」だけではなく、「生活全般にわたる拠点」としての新しい役割・機能が求められることになるだろう。そこに、「地域価値」を創造するＳＣとしての新しい役割と未来像を描きたいと思う。

そこで、当面実行可能な施策として、「地域活性化」と「地域コミュニケーション」について述べたい。

地域再生と官民連携

①地域の「おもてなし力」をアップ

今後の「地域創生」は地域内経済循環を基底として再生施策が推進される結果、地域間競争が発生する恐れはあるものの、生き残りのための地域価値・地域ブランドの向上は必要不可欠である。

「地域がやせるとＳＣもやせる」のであるから、ＳＣ内に消費の場を集中するような「ワンストップショッピング」ではなく、「まず地域再生ありき」の視点から従来、館内で完結していた施策を見直し、開かれたものに転換する必要がある。

例えば接客ロールプレイング大会である。現行の仕組みは、約20年もかけて形成されてきたものであり、今やＳＣの一大イベントとして成長したが、華やかな舞台設定や個人表彰制というものが現実の店舗全体の接客力向上に必ずしも結びついていない。出発点においては、アパレル事業の成長期で、体力のまちまちなテナントがＳＣに大量に出店することとなったが、弱小テナントは自力での接客教育や指導をする余裕が

接客ロールプレイング（日本SC協会）

ないことからディベロッパーが全体のテナントを先導し、「ロープレ」という形でテナント全体、ひいては館全体の接客力向上を図るべくショッピングセンター協会が行う支部大会、全国大会に合わせて実施してきたものである。

しかしながら、今や地域創生が国内政治の最大の課題となったことを考えれば大阪のSCと東京のSCとが実力を競い合うことに意味はない。地域においてそのSCだけが接客力を向上させて「もうけ独り占め」という時代ではない。まずはその地域を活性化させて観光客も含めた流入人口や関係人口を増やし、経済循環のパイを増やさない限りSCもやがては消滅するわけで、SCがここでやるべきは地域としての「おもてなし力」を上げ、地域ブランドを向上させるために蓄積された接客ノウハウを地域に還元させるべきであろう。

そのためには、全国のSC同士が接客力を競うのではなく、まずはその地域のSC、百貨店、商店街、個店を含む異業態施設同士の公開型のロープレ競技を行い、地域全体の接客力を競う方法も考えられる。

②地域コミュニケーションとオブザベーション

SCは、本来的機能として、「商品提供」「税収貢献」「雇用」という役割を果たしつつ発展してきたが、地方においては「地域共生」「地域コミュニケーション」をイベント開催やボランティア活動等という形を通じて展開してきた。

しかしながら少子高齢化が進むと、高齢者が地域のあちこちに取り残され、買い物難民予備軍が形成されるようになり、さらに、こうした孤立した高齢者とのコミュニケーションやオブザベーション（見守り）も必要になってきた。これらは本来行政が行うべきフィールドであるが、行政がそれもままならぬことになるとボランティア組織やNPO法人がいる地域はよいが、それもない地域では大きな課題となってきている。

クロネコヤマトが、宅配と併せて「見守り」も行うというサービスを始めたが、一部のSCでもブースを設けクロネコヤマトと提携して、宅配＋生活ケアのサービスを開始している。地域においてこうしたサービスが可能な組織としては自治体以外には、SCしかないだろう。SCの従来の機能に一定のデリバリー機能と行政と連携した見守り・生活ケアを一体として行うユニバーサルデザイン型の新しい機能を組み込むなど、地方型SCの新しいモデルづくりが望まれる。

また外国人従業員と地域とのコミュニケーションを図るための催しも多文化共生のために必要である。地域で働く外国人の声を聞くと、「日本語の壁」と併せて「地域とのコミュニケーション・交流の不足」が悩みの多くを占めている。そうしたことからSCの館の中でのコミュニケーションづくりと併せて、地域との相互コミュニケーションづくりもＳＣが主導していくべきと思われる。

5 自然災害とＳＣ

頻発する災害

近年、台風や豪雨、水害、地震等の災害が多発し、しかも被害の規模も大きくなっている。こうした災害のたびに館の営業時間の見直し、休館の是非が検討され、近年では安全第一ということで、電車の計画運休に合わせて計画休館や営業時間の繰り下げ、打ち切りが行われるようになった。お客様、従業員相方の安全を最優先に営業体制を考えるようになったのはＳＣ運営の変化を表わすものでもあり、いい方向ではないかと思える。

ちなみに、２０００年前後から起こった大きな災害としては、地震では、阪神淡路大震災、新潟県中越沖地震、岩手・宮城内陸地震、そして東日本大震災と大津波、熊本地震。地震以外では、鹿児島新燃岳の噴火と２０１４年の御嶽山噴火、九州北部豪雨、令和元年８月大雨、２０１９年の台風15号、台風19号（２０１９年10月）と、まさに災害のオンパレードである。

従来はある程度の局地的災害なら十分対応できていたが、最近の災害はこれまでの経験値では測れない想定外のもので、規模も大きく、とき・ところを選ばず発生している。地震などまさに活動期に入った兆候がある。

こうした災害に対してＳＣは従来は「被害者」としての位置づけしかなかったが、阪神・淡路大震災をきっかけに明らかに役割が変化し、地域住民からも災害時の避難拠点としての役割を求められるようになってきている。東日本大震災では、想定できないほどの津波で大きな被害を被ったが、当該地にあるＳＣは、自

日本全国に災害は起きている

ら被害を受けつつも、食料供給、避難先、情報交換等のベーシックな生活拠点としての貢献をしたことは記憶にもまだ新しい。こうした形で、地域住民の「生活といのち」を守る役割を新たに負うことで、ソーシャルな「地域価値」を創出していることが改めて人々に再認識されたのではないだろうか。

震災などの時SCは、食料、水はもとより、衣服まで援助できる体制に

被　　　害
近代都市での災害。震度７。死者6,434人
最大震度７。東北地方から近畿地方にかけて広範囲に影響
最大震度６強。死者15人、負傷者2,346人
最大震度６。土砂災害が甚大。死者・行方不明23人
2万2,000人余りの死者・行方不明者が発生。広範囲の津波被害が甚大
最大震度６強。死者３人、負傷者46人
震度７。死者273人、負傷者2809人
約300年ぶりのマグマ噴火。火山灰による被害大。その後2017年、2018年にも噴火
長野県と岐阜県の県境。交通機関等に多大な被害
福岡県と大分県を中心に、死者・行方不明者40人
台風７号等による集中豪雨。西日本に広い被害。死者・行方不明者271人
九州北部での集中豪雨。各地で観測史上１位を記録
千葉県を中心に甚大な被害。死者９人、重軽傷160人
静岡県、関東地方、甲信越地方、東北地方で記録的大雨。死者・行方不明者108人

ある。
また余震に対する強固な建物は種々な経験から市民に認められている。
いわばいのちと安心と安全を地域住民から頼られ、求められているスペースである。
このソーシャルなスペースをSCは今後もさらに広げていく義務もある。

近年の主な災害

	年	災害
地震	1995年	阪神淡路大震災
	2004年	新潟県中越地震
	2007年	新潟県中越沖地震
	2008年	岩手・宮城内陸地震
	2011年	東日本大震災＆大津波
	2011年	長野県北部地震
	2016年	熊本地震
噴火	2011年	鹿児島新燃岳噴火
	2014年	御嶽山噴火
風水害	2017年	九州北部豪雨
	2018年	平成30年7月豪雨
	2019年	令和元年8月豪雨
	2019年	令和元年房総半島台風（9月）
	2019年	令和元年東日本台風（10月）

わが街のSCに望む

東京渋谷区の笹塚に住んでいる。小、中学校時代を、同じ京王線沿線の上北沢で過ごした私にとって、思い出深い大好きな街だ。この街に居を構え、以来17年笹塚にいるのだが、最近愛するわが街に異変が起こっている。街に何となく活気がないのだ。渋谷区の再開発指定地域となり、創業以来笹塚に根差した「新宿中村屋」の東京事業所がほどなく移転してしまうことや、ここ近年昔馴染みの飲食店がめっきり減ってしまって、街全体が少々ザワザワしていることが理由なのかも知れない。

この街で特徴的なのは、高齢者が多いこと、賃貸物件が多く分譲物件が極端に少ないためファミリー層が居つかないこと、そして京王線笹塚駅前のSC「フレンテ笹塚」をはじめとする商業施設が、駅の規模感の割にいささか多すぎることだろう。SCが1軒、大型スーパーが2軒、中型スーパーが1軒、小型スーパーが2軒、業務用スーパーが1軒と、少なくとも食料品の買い物には全く事欠かない。ここでは唯一のSCである「フレンテ笹塚」について書いてみたい。

「フレンテ笹塚」は、長らく笹塚のランドマークだった京王重機ビルの跡地に、2015年4月、3フロアでオープンした。かつての京王重機ビルには、狭い美味しいラーメン店や、古い喫茶店、昔ながらの理髪店や薬局などがひしめき合っており、渋谷区の下町・笹塚の雑多ながらとても温かい雰囲気づくりに一役も二役もかっていたのだ。

当初「フレンテ笹塚」には、リフォーム店なども含め多様な業態の店が入っていたが、何度かのテナント入れ替えを繰り返したのち、2020年7月、客入りの良い高級小型スーパーとドラッグストアを除いた1階の全テナントが一斉に撤退。さらに、2020年10月にリニューアルオープン、住民をあっと驚かす変貌を遂げた。現在、1階はまるでデパ地下のような精肉、鮮魚、青果の専門店となり、惣菜店もいくつか軒を並べている。しかし、これには賛否両論があり、「これ以上食料品の店が出来てもねえ。」、「競争原理が働いて食料品の値段が下がったよね。」など住民の感想は様々だ。

この1年間のコロナ禍で人々のライフスタイルはあまりにも劇的に変化した。リモートワークが定着して都心に出かけることも少なくなり、ライフスタイルは仕事軸から生活軸に大きく変わり、気が付けば人生観さえ変わった人もいるだろう。そんなウィズコロナ時代、人々はわが街のSCに何を求めるのだろう。こんな世の中になったからこそ、用事がなくても何となく毎日立ち寄ってしまう、以前の京王重機ビルのような温かみ、親しみ、街への愛を感じる場所、人々が寄り添い集う場所になってほしいと切に願うのは私だけではないと思っている。

幼方 聡子（東レ宣伝室室長）

AEON
入会受付中！
LUSCA

第3部

サスティナブルな未来型SCを目指して

ショッピングセンターが今後も持続的に進化、成長するためには何がポイントか。街との共生、住民との共存がさらに不可欠となる。そのなかでファッションや多様なモノ、サービスを販売し続けなければならない。行政との関係も重要になる。SCモデルの分化と進化の方向を探る。

第1章 SCモデルの多様化

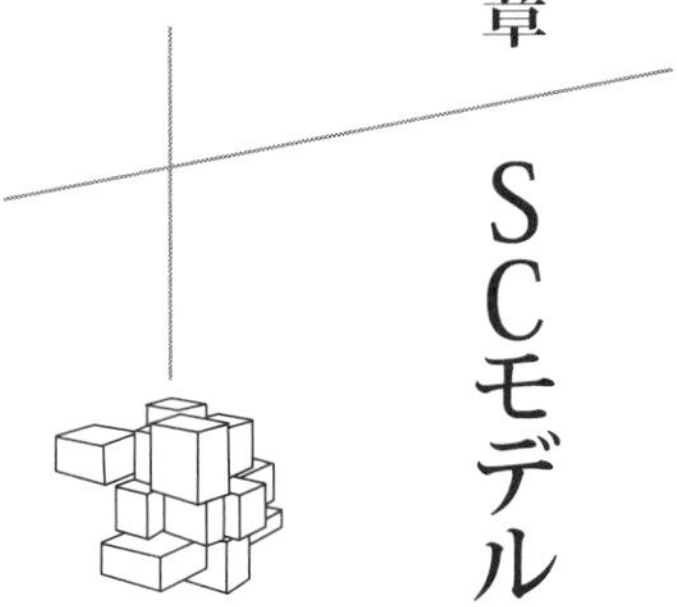

ＳＣに影響を与える要因を多角度から検証してきたが、ここから導き出す今後のモデルの方向は「多様化」ということだろう。

近年のＳＣモデルの変化を見てみると、ディベロッパーのタイプの分化とＳＣの立地別の分化という「二重の分化」が進んでいると思われる。

前者は、テナントの自己増殖的発展によるコンセプト主導型ＳＣの成長であり、後者は地域の実態に合わせたミクストユース化である。

前者、後者共に基軸は「多様化」という方向で共通している。コンセプト主導型のＳＣは、自社テナントを核にすえたＭＤ編集により総体として自社の経営理念を体現することを目ざす。またミクストユース化は立地の特産を踏まえたＭＤ編集をおこなっているが、地方型になるほどコミュニティセンターとしての機能が強まる。

1 多様化するディベロッパー

これまでテナントとして出店していた企業の進化・変貌が著しい。テナントはＳＣの集客力に依存していた成長期を脱し、自らのコンセプトと品揃えで集客力を獲得し、現在では自社のテナントを核とした中型ＳＣを構成するまでに至っている。それを一定のタイプで分類してみよう。

(1) プラネット型

「蔦屋」のように、実店舗としては衰退事業である書店を中心に、ライフスタイル提案型のＭＤと空間づくりで全体として集客力・魅力を増強して維持を図る。「本を売るのではない、ライフスタイルを売るのだ」という創業者の言葉にも示されているように、本来、本を読むという時間消費スタイルに関連するカフェや雑貨、アート、小イベントなど、滞在時間の長さだけでなく時間そのものの質を上げるというハイエンド（最高質型）な志向を加える。

代官山を皮切りにしたＴ－ＳＩＴＥの地域型ＳＣだけではなく、ＳＣのワンフロアまるごとをライフスタイル化する。これなどは、ひとつのミクストユースといえる。また、「本」を切り口に地方の図書館を運営するなど、地方創生にも積極的に取り組んでいる。

（例：南海和歌山市駅の図書館＋書店）

⑵ 拡張型

本来好調な事業を核に、関連するアイテムの世界を拡大し、日常のすべてのニーズを取り込もうとするもの。もともと本業が明確なコンセプトに基づいたＰＢ商品を中心に展開されており、そのコンセプトの拡張版でもある。無印良品のイオン北花田店や函館の「シエスタハコダテ」、「無印良品 銀座」はその象徴である。衣食住のすべての分野にコンセプトを貫徹

多様化するディベロッパーのタイプ

タイプ	主体	施設
プラネット型	蔦屋	Tサイト
拡張型	無印良品	銀座無印
ガリバー型	ヨドバシカメラ ニトリ ドン・キホーテ	各施設
コンセプト型	スノーピーク	スノーピーク・ランド ステーション白馬
チャレンジ型	アカツキライブ エンタ	横浜アソビル

させて本業のフィールドを拡大させていくタイプである。

(3) ガリバー型

圧倒的に強力な本業を自ら核として、他のSCに出店しているようなテナントを集めて、自らSCを形成する「ヨドバシカメラ」のようなタイプである。似たタイプに「ニトリ」がある。ニトリも自立型が多いが、SCにも核店舗として進出するなど2方面展開をとっている。「ヨドバシカメラ」はカメラ・家電販売が出発点なためターゲットも広く、出店テナントの業種幅も広い。「ドン・キホーテ」もこのタイプに入ると思われる。

(4) コンセプト型

強い経営理念のもと、もともと特定業種であったものをその関連分野に沿って事業拡大し、地域創生にも積極的なのが特徴である。まだSCほどの大きさのものはやっていないが、「スノーピーク」はこのタイプで、2020年に長野県・白馬村に通年型の複合商業施設を開設するまでに成長を遂げている。

そもそもの事業コンセプトである「自然指向のライフバリューの提案」が広く受け入れられ、衰退する地域の再生に今後とも一役買ってほしい企業である。「モンベル」なども道の駅に進出するなど、地域との連携を深めている。

(5)チャレンジ型

横浜の「アソビル」(地下1階、地上4階と屋上)は、中央郵便局別館の中にデジタルを駆使したミュージアムやハンドメイド体験フロアや屋上のマルチスポーツコートのほか、1階は地元横浜のグルメ店横丁を構成している。コト+飲食のエンタメ型なので、ショッピングセンターの定義には入らないが、近年のSCがコト展開重視に走っているその先を行くコト型のMDである。運営はアカツキライブエンターテイメントというウェブ会社であり、今までのSC運営者とは一線を画したタイプのディベロッパーの出現には今後のSCの変革を期待させるものがある。

以上の5モデルは、様々な形態をとりつつも、共通するのはその始源となる経営理念の強烈な個性である。既存ディベロッパーが電鉄系であれ不動産系であれ流通系であれ、巨大な親企業を基盤としていて、経営理念もいわば総花的な内容であるのに対し、5モデルの中核となる企業は、創業者の思いや個性を盛り込んだ経営理念の体現を目指して発展してきた。従来のようにテナントで差別化するものではなく、経営理念で自ずと差別化されてると言える。こうしたディベロッパーの創造的なＳＣモデルがさらに様々な形で開花していくことに期待したい。

2 三極化する立地対応モデル

前述したように、今や日本全体の地域（都市も含め）が衰退する中で、その実態に合わせたモデルが形成されつつある。地域の「実態」はとりもなおさず、ＳＣの自力生存可能性を左右するわけであるが、どのモデルであれ共通するのは、かつてのようなＳＣ単独での集客力が弱体化してきていることである。それは当然地域居住人口の減少に起因するところが大ではあるが現実の問題として、それではＳＣにどういうものを集客力エンジンとして備えていくかということが生存の大きなポイントとなってきている。

従来、ＳＣの「集客力」は何かという議論はあまりなされないまま来た。確かにスーパーなどのデイリーニーズ商品のような品揃えもあろうが、やはりアパレルテナントの存在は極めて大きかったといえよう。アパレル＝非日常性の象徴として、多くの個性あるアパレルテナントが集積し、それが集客のパワーとなってきた。近年のアパレルの退潮のなかでも、平均的なＳＣにおいては、物販、飲食、サービスの業種比が６：２：２であり、物販の中でもいまだアパレルテナントがかなりの比率を占めているのを見ても、集客力に貢献している事実は無視できないであろう。

しかしながら、近年は、アパレルテナントの比率を3割以下に抑えて構成するSCが出現しつつある。ただ集客エンジンが「モノ」から、「コト」に移りつつあるのは避けられない傾向であるが、集客だけしてもSCの売上げに結びつかなければ意味がない。「コミュニティスペース」を設けることによって、そこに集う人が飲食や物販等に購買動機が向かわない限り、売上げの増大は望めない。

「集客力」エンジンとしてアパレルテナントに大きく期待できない今、今後のSCはどういう「機能」を付加していくかという戦略を基底に据えたものでなければならない。もはやテナントのリーシングだけでSCの存在・維持が左右される時代ではないのである。この意味で、モデルとなるのは以下の立地に対応した三つ（大都市型SC、中間型SC、地方型SC）でありSCの生き残りのヒントを提供してくれるだろう。

（1）大都市型SC

地方だけではなく、実は都市も総体的に確実に「縮退」していく。そのプロセスの中で、長期的に大阪府や東京都の各区においては、人口の増える区と減少する区のばらつきが存在するが、もともと都市としての最低限の機能とエンターテインメント的な施設を抱えている。そのため、大型オフィスや高層マンション、イベントホール等とのミクストユース型構成で昼・夜間人口の増加・維持は可能であることからこうしたモデルのSCは生存可能であろう。

ただし、こうした地区は数的にも限られる。一部地区の人口が増えるとはいっても20～30代の若年層は他の地区と同様に激減するため、逆に郊外から利便性を求めて転居した高額所得者などの高齢者率が高くなる結果、自ずとターゲットとMDの大幅な転換は避けられない。

ただ、都市ならではの新しいエンターテインメント機能の導入はもっと検討されてよい。スポーツ系の市場は2025年で15兆円の規模を目指している（アメリカは約50兆円）。SCで、スポーツ業種といえば専らスポーツ用品のテナントであるが、注目すべきは観戦スポーツマーケットである。とりわけ、eスポーツ(electronic sports ＝コンピュータゲー

立地対応のSC三つのモデル

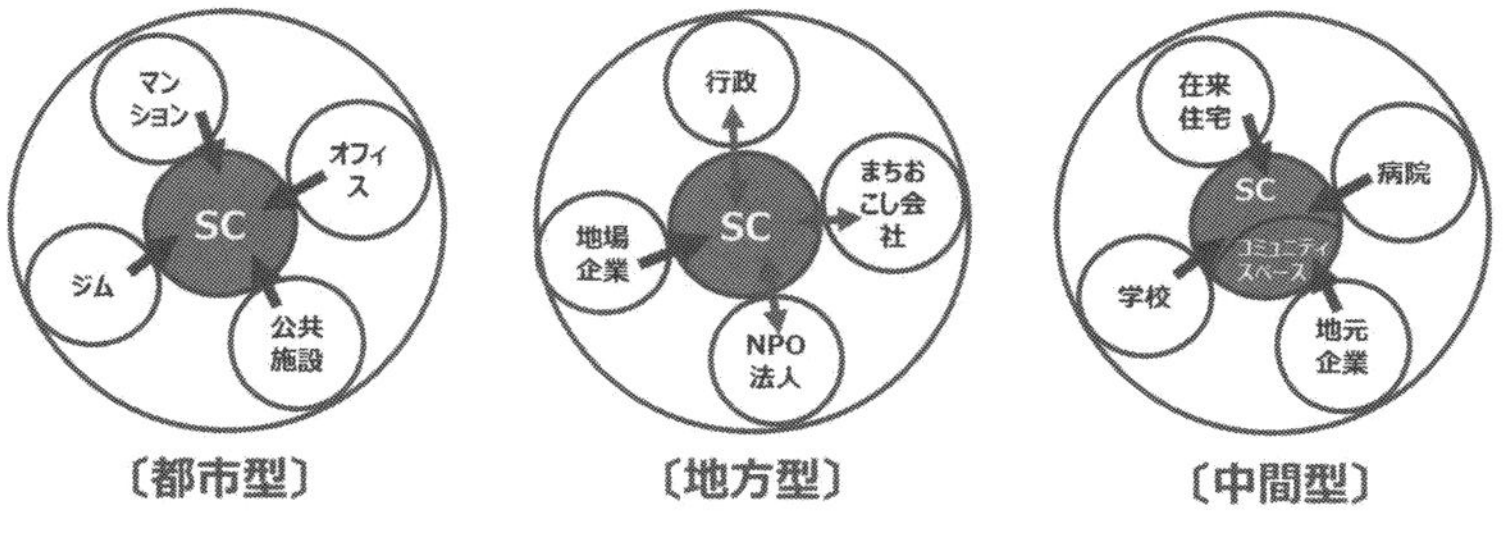

ムなどの電子競技）の発達はめざましいものがある。２０１８年は日本のｅスポーツ元年といわれ、その市場規模は２０１９年で約61億円（前年比１２７％）、２０２３年には約１５０億円へと拡大すると見られる。このスポーツファンは２０１９年で約４８０万人、２０２３年は約１２００万人になるといわれ、「観戦」という形の新しいコト消費層である。ｅスポーツ観戦可能な会場の設営や観戦者の取り込みはやり方次第では新しい若年層の顧客となりうる。

あとはどれだけインバウンド客を吸収できるか、そのためＳＣ単独というより行政とも連携し商業施設や公共施設等を含めた地区一帯の活性化施策が必要で、アメリカでは大都市でよく実施されている※ＢＩＤ（Business Improvement District）制度の導入も検討してい

ｅスポーツ or エンターテイメント性を表現したＳＣ

くべきである。

※ＢＩＤ：まちづくりや地域活性化の制度のひとつ。「ビジネス改善地区」という名称が示す通り、商業的な発展に重きをおいているのが特徴。

（2）中間型ＳＣ

いわば、大都市と郊外の中間に位置するネイバーフッド型ＳＣで、近年はより洗練されたこのタイプがじわじわと増えつつある。郊外と大都市の間はかつて中心市街地が拡大していく途上にあった地域で、賃料や地代の高い中心地からほどほどに離れてはいるが遠郊ほど不便ではなく、ロードサイドに沿ってコンビニや飲食店、パワーセンターなどが存在する。また、電車で行くことも可能な地域である。

月に何回かは中心市街のＳＣやデパートに行くが、普段は足元近郊で時間消費する。この地域はたしかに単店舗の大型店はあるものの、店舗が集中したギャザリング（集客・交流）機能をもった施設が少なく、ファミリーなどがゆっくりと時間消費する機能がなかったため、潜在的ニーズが汲み上げられなかった。こうしたニーズに対応し、テナントは30店舗位で構成、核店舗として大・中型デイリーニーズＭＤ（スーパー等）をしっかり配置し、併せて、コミュニティ機能や健康志向のＭＤを揃え、半日ほどはファミリーや高齢者も滞在できるタイプのＳＣである。典型的なのは、大和リースの展開する「ＢＲＡＮＣＨ（ブランチ）」がそれにあたるだろう。

中間地域であるためアパレルや服飾系のリーシングは難しく、そのこともあって基本的には固定家賃でディベロッパー要員も極力抑えて安定的な利益の確保を狙い、地域住民とのコミュニケーションを優先にイベント等の施策を展開する。

アメリカではとかく大型のＲＳＣが注目されがちであるが、実態はＣＳＣやＮＳＣが圧倒的に多く、これらの中でも近年は日本と同じく30～40店舗位のテナントで、ゆったりとコミュニティスペースを設けたハイブリッド型で生活密着型のライフスタイルセンターが増えているようだ（例：ロサンゼルス郊外のＳＣ・The Point など）。ただ、アメリカのこのようなライフスタイルセンターは中郊外のハイソサエティあるいは高額所得層コミュニティを対象にしたもので、日本とは客層が異なる。強いて挙げれば、イメージ的には「星ケ丘テラス」（名古屋市千種区）か。

第2部でも述べたように、日本では所得格差が拡大し、貧困化が進み、ファミリー層の1人当たり消費額も低下すると思われるため、アメリカのハイブリッド型の高質なＳＣは展開が難しく、むしろ都心のマンション集合地において、学校や公共施設の跡地を利用した小型のハイブリッド型ＳＣの可能性はあるのかもしれない。

この意味では２０２０年に開業した小田急線下北沢駅（世田谷区）の「ボーナストラック」は注目に値する。線路の地下敷設化により、住宅地の中に生み出された用地に住居付きの商店を集積した「支援型開発」である。

（3）地方型SC

①公共機能をミクストユース化

地方型にも完全に遠隔の地域にあるＳＣと近隣に商店街を控えたＳＣがあるが、人口減、少子高齢化の影響はこの地方型、とりわけ単館のＳＣを圧迫すると思われる。全国チェーンの地方ＳＣは、赤字のフロアの集約や館そのものの廃止で企業全体の安定は図れるが、住民としては買い物難民という形で放り出されることになる。そのため、仮に撤退となっても生活必需品的な業種（スーパー等）だけは存続させる必要がある。たとえば、花巻の「マルカン大食堂」はその母体であるマルカン百貨店の廃業後、地元の有志によるクラウドファンディングでもともと住民から支持されていた食堂フロアだけを復活させたケースである。この成功をベースに、他のフロアの活用も試行している。

今後は、運営理念を明確にしたクラウドファンディングなどを有効に使う運営手法も検討していくべきであろう。

かたや商店街を控えた単館ＳＣであるが、まず地方の商店街の衰退はどこに行っても目に余るものがある。しかし人口減がさらに進むとＳＣも商店街も共倒れとなる。かつては、「ＳＣ栄え、商店街滅ぶ」などと言われたが、いまや「共倒れ」の時代である。もちろん、大都市のＳＣ近くにありながら有志によって復活させた商店街もある（例：名古屋市の円頓寺商店街など）。

しかしながら、少なくとも前述した消滅可能性市町村８９６に相当する地域、あるいはそれをメインの商圏としているＳＣは確実に難局に直面する。またその地域の自治体は、まずは自治体そのものの存続のため、公共施設の集約や廃止をせざるを得ないが、ただ集約するだけでなく指定管理者に委託していく分でも「稼げる事業」に転換する必要もあり、その分野においてＳＣと組む余地が出てくる。

今や、自治体もＳＣも利害が一致してきているとこ

自治体とのミクストユース化

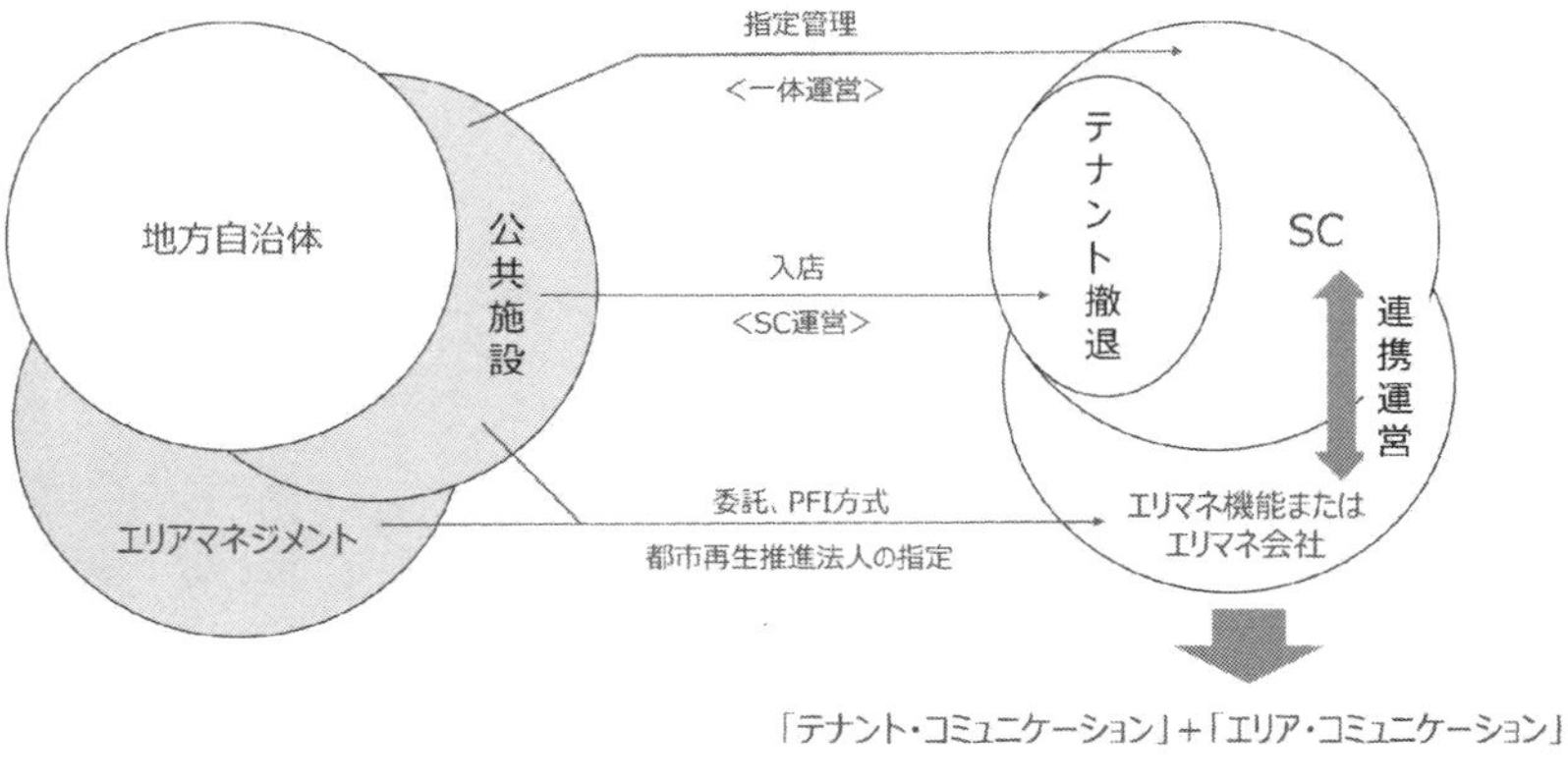

ろに新しい展望が開ける可能性がある。

そもそもSCが弱体化する兆候としては、主要アパレル系店舗の退店が加速度的に増えるが、最近ではその後に入るテナントを見つけるのは至難であり、とりあえずポップアップショップ（期間限定店舗）でしのぐしかないし、大都市型のようにマンションやオフィスとのミクストユースなど望むべくもない。地方型SCでミクストユースするなら自治体の公共機能を取り入れて、「官民連携型SC」にするしかないだろう。

行政は自前の公共施設は廃業し、マネジメントはSC側が行い、行政から家賃を受納するなど（行政から委託されたNPO法人の場合も同様）、一定の「稼ぐ仕組み」で運営する。SCのフロアに入るのが無理なら公共施設の運営をSCに委託し、稼げる形での運営をしてもらう。

ただ指定管理の公共施設の内部をみると分割委託が行われているケースが多い。たとえば図書館フロアはA業者、ホールはB業者、カフェはC業者というふうになっているが、これは共倒れを防ぐためにまたは平等落札にするために分割委託にしているのかもしれないが、相互の連携や集客効果の効用を考えると一つの業者の方がいいわけで、それを地方のSCあるいは傘下の運営会社で行うことにする。SCはその本来の商業機能、集客機能、雇用機能に加え、「公共機能」をもミクストユース化する。

また、商店街との関係ではところによってはＮＰＯ法人や民間の「まちづくり会社」が空き店舗等のリノベーションに努力しているケースも増えている。こうしたＮＰＯ法人等と連携してＳＣ本体だけでなく、地域商店街をも含む「まちおこし機能」を取り入れていくことも考えられる。

②組織

ＳＣの内部組織としては従来、テナント会の下に総務委員会（テナントの研修や懇親会などを実施）や販促委員会（テナントから一定の販売促進費を徴収し、年度計画を策定したうえで実施）があることが多いが、これとは別に「地域共創委員会」をつくったらどうだろう。

メンバーはディベロッパー、テナント代表、地元のＮＰＯ法人、行政等で構成し、販売促進費の一部と行政からの一定の補助費、クラウドファンディング等の資金をファンド化し、それを使って商店街の空き家のリノベーション事業やＳＣ周辺のマネジメント等を行い商店街の活性化を図る。リノベーションで入店したテナントとはポイントのつく準会員契約を結び、ＳＣの販売促進で宣伝することによりＳＣと商店街回遊が少しでも実現できればこれに越したことはない。また、リノベーション対象物件と館のテナント企業のマッチングを行うなども考えられる。

地方のSCは、その広い敷地を使って共生活動（祭などのイベント）を行っているが、さらに発展した「共創型」として内部包摂型、そしてSC外からも公共機能そのものを導入した「官民連携型」という具合に地域・行政との連携の深さと必要度によって複数のタイプが考えられる。下図を見ていただきたい。いまや、「町がやせるとSCもやせる」時代である。〔SC VS 商店街〕という構図から転換し、〔SC&商店街〕で「共にまちをおこし、まちに来てもらう」ことを考えねばならなくなっている。

3 サードプレイスとしてのSC

ここでサードプレイスとしてのSCの機能について触れておきたい。前項ではタイプ別・立地別に異なる戦略について述べたがそのいずれにも必要と

共生型と共創型の組織

	共生型	共創型	
		内部包摂型	官民連携型
主体	テナント会	テナントの中の委員会	独立の委員会又は別会社
予算	テナント会予算	テナント会（販促費の5％）及びデベロッパー	デベロッパー、行政の補助金等
構成	テナント＋デベロッパー	テナント＋デベロッパー（一部NPO法人）	デベロッパー、テナント代表、行政、NPO法人（まちづくり会社を含めて）
施策	地方の祭り参加、清掃、イベント共催	左記に加え、NPO法人と組んだ町並みリノベーション等	左記に加え、エリアマネジメント及びエリアプロデュース
意義	地域と一体となったにぎわい創り	商店街の空き家リノベーション等による町・SC一体のマーケットづくり	地域価値の向上、官との提携による一体型地域再生

なる機能がある。サードプレイス機能である。

「サードプレイス」なる言葉は、アメリカのレイ・オルデンバーグが提唱したもので、家庭、職場に次ぐ第三の場所である。今やそれを「スターバックス」などが店舗理念として取り入れているが、このプレイスには大きく2種類の機能がある。「隠れ家」として、あるいは「交流の場」としてである。

1987年にイギリスの言語学者 ブラウン&レビンソンが提唱した「ポライトネス理論」では「フェイス」（人と人との関わり合いに関する基本的欲求をいう）という概念を使って説明した。即ち人間には、他者と近づきたいという「ポジティブ・フェイス」と、他者と離れていたい、自由でいたいという「ネガティブ・フェイス」があり、そのどちらにおいても安心感や充実感（これがポライトネス）を覚える。

日本の場合、前者ではイベントやカラオケ、後者では個室カフェや図書館が代表といえるが、SCという一つの施設の中に両方を満足させる機能があればこれに越したことはない。

最近はやりの「コワーキングルーム」や「コミュニティルーム」などは、主に交流を目的とした空間であるが個的空間を望む者も多くいるはずだ。家庭の自室とはまた違った環境で、自分一人の時間を楽しめる空間（料金制）もあっていい。

ただ、「コワーキングルーム」といっても、最初から目的を共有したグループが集まるスペースだけではなく、協業や新規事業を考える他人同士が集まって交流し、一つの事業を構想し、実現させる仕組みも必要である。そこにはファシリテーターやプロデューサー的役割をもつ者がいて協業者を募集するなどのプログラムが必要だが、そうした機能は今後大いに求められる。カフェ併設やアパレル店舗併設でも構わない。むしろ現在そうした事業を営むかたわらで「未来事業の協業を構想し語り合う場」があるような空間づくり、店舗づくりがおもしろい。

4 SC概念の変化と社会資本化

日本SC協会で、現在定義しているSCの要件は次の通りである。

①小売業の店舗面積は1500㎡以上であること。
②キーテナントを除くテナントが10店舗以上含まれていること。
③キーテナントは、その面積がショッピングセンター面積の80%程度を超えないこと。
ただし、その他テナントの小売業の店舗面積が1500㎡以上である場合はこの限りではない。
④テナント会（商店会）等があり、広告宣伝、共同催事等の共同活動を行っていること。

しかし現状は「定義」と実態が乖離している。

現在、日本のＳＣは約３２００館にのぼるが、これはこの定義に合致したＳＣの数だけであり、実態はこの「定義」に満たない準ＳＣが相当存在する。また、３２００に含まれるＳＣであっても近年ではディベロッパーの主体性・主導性を強化すべく商店会を廃止するＳＣも増えつつある。ディベロッパー＋テナントとの共同的運営からディベロッパーの専任経営に移りつつあるのは第2部でも述べた通りである。

さらに最近増えつつある都市・郊外の中間にある中型ＳＣ（30店舗位でデイリーニーズＭＤ中心のテナント構成）ではスーパーマーケット＋飲食＋体験型・美容系テナント（いわゆる「コト」テナント）で構成されており、物販小売業の比重が低いＳＣが多数存在する。こうした状況を踏まえると今後ＳＣの定義を見直す必要も出てくるであろう。

もうひとつはＳＣの「概念」と実態の乖離である。従来は、「商業形態」として、テナントを募集して適正配置し賃料で運営する「不動産事業」というのがおおよその「概念」であった。しかし今、ＳＣは単体の事業資本という性格を超えて、「社会資本化」しつつある。

広義では、生活や産業の基盤となる公共施設などハードなインフラ等を社会資本ともいうが狭義では、豊かな人間関係の蓄積をいう。１９９３年にロバート・パットナムが著した、『哲学する民主主義』では、「ソーシャルキャピタル」の概念として「社会的信頼」「互酬性の規範」「ネットワーク」で構成された社会的仕組みをあげたが、地域社会におけるＳＣは、まさに「ショッピング」機能を超えて地域のネットワークの基軸として人と人とを結び人間関係を豊かにするという新しい機能を付加しつつある。その機能が象徴的に発揮されたケースでは先述したように災害時に避難した人々の交流の拠点としての役割を果たしてきたことだろう。こうしたＳＣの社会資本（ソーシャル・キャピタル）としての蓄積が今後の「地域価値」を高めることにもつながる。

これも本来は「政治」が受け持つフィールドであるが、行政・自治体財政の疲弊からくるマネジメント体力の低下を補うものとして、またさらにはＳＣ周辺のエリアマネジメントまで引き受けていく「社会資本」として進化すること、そこにＳＣのイノベーションの未来の姿があるのではなかろうか。

5　伝染病とSC

２０２０年初より世界的なパンデミックとなった新型コロナウイルスの蔓延は、一気に世界経済に大打撃をもたらした。毎年冬になると繰り返されるインフルエンザもさることながら、世界の主要都市のロックダウン（封鎖）にまで至った脅威は、いまだ治まるところを知らない。

　震災等の物理的災害に対してはＳＣは避難スペースの提供や食品等の無料配布など、まさに地域の拠点としての役割を果たせたが、病理的な災害に対しては一定期間の閉館、営業停止という形でしか対応の術がなかった。

　とりわけ、今回のような都市間移動の自粛により、都市型ＳＣは大苦戦を強いられた。地方型ＳＣは、スーパー等のデイリーニーズ型ＭＤでは一定の売上げはあったものの、全体としては、いずれも苦境にあえいだことには変わりない。

パンデミックとなった新型コロナの蔓延

こうした状況から、いわゆる「新生活スタイル」の提唱が唱えられており、ＳＣとしても短期的には、それに対応した施策や運営をせざるをえないが、中長期的には、今後も十分予想される伝染病に対しての積極的防衛策を打ち立てる必要がある。ＳＣ業界及び日本ショッピングセンター協会においても十分な議論を尽くし、こうした災害への対処方針ならびに対応マニュアルの策定など早急に解決すべき課題として取り組む必要があろう。

第2章
SCビジネスモデルの転換

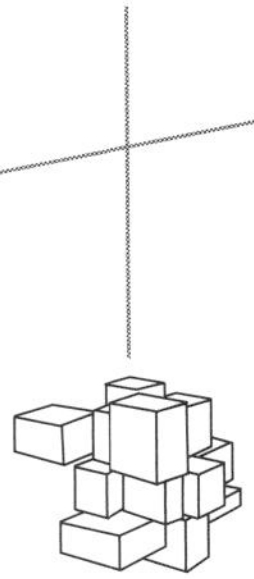

SCが日本に誕生してから半世紀、時代の変化とともに対応する新たなコンテンツを導入し、モノやコト、空間づくりなど様々な取り組みや転換がなされてきた。そして前述のようにSCの定義もそうした変化や多様化を求める時代に呼応しながら、その見直しが迫られるようになったのは当然の流れといえるだろう。

そんな時代にSCのビジネスモデルが従来通りのテナント賃料に依存するだけでは成り行かない。ここでは、改めて地域社会におけるSCの役割を再考し、新たなビジネスモデルの方向を考える。

1 商業施設から生活施設、社会施設へ

①開発の方向性

これまでは大手資本のSC、地元資本による単館SCの別はともかく、SCは商圏規模に応じて面積の大小はあるにせよ全国津々浦々どこにでも開発されてきた。人口減少の時代、今後の新設SCは抑制され、既存施設の再生やリニューアルが増加すると思われる。

これまでのように企業が競う状態が続けば競争優位に立つための規模の拡大、優良テナントの誘致による同質化という問題を再び繰り返すことになる。SCの閉鎖等により、新たなディベロッパーが手掛ける再生では従来と異なるアプローチが必要となる。従来検討されたSCのポジショニングは同一マーケット内の競合SCとの差別化のためのポジションとりであったが、今後は他社との競合視点よりも当該商圏に求められる役割を考えることが必要である。

例えば郊外商圏においては、その地域の住民が地元のSCに期待するMDは勤務先がある都心部のそれとは違う、ということを認識した上で商圏そのもののポジショニングを考えることが必要である。100万人が集まる商圏とその郊外の10万人商圏では来店目的、来館頻度、固定客と流動客の比率などが異なるのは明らかだ。また商圏サイズや競合状態

だけではなく、地域住民が暮らしの中から本質的に求める欲求に応えた商材や機能を取り込む必要がある。

特に郊外や地方のＳＣでは飲食やファッションテナントとは別に、新たなコンテンツとして、役所の出張所、保健施設、地域コミュニティ施設、生涯学習施設、子育て支援施設、観光案内施設、図書館といった本来、行政が担っていたサービス機能を誘致する。また、商店街やまちづくりＮＰＯ、地域ボランティア団体などの活動拠点等をＳＣ内に取り込む。こうした地域と連携することによって商業施設でありながら商業を超えた生活施設、社会施設とし地域住民の暮らしを支えるインフラのニーズに応えていくことが生き残りのカギとなるであろう。

②資金調達

低金利が続く中、借入による金利の負担も以前に比べれば軽くなったといえるが、官民連携を強く押し出すようなコンセプトのＳＣでは公的補助を得るということもあり得る。

※ＰＦＩ/ＰＰＰ方式もあるが民間主導のＳＣに行政機能の一部を肩代わりさせることに対する補助金、助成金といった公的資金の援用も研究に値する。

また個人投資家から資金を集めるクラウドファンディングも考えられる。一般に個人が投資するには高いリターンがモチベーションになることが多いが、SCの再生においてはかつての利用者を対象として「自分たちのSC＝居場所」を再生するための資金を低利もしくは無利息で調達することも可能と思われる。また、もっと簡単な方法はポイントカード会員を有料化することである。当然、相応のリターンが求められるが、それに応える運営で会員ロイヤルティーを高める効果も期待できる。

※ＰＦＩ/ＰＰＰ：（第3章に詳述する）

③収入源の多様化

テナント以外から得る収入といえば、消費者から直接得る収入とそれ以外の第三者から得る収入や手数料がある。現在、来館者から直接得る収入と言えばイベントの参加費程度であるが、カード会員から会費を取ることも検討できる。

例えば２０２０年４月現在で、コストコの年会費が４４００円であることや、ディズニーランドの入場料（ワンデーパスポート）が８２００円であるにもかかわらず大変な集客があることを考えると、価格相応の価値が提供できればお金は払ってもらえるということである。カード会員10万人から一人、千円の年会費を徴収したら１億円になる。問題はその費用に見合った価値をどのように提供するかである。喫茶店で５００円のコーヒーを飲むことを考えれば、カード会員サロンでコーヒーを無料で飲める仕組みにすれば千円の年会費は安すぎるくらいである。

消費者以外の第三者から得る収入とはどのようなものか。現在、施設によってはデジタルサイネージを利用しテナント以外の地元企業の広告等を流して収入にしているところもある。また多くの施設でクレジットや電子マネーの取扱い手数料を得ている。建物の構造や立地による用途規制も考慮する必要はあるが、空床を倉庫として賃貸することもあり得るし、減床した部分のコンバージョン（転換）により、リモートオフィスなどの商業以外の用途への転用もあり得る。

ディベロッパーが自ら小売りやサービスを展開することも考えられる。その時求め

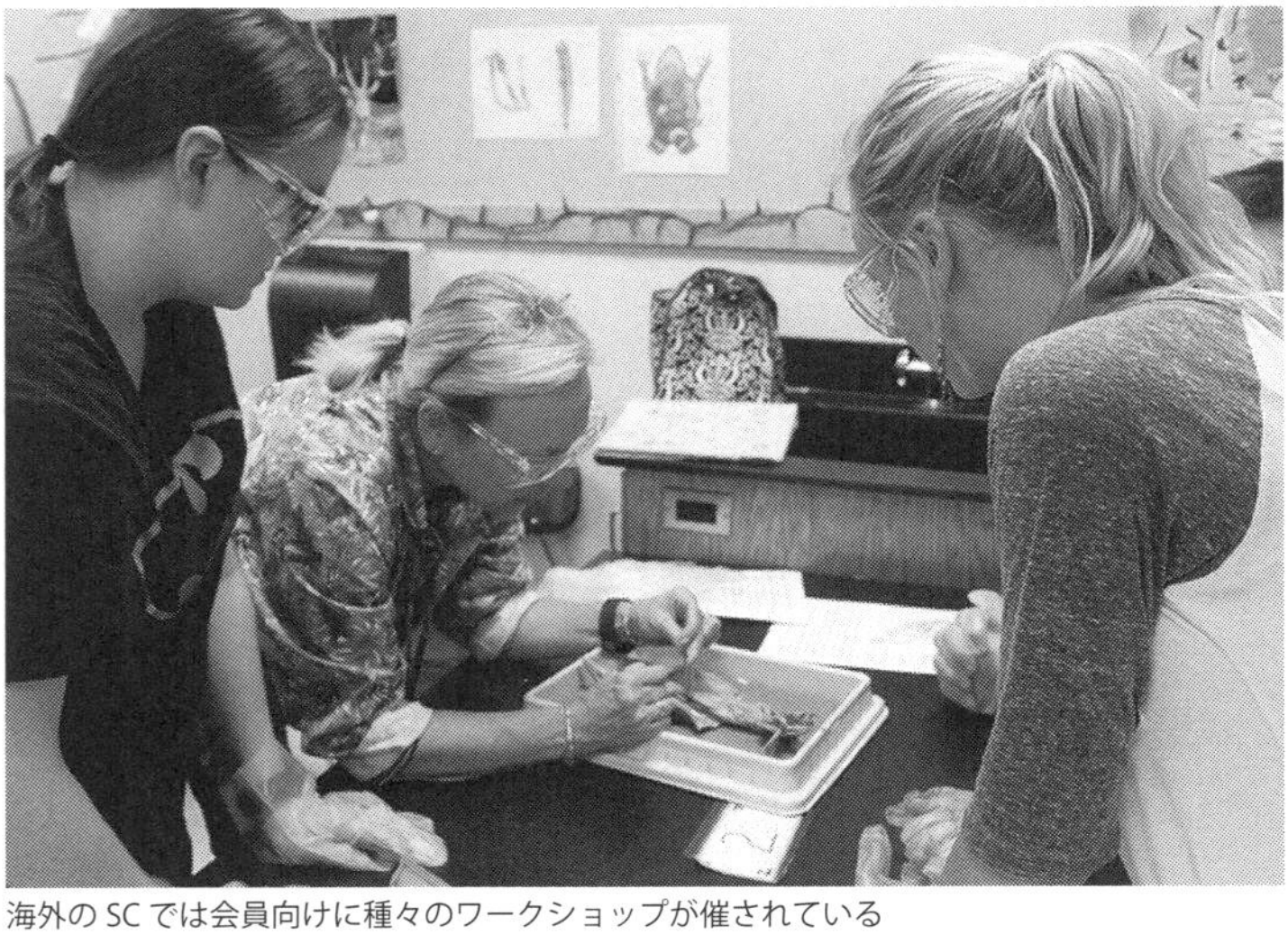

海外のSCでは会員向けに種々のワークショップが催されている

られることは来館者への気遣いである。儲かればＯＫではなく、来館者が楽しめる施設になっているか、そのような設えができているか、再来館の動機が生まれるか、ということに配慮した計画が必要である。

一つの方策だけではなく複数の対策を継続するしかないのである。

④コストの圧縮

今までも企業は常にコスト削減に努めてきた。ただコスト圧縮にとって大事なことはコストの削減が質の低下にならないことである。そのためには進化した技術を採り入れることである。日々の業務の合理化のためのソフトも進化しているし、カード情報の分析手法の進化によってマーケティングも変わってきた。それにより販促手法や予算配分にも影響を与えている。

テナントが情報発信する仕組みやそこで働く従業員の研修もスマホでできるシステムがある。人型ロボットが一体で清掃する時代になったし、監視カメラや管制システムによって警備やビルメンテナンスのコストも圧縮できるようになった。インフォメーションも無人で解決する対話型の映像やロボットが登場している。新しい情報技術を採り入れ、質を保ちながら運営人員の削減を図り、コストを圧縮することが十分可能である。

しかし、ＳＣ運営にあたっては経営企画、テナント管理、販売促進、会計、総務等々専門知識や経験が必要である。コスト削減から人員削減をすると次世代の人が育たないことも考えられる。であれば、少人数で回している単館はＰＭ業者に委託してしまうのも選択の一つである。単にコスト圧縮だけでなくＳＣ経営理念を実行してくれる業者の選定が肝要である。コロナ対応ではＳＣ所有者の指示に従い、コスト圧縮だけで営業継続したＰＭと指示に対し顧客優先を主張したＰＭがあった。

⑤「商店会」は新たな発展形態へ

商店会（テナント会）の問題についてはＳＣが行政施設や地域団体を誘致した結果、必然的に新たな発展形態へ向かう。ディベロッパーは地域を包括するエリアマネジメントにＳＣ経営のノウハウを注入し、テナントと共に、地域と一体となりＳＣを運営していく。

人材確保の問題も地域と密着した運営をすることにより地域住民の働き手が増えると期待したい。賃料制度の問題（共益費の問題）だけはＳＣビジネスモデルが転換しても自然に解決する問題ではない。しかし、ＳＣが商業施設を超えて社会施設に向かうならば、利益重視の民間の論理だけでは済まなくなる。共益費の実費精算の項目を限定しつつも明確にし、行政や地域団体にも明確に示すことが義務となるであろう。また、商店会において共益費も含めいかに地域と共生するかという議論がなされるようになれば、地域住民のための SC となり、そんな SC を地域も支えてくれることになるだろう。

これからの SC ビジネスモデルは地域や行政を巻き込むことにより商業施設から生活施設、社会施設に転換していくことを述べた。このことはディベロッパーとテナント、地域との共栄への道であり、「三方良し」の共創関係を構築していかなければならない。そのためにディベロッパーは、SC をマネジメントするに留まらず、地域全体を面白くするクリエイティブな発想でエリアマネジメントからエリアプロデュースへと進化させることが必要だろう。人材を育成し、また、地域の有力な人材を登用するなど柔軟に対応をすることが新しい時代に生き残るための一つの答えであろう。

クリエイティブな発想でエリアプロデュース

2 コロナとSC

①新型コロナウィルスの発生

新型コロナウィルスの感染者が国内でも２０２０年１月に出始め、世界中でパンデミック（世界同時流行）となった。４月７日、７都府県に緊急事態宣言が発出され、その後対象が全国に拡大された。多くのＳＣが休館し、企業はテレワークを導入、繁華街から人影が消えた。５月25日緊急事態宣言は解除されたが、その後７月中頃から第２波が発生し11月中旬からは第３波が押し寄せ、年明け２０２１年１月８日には二度目の緊急事態宣言が発令された。

国内の産業のうち旅行、運輸、イベント、飲食業等が多大なダメージを受けた

ＳＣ全体の売上げは２０１９年10月からの

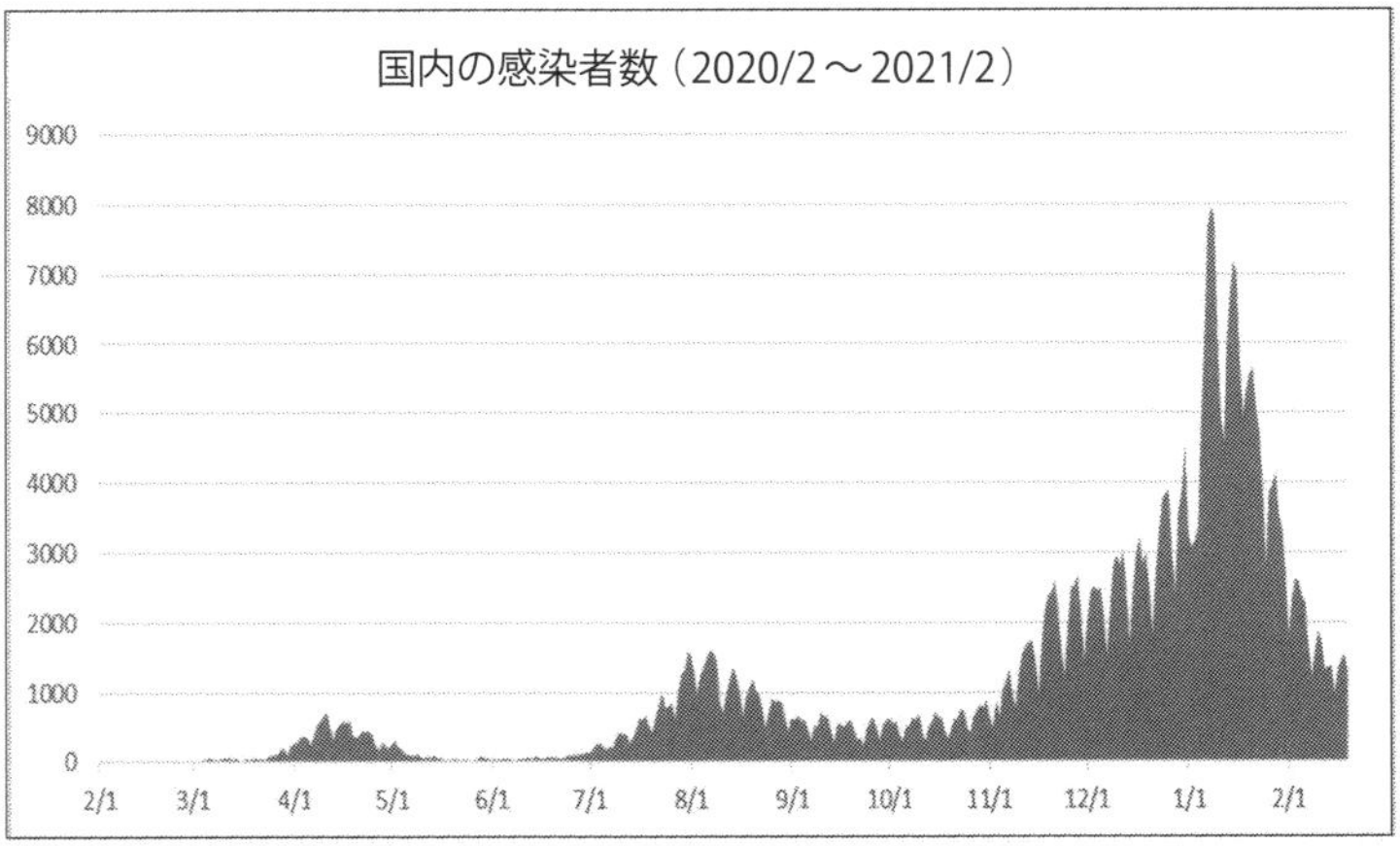

消費増税の影響を受けて、弱含みであったが２０２０年３月のコロナ第1波発生以降大きく売上げを落とし、年間では２０１９年のプラス0.4％に対し２０２０年はマイナス28％となった。

感染者の分布は一様でないため都道府県によって対応の違いはあるが、知事からの要請に応じて第一波では休館、第二波以降では時短といった対応を迫られるＳＣが多くあった。中でも集客力のある「インモール」型ＲＳＣは不要不急の外出や三密を避ける傾向から影響が大きく、逆に巣籠り需要を満たす食品スーパーやドラッグストア、ホームセンター等の好調業種を中心に構成するオープンモールＮＳＣでは売上げを伸ばすところもあった。一方、飲食の機会に感染拡大する傾向があるとされ、飲食店に対する時短要請となっていき、ＳＣ内の飲食店も相当な影響を被った。

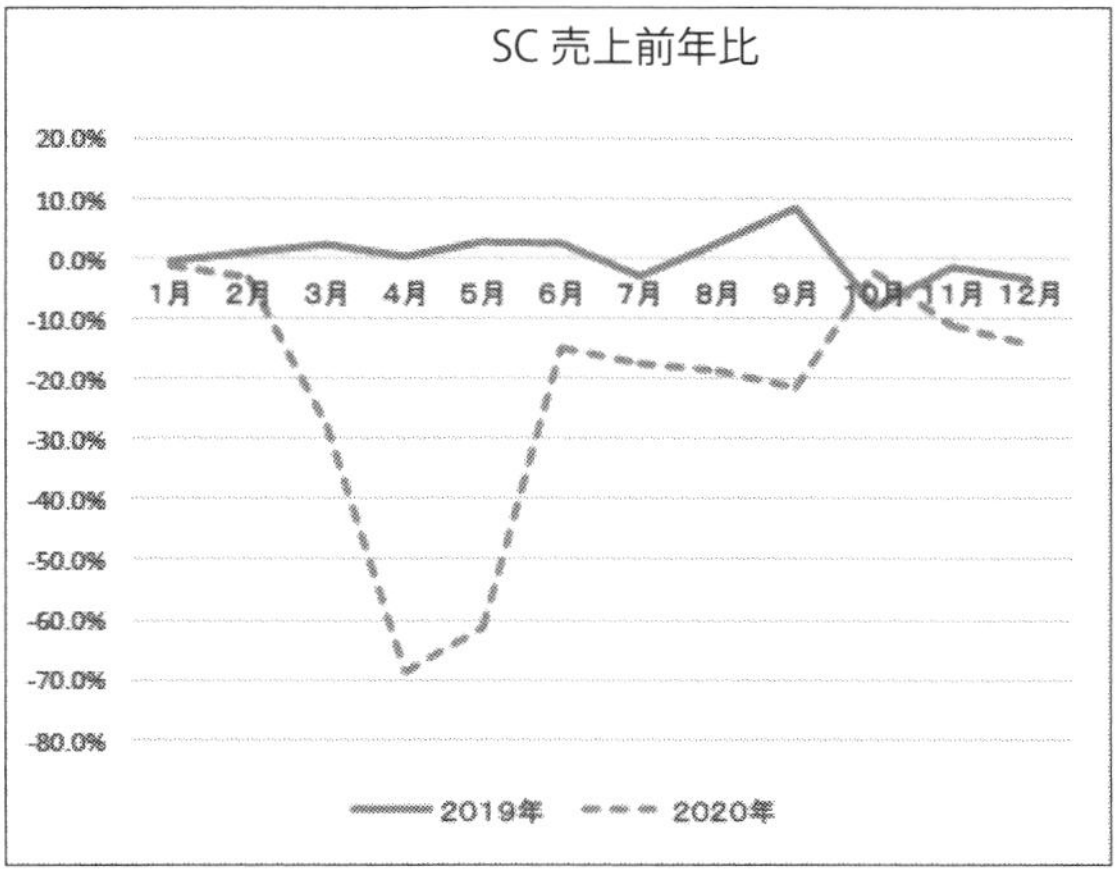

（日本 SC 協会調査）

この事態に対し国や都道府県、市区町村は様々な給付金・補助金・助成金を用意した。テナントに対しては一定の条件を満たした場合、持続化給付金、雇用調整助成金、小規模事業者持続化補助金や家賃補助等である。神戸市のようにビルオーナーに対して賃料減額分の８割を補助するという自治体もある。大企業とみなされるＳＣディベロッパーには助成らしきものはなく、テナントからの賃料減額要請や退店交渉といった問題に頭を抱えることになった。

②アフターコロナのSC

コロナのインパクトは「ニューノーマル」という言葉が表すように、人々の生活習慣を今までのそれと変えるだけの大きなものであった。アフターコロナではなくこの先はウィズコロナとも言われている。発生から1年経った今、二度目の緊急事態宣言下ではあるが一度目の緊急事態宣言の時のように街並みが閑散とすることもなく通勤電車も十分混んでいた。

アフターコロナは当初考えられていたような価値観の大転換というほどではないが新しい生活習慣の一つの側面は密を避け、ソーシャルディスタンスを保つことである。このことはＳＣ経営に大きなインパクトを与えることになる。

売上＝客数×客単価なので従前はディベロッパーとしては客数を増やすことに多くの力を割いてきた。しかし客数の増加が密を誘引するとなると根本から施策を変えねばならない。とはいえ、税や社会保障費の負担が重くなる中で可処分所得は増える状況にはなく、客単価アップを狙ったり、買い上げ点数を増やすということも難しい。飲食店では席数の間引きにより客数減に加え、営業時間短縮も合わせて苦戦は避けられない。客単価アップは工夫の余地はあるが客数減を補うだけのアップは難しいだろう。

物販以外のサービス業態はどうか。一口にサービスといっても様々な種類があるが、フィットネス、教室系、理美容、エステ、

ソーシャルディスタンスは坪効率を低下させる

リラクゼーション、保険や旅行取扱等もすべて密を避けるためにはソーシャルディスタンスをとる必要があり坪効率が低下すると思われる。

ＳＣに入居するテナントのほとんどがニューノーマルでは売上げ減を余儀なくされる。このことは売上げ歩合賃料のダウンを意味し、常態となった売上げ減により体力のないテナントが撤退すると新たに誘致するテナントは更に賃料が下がる可能性もあれば区画が埋まらなくなる可能性もあり、ディベロッパーの経営計画に影を落とすことになる。しかしながら売上げの一定の確保は必要であり、そのための対応をせざるを得ない。

密を避けるための良い方法として予約制

予約制はレストランばかりでなくフードコートでも進む？

が上げられる。レストランばかりでなくフードコートでも、あるいは物販や他サービス業態でも予約制は検討に値する。それが常態となるならば人員の配置も合理化できる。業種、業態によっては機械化もできるかも知れない。

またもう一つの方法として時間帯別サービス制もある。飲食店では昼の1時間とかに顧客が集中するのでそのピーク時間をはずすと安くなる、あるいは他のサービスが受けられる等の方法である。店側もピーク時間に人を集中させる必要がなくなり平準化できる。

今後のSC運営でぜひ検討したいのが有料会員制度である。前述のコストコの事業構造では売上げから原価と販管費を引くとマイナスになり、会費があって初めて利益が出るようである。コストコの場合、安さを売りに会員が会費を払い続けるモチベーションを醸成しているが、テナントやSCが会員に会費を払い続けてもらうにはやはり工夫がいるだろう。

人気のテナントであれば予約が取りやすいだけでもその動機になるかもしれないが、やはり限定品を買える特典や会員割引等のお得感も必要だろう。SCディベロッパーとしては会員サロンでのコミュニティや限定イベントを打って会員を囲い込むことも大事だろう。ニューノーマルという生活様式の変化が長期化するならば価値観や人生観も変わる可能性もある。とはいえ、所属欲求、自己実現欲求が人間の基本的欲求としてあり続けるならば、そういった欲求を実現できる会員コミュニティがSCの中にあれば会費を払うことに抵抗は少ないだろう。

会費をとるSCコミュニティが経営の支えになるためには相当数の会員が必要である。十人十色の会員を満足させるにはコミュニティ組織の細分化によるメニューの多様化が求められる。数万人の会員が一斉に行動を起こせばまた密になることから、SCのコミュニティ組織がその活動フィールドを街に広げて行き、まちづくりと一体となることも不可欠だ。

SCが生き残っていくには従来の運営を転換するしかないだろう。今まで取り組んでこなかった新しいフィールドに挑戦してこそ収益を確保する道が開けるといえる。

自己実現欲求を実現させるのもSCの役割

C・O・L・U・M・N

ショッピングセンターには〝風が吹いて〟います。

私はスタイリストという職業なので頻繁にショッピングセンターを訪れます。

今のファッション市場の動き、トレンドの確認です。

ディスプレーも見ます。SCにはテナントの〝風〟が吹いています。ECでは体験できないワクワク感、新たな発見もあり楽しんでいます。もちろん買い物もします。確かに便利になったインターネットでの買い物は誰もが一度はしているでしょう。私も普段から使い分けしてECと実店舗での買い物をしています。ECの利用率は市場でさらに上昇するでしょう。

そこで思うのですがSCはECをライバル視するのではなく、どの様に共生していくかです。ECでは補えないショッピングを実際に体験できる場としてのSCの価値をより深く追求して欲しいと思っています。〝館内に吹く風〟をもっと感じさせて下さい。

ところで私はアパレル・テナントの販売員として店頭に立っていた経験が

あります。販売員の方々は日々、様々な想いをもって店頭に立たれているはずです。

ＳＣの関係者の方々には是非とも1人でも多くの販売員の方の声に耳を傾けて頂き、悩みや想いを聞いてあげて下さい。テナントの販売員はＳＣでは共に戦う仲間であり、また1人のお客様でもあります。働き、お買物をするそのＳＣを愛してもらえる様に販売員さんの頑張りを認め、パートナーシップを強めて下さい。

これからのＳＣにはお買い物、お食事、シーズン毎のイベントなどで人々の日常に寄り添い、人々の生活に潤いを与え、生活を豊かにして心身ともに充実させる「サードプレイス」になって欲しいと期待しています。

さらに海外の人達にも楽しめるようなディスプレーひとつとっても日本独自の開発や、ＳＣ運営も見せて下さい。

夢のある新規開発、既存ＳＣのリニューアルにも期待しています。

西居 由季（スタイリスト、ファッションコーディネーター）

第3章

官民連携を加速するSCの可能性

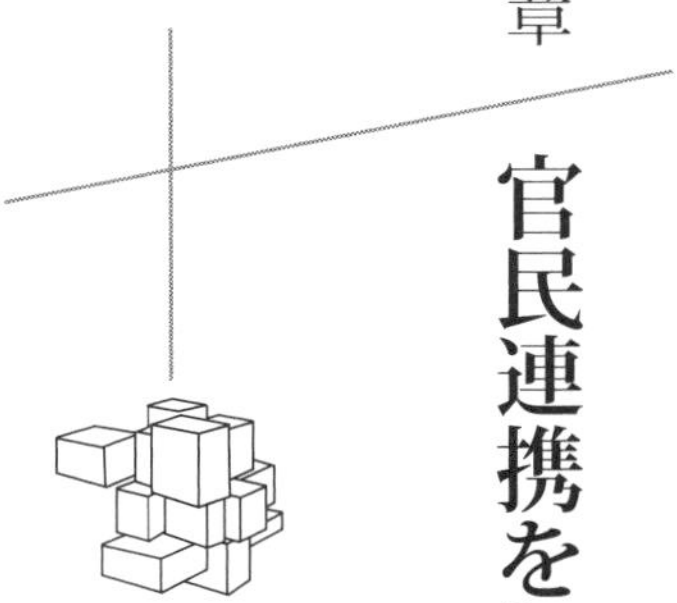

SCが単なる商業施設から生活施設、社会施設へと変容するに当たっては、SCと国や自治体の官民連携こそが重要である。

SCと自治体の関わりといえば、かつては警察・消防・保健所のいわゆるお上から受ける行政監督という文脈であった。SCマネジャーの中には行政との連携に否定的な感情を持つ人も少なくない。仕様書1枚の書式をめぐっても官民の隔たりに悩んだ苦い経験があるからである。しかしこれからは時代の要請により警察・消防・保健所との関わりも防犯・防災・防疫という行政機能とのより緊密な連携となる。そして、エリアマネジメント、官地の活用、行政からの業務委託等の官民連携が主たる文脈となっていく。民間に理解のある行政マンと、パブリックマインドを持つＳＣマネジャーとで垣根を超えた協働による成果が表われ始めている。

1 自治体の広域連携化とＳＣ

①地方都市圏とＳＣ

ＳＣは自らが立地する自治体が周辺自治体間の競争の中でどのようなポジションを取っているかを注視しなければならない。自治体間の競争といっても平成のような市町村の大合併がまた起きて、合併する側・される側を注視するという意味ではない。

三大都市圏（東京圏・名古屋圏・大阪圏）を除いて、地方圏の市町村は互いに協約した広域連合体を目指している。こうした広域連携化においてＳＣの立地する自治体がその中枢都市となるか、それともサテライト都市になるかを注視せよという意味である。

ＳＣは商圏内でのポジショニングに終始するのではなく、商圏そのもののポジショニングに強く関わるべきである。ＳＣは自らの立地する自治体が中枢都市のポジションを取るよう後押しができるからである。より広域から人が集まるエリアが形成され、ＳＣが当該商圏に求められる役割を担い、住民・顧客から支持されるならば中枢都市を目指す自治体への大きな支援策となる。

一方、自治体が中枢都市となることでＳＣも広域を代表する大型商業施設としての地位を固めることができ、競合ＳＣに対しての優位性も確立することが可能である。例えば、兵庫県では姫路市を中枢都市とする８市町村の広域連携（市町村連合）が進行中である。もとより同市は総務省の勧めた定住自立圏構想でも中心都市として機能したいと考えていた。市が中枢都市となったならば、「ピオレ姫路」（ＪＲ西日本アーバン開発）は広域を代表するＳＣの地位を得ることが可能となる。広域商圏を狙うシネコンや水族館などのマグネット、大型店は広域をカバーするＳＣにこそ出店する。逆にサテライト的地位となった自治体に立地するＳＣには出店は消極的となる。

「ピオレ姫路」は地域の伝統工芸や新しい発想の物づくりを発信するポップアップショップ「ピオレラボ」を施設の主動線に配置するなど、地域連携施策を実施し、住民や地元企業からの支持を取り付けている。こうした試みは立地する自治体を中枢都市へと押し上げるポジショニングに貢献している。

②三大都市圏とＳＣ

一方、三大都市圏に立地するＳＣも自治体間のやり取りを注視すべきである。三大都市圏の広域連携は、圏内の自治体に際立った中核都市がないことから、地方圏のような複数自治体間で協約する調和的な集合体が生じにくい。よって隣接する自治体同士でより熾烈な競争が生じている。

神奈川県では海老名市が市域内のSCなど都市機能誘致において厚木市と競っているケースや、千葉県の流山市と松戸市の転入をめぐる競争などがそれにあたる。また平成に合併がなされた自治体内には、行政区同士で商業集積をめぐる競争が続いているところもある。

いずれにしろ今後はSCのポジショニングというものがSC間競争だけではなく、自治体間の競争と強く関わり合っていくことになる。

地域、行政とも連携する玉川高島屋SC（東京・世田谷区）

2 立地適正化計画とSC

①進むコンパクトシティ構想

国土交通省の都市再生特別措置法（改正案）に基づく「立地適正化計画」（2014年提唱）とその課題について考察する。

国土交通省は※「コンパクト・プラス・ネットワーク」を促すための施策として立地適正化計画の策定を自治体に勧めている。これは、老朽化する道路・下水道・公共施設の維持管理費を抑制し、また行政サービスの提供範囲を地理的に集約することで効率をはかるというものである。具体的には、自治体に居住誘導区域と都市機能誘導区域の網かけを任せ、住民や民間事業者が誘導区域内に移転することへのインセンティブ（報酬）を付与するという施策である（誘導区域外の開発を抑制するという側面の方が強いかもしれない）。

「コンパクト・プラス・ネットワーク」の評価基準は人口密度である。その成功事例としては、バス・大型の乗り合いタクシー・自転車等の低次モビリティ（移動手段）をネットワーク化した石川県金沢市や福岡県糸島市などがある。

かつて自治体にとって国土交通省は敷居の高い存在であった。しかし立地適正化計画に際し、国は自治体とつながる24時間のオンラインを結んだ。こうした取り組みは、自治体の本気度を上げる効果ももたらした。しかしながら立地適正化計画には二つの課題がある。

一つ目は誘導区域の網かけがコンパクトになっていないことである。この施策の初期段階において、ある自治体はすべての市域にわたり居住誘導区域の網をかけたことがある。これではコンパクトシティにはならず、さすがに国土交通省も区域の限定をより細かく指導するようになった。しかし、自治体にしてみればなるべく広く網をかけることで住民からの不満をそらし、国からの補助をより多く取り付けようとなりがちである。これが「コンパクト・プラス・ネットワーク」の矛盾となっている。

二つ目は各自治体の求める都市機能がまるで中枢都市さながらの総仕様になっていることである。その中には、SCと目される施設も入っている。

②商圏立地の変容に注視すべき

SCは、商圏立地・マーケットインを大前提に開発をしてきた。したがって商圏ボリュームの小さい立地には成立しないのである。

本来、立地適正化計画は自治体同士の広域連携の文脈で策定すべきものである。まず上位に広域連携がある。そのもとで、中枢都市を選び、他はサテライトとして地域全体のクラスター（集合体）の中で「コンパクト・プラス・ネットワーク」を考える方が現実的である。すべてのＳＣが総仕様ではないように、すべての自治体もまたそういうわけにはいかないのである。例えば中枢都市には広域行政機能を設置し、サテライト都市の何れかには広域医療機能を集約するといった具合に役割分担をする。

もちろん、サテライトにも市庁舎や病院はネットワークとして存立する。経費削減だけの統廃合ではなく、医療連携としての「コンパクト・プラス・ネットワーク」を形成し、地域全体の有事への備えとする取り組みも始まっている。千葉県旭市の総合病院国保旭中央病院などの「ハブ・アンド・スポーク」による広域医療連携がそうである。さらに、人口密度の低いサテライト都市にはＣＣＲＣ（Continuing Care Retirement Community＝高齢者が安心して暮らせる生活共同体及び施設）のような生活・文化機能を持たせることで、役割分担が可能である。

立地適正化計画の都市機能の誘導は必ずしも鉄道駅立地である必要がないことも述べておく。郊外立地であってもバス等交通結節点があり、理想をいえば自転車がバスに乗り入れ可能な「バイク&ライド」があり、病院や文化・交流施設・住宅が集約していれば国土交通省は立地適正とみなす。その点、経済産業省の中心市街地活性化とは考え方が異なるのである。このことから複数自治体の商圏にまたがって立地する郊外型ＳＣも、宅地開発と都市機能の誘致情報を注視することで新たな機会を得ることができる。

今後全国で100以上の広域連携（市町村連合）が生じる可能性がある。広域連携と合わせて、立地適正化計画の進展はSCのポジショニングと深く関わっていくことになる。

※都市機能を集約するのと同時に、公共交通と通信網により地域全体をつなぐこと。

3 公共施設等総合管理計画とSC

①自治体の抱える公共施設

自治体は税収減と社会保障費増に加えて公共施設の老朽化問題を抱えている。国も自治体も1970年代からバブル期に渡りタテ割り行政で「真に必要としない」公共施設を造り過ぎた。そのせいで国・自治体は全国に20万を数える重複機能の公共施設を維持・管理している。そこで総務省は自治体に対し公共施設等総合管理計画の策定を求めている。要するに公共施設を減床しろということである。自治体側もほとんどがこの計画を提出済みである。

もとより公共施設は住民サービスの原点から補助金・交付金等で建設され、同一的なサービスを保つために、全国的に設置したものである。これが人口減社会と適合しなくなったことから公共施設等総合管理計画が策定され、指導されたのである。合わせて国は、公共施設等適正管理推進事業債に対し交付税を交付している。自治体は交付税付き起債により財政的に有利な借入ができるが、一方では交付税をできるだけ抑えたいといった財政事情がある。国は自治体間の競争を煽ることなく中・長期的な視野に立ち取り組む必要がある。また国は隣接した自治体同士が連携した施設に対しては措置することも考えるべきである。

②公共施設再生計画モデル事業

自治体の地方財政計画の歳出の推移を見ると、社会保障関係費等の一般行政経費の増加分をカバーすべく、給与関係費と投資的経費を減らす抑制策が基調となっている。こうした中で千葉県習志野市のとった注目すべき投資事例が「生涯学習複合施設　プラッツ習志野」(２０１９年オープン)である。市内の老朽化した公共施設を４つ廃止して、代わりに中央図書館・中央公民館・市民ホール・スポーツ・公園・子育て支援の機能を合わせたミクストユースの複合公共施設を新設した。これを京成大久保駅隣接の中央公園に集約している。

習志野市の人口推計は２０２６年がピークで、その後は緩やかに減少する。一方、社会保障費は国の試算では高齢者人口がピークを迎える２０４０年まで増え続ける。マクロ環境の変化に対応して習志野市は、投資的経費を捻出できるうちに公共施設の適正管理を推進した。これが「公共施設再生計画モデル事業」として評価された理由である。そこには未来を自分事とし、「未来の赤ちゃんにツケを残さない」とする首長の決意が感じられる。子育てに注力する自治体は周辺自治体から生産年齢人口の転入を促進することが可能である。事実、習志野市のタワーマンションは売れている。逆に言えば、周辺自治体は高齢者比率が高くなっていく。ＳＣは立地する自治体が今後どのような人口動態となるかでテナント構成等の影響を受けることとなる。

「プラッツ習志野」のオープニングイベントの中に「習志野市の課題をゲームで解決？公共施設再生ゲーム」という企画があった。公共施設の老朽化問題に取り組むボードゲーム大会を通して市民の市政への関心を高めようというものである。廃止した公共施設は普通は財産化して払い下げるか、定借で民間事業者に貸し付けて市の収入とすることが可能である。

ちなみに全国の公的不動産は民間不動産に比べて一等地立地が多く、その総資産は５９０兆円である。公共施設等総合管理計画の推進は民間不動産ディベロッパーにとってもビジネスチャンスとなっている。福岡市の大名小学校や東京都豊島区役所などはその好例である。

③ ＳＣの老朽化問題

一方、ＳＣも老朽化問題を抱えている。ＳＣの総数の３分２が築20年以上と老朽化している。

SC業界には総合管理計画的な指針がないため、顧客の支持を得た事業性のあるSCこそが生き残る。減床するSCがどれなのかを決めるのは市場である。

今後は公共施設の減床とSCのそれとが一体となり、SCの床に社会教育・文化施設等の公共公益的機能を持たせる方法も一つの可能性を秘めている。公共施設にしろSCにしろ地域住民・顧客からみればいずれも公益的不動産である。

4 PPP/PFIとSC

① PFI事業の方式

公共施設等総合管理計画と歩調を合わせる施策として、内閣府のPPP/PFI（プライベート・ファイナンス・イニシァティブ＝民間資金主導）がある。PFIは、公共事業を実施する上で民間の資金、ノウハウ等の活用により、公共施設の整備等に係るコストを縮減するのが目的である。

内閣府PPP（パブリック・プライベート・パートナーシップ＝官民連携）/PFI推進室によると1999年～2018年の間に740件のPFI事業が実施されている。このうち250件は、社会教育・文化施設である。

ＰＦＩ事業費は２０１８年までの累計で６兆２３６１億円にのぼり、さらに「ＰＰＰ／ＰＦＩ推進アクションプラン（２０１９年改定版）」によるとＰＰＰ／ＰＦＩ事業の事業規模目標を２０１３年～２０２３年度の10年間で21兆円と設定している。ＰＦＩの事業方式としては、次頁の表にまとめた。

この内、民間事業主にとって税制上の恩恵を得るＢＴＯ方式が多く採用されている。それは全体の71％を占めている。

狭義のＰＦＩとして他にも、ＤＢＯ（Design Build Operate）というものがある。ＰＦＩでは民間が資金調達をし建設主体となるがＤＢＯでは官がそれらを担い、民は建設請負と運営管理を担う。ＤＢＯは都市圏の20万人規模の自治体であれば成立しやすい。首都圏では神奈川県平塚市などがそれに当たる。

また空港・マイス（ビジネスイベント、国際会議のためのコンベンションホール、展示場などからなる複合施設）、文教施設などで使われるコンセッション（営業権の容認）方式がある。コンセッション方式は民間に営業権があり、施設使用料について民間が決めることができる。

コンセッション方式は、コロナ禍により大きなリスクを負ってしまったが、今後は損害の分散と官民の協議により有効な施作となるだろう。

②ＰＦＩの事例

先に紹介した「プラッツ習志野」は市として初めてのＰＦＩ事業（ＢＴＯ・ＲＯ方式／サービス購入料・利用料金制・独立採算混合型）を採用した。公募によりスターツコーポレーションや熊谷組でつくるグループが事業者に選ばれた。

その事業費は約22年5カ月にわたる設計・建設から運営までを合わせて72億円である。この内28億円は、20年分の運営・管理費（人件費含む）である。イニシャルコストに20年分のランニングコストを含ませた事例で似ているのは、安田不動産が２０１３年に開発した複合商業施設「ワテラス（WATERRAS）」である。千代田区立淡路公園と接続するワテラス広場のグランドレベルに「WATERRAS COMMON」（ホールやサロン、オープンギャラリーで構成）という公共公益機能を持っている。安田不動産は、そこを拠点とする「一

PFIの事業方式

BTO (Build-Transfer-Operate)	PFI 事業者（民間）が公共施設等を建設後に公共へ所有権を移転して PFI 事業者が運営する方式。
BOT (Build-Operate-Transfer)	PFI 事業者（民間）が公共施設等を建設後に自ら運営して事業期間満了後に公共へ所有権を移転する方式。
BOO (Build-Own-Operate)	PFI 事業者（民間）が公共施設等を建設後に公共へ所有権を移転せずに自ら運営する方式。

般社団法人淡路エリアマネジメント」の20年分の運営費（人件費含まず）を開発費に含ませて開業した。未来を見据えたまちづくりにおいて公共施設にしろSCにしろ20年というのは妥当なタームなのである。

③ PFIの課題

内閣府は、初期費用10億円・1年間のランニングコスト1億円以上の事業であれば自治体に対しPFIを推奨しているが自治体はあまり乗り気ではない。その理由ともいえるのが次の四つである。

一つ目は、事業の検討から着工までに行政各部局の調整のため随分と時間がかかること。そのため緊急を要する事案にはそぐわない。また時間がかかるだけではなくて、煩雑な事務作業が自治体担当者、民間事業者双方の負担となることも課題となる。

二つ目は、自治体担当者の多くが民間事業者の立場を十分には理解していないことである。自治体の提示した予定価格が実勢価格と甚だしく乖離するなどはその代表例である。

三つ目は、事業の評価が20年相当の時系列ではなくてスナップショット的に判断されていることである。これは我が国の行政マンの多くがPFIにとって最も重要な概念となるVFM（バリュー・フォー・マネー）（註1）について疎いことが理由であろう。アメリカと比較してみよう。アメリカの連邦政府は日本の地方交付税のような財政措置を行っていない。その代わりに一般投資家が事業性を厳しくチェックをして、州や地方自治体等が自ら実施する事業にのみ起債が可能となる（註2）。これと比べてみるとわが国は公共施設の開発と合わせて運営・管理により不動産価値を上げる未来創造の観点が弱いというわけである。

四つ目は、民間事業者が自治体の条例にしばられることから施設使用料を自由に決められない点である（ただしコンセッション方式はこの限りではない）。

以上の課題がありつつも、官民の信頼をベースにしてSCマネジメントの開発と運営・管理手法を取り入れることで課題解決につなげれば、PFIは進化していく可能性をもっている。

④SCマネジメントによるPFIの課題解決

SCが成立する商圏立地でのSCマネジメントを活用したPFIの可能性について述べる。PFIを使って建設する公共施設とSCとが融合したミクストユースの都市機能は一つのモデルとなり得る。開発する複合施設のSC部分はSCの予算で運営・管理し、それと隣接する公共施設部分については官費で管理する。SCが公共施設部分の指定管理者となるなら複合施設全体をSCマネジメントにより一体的・総合的に管理ができ、官民双方のメリットにつなぐことができる。

ＰＦＩの作業が煩雑であることを解消するのに国土交通省の定める「ＶＦＭ簡易計算ソフト」を字義通りのものとすべく、ＳＣの収益計算方法を参考とすることもＰＦＩの課題解決となる。

ＳＣ開発では、20年タームの時系列でＶＦＭを判断するのが一般的である。これをＰＦＩに求めていくことも有効である。

ＳＣマネジャーの人材育成プログラムを自治体の職員ＰＦＩ担当者が学習することは、官民の認識の隔たりを埋める上で最も有効である。同時にＳＣマネジャーも国・自治体の施策をしっかりと学ばなければならない。案外にＳＣマネジャーは、国・自治体の施策学習について無関心なところがあり、これに対する啓発活動をおこなう必要がある（註３）。

註１　ＶＦＭ（value for money）
税金のコストパフォーマンスを最大限に引き上げること。例えば、これまで１００億円の税金を使ってきた公共サービスをＰＦＩによって80億円で実施できる場合、20％のＶＦＭが得られたことになる。
註２　アメリカの州・地方自治体・公社等によって発行される地方債（Revenue 債）。調達資金の使途及び償還原資の財源が特定される。発行主体である州や地方自治体等の投資に対し投資家からの厳しいチェックが入ることから無駄な開発の抑制と中長期的な視点による都市再開発事業の将来性の精緻化につながる

註３　国土交通省都市局まちづくり推進課官民連携推進室によると、官民連携まちづくりの推進にあたり留意すべきことは以下の通りである。

先ず行政は、①職員が民間の取り組みを可能な限り支援するマインドに変わること②ある案件を担当部署だけに任せるのではなく、庁内で横断的なバックアップをする③支援にあたっては、民間の経営的視点やスピードを行政もよく理解することが必要

そして民間は、①活動が地域に与えるインパクトについて意識し、いわゆるパブリックマインドをもつこと②民間を支援したいマインドを持つ行政職員の立場も理解し、味方につける必要がある

5　エリアマネジメントとＳＣ

①エリアマネジメントを活用する開業期のＳＣ

いまわが国の主題は、公助から自助・共助（互助）へといかにしてシフトするかである。エリアマネジメントは、その解決策の一つである。

国土交通省は、エリア（単位地区）の課題を解決し、価値向上につなげるモデルケースとして次の三つを挙げている。共にエリアマネジメントのビジョン・組織・活動財源・活動拠点と利用規約・活動内容とＰＤＣＡを周到に計画・実施していることで評価が高い。

一つ目は、わが国初のエリアマネジメント組織で２００２年開業の丸ビルと同時に設立

した「NPO法人大丸有エリアマネジメント協会」である。二つ目は、グランフロント大阪開業の前年である2012年に設立した「一般社団法人グランフロントTMO」である。三つ目は、札幌駅前通地下歩行空間（チカホ）の開通の前年である2010年に設立した「札幌駅前通まちづくり会社」である。これらの三つはそれぞれ都市型SCとの開業時ないしは1年前から研究、マーケティングでつながりが深い。

SCの開業プロモーションのプレビューとなるティザー告知において、エリアマネジメント組織の打出すPRやイベントとの相乗効果を狙うのが一般的になってきている。2015年開業の品川シーズンテラスは、NTT都市開発・大成建設・ヒューリック・東京都市開発の民間4社と東京都下水道局の官民連携により開発した複合施設である。その立ち上げ期（2015年〜）における集客と認知度の拡大をエリアマネジメント活動を通じて成功させている。まちの個性に合ったイベントの実施と、テレビドラマのロケ地誘致などPRに注力していることが特徴である。

②エリアマネジメントの活動財源

エリアマネジメントの活動目的は、エリアの課題解決とエリアの価値向上の二つである。活動内容としては、単位地区の清掃・植栽管理・違法駐輪対策・防犯・防災・防疫訓練等のボランティア活動と、エリアのブランディングにつなげるPRや集客イベントが中心となる。これをSCに置き換えてみるとファシリティマネジメント（施設管理）とプロパティマネジメント（運営管理）の内の販促プロモーションに該当する。実際、SCからの分担金等をエリアマネジメントの活動財源にするのは、SCにとっても立地する地区の課題解決・価値向上が期待できるからである。SC単独ではなくて地域ぐるみで課題解決に取り組むならばエリアマネジメントとSCマネジメントは同義といってもよい。共通点としては、エリアマネジメントのイベントもSCのそれもKPI（重要業績評価指標＝目標達成に向けた取り組みの評価指標）が集客数となり、エリアのオフィス入居率や地価向上、SCの売上げにその集客がどれだけ貢献しているかのひもづけが難しいことである。

エリアマネジメントの活動財源には、以下のものがある。

1.ビルオーナーなどエリアに立地する事業者が負担する分担金

前述の三つのエリアマネジメント組織もこれを財源の一つとしている。「一般社団法人グランフロントTMO」はBID（Business Improvement District）の手法を取り入れている。2018年2月の地域再生エリアマネジメント負担金制度により、エリア内事業者3分2の同意があって、これを自治体が認可すると5年間の負担金義務化も可能となった。

2．オープンスペース（イベント広場等）の貸し出し及び広告収入。
貸し出しはイベントだけではなく、常設のテナントを入居させ賃料を取ることも可能。ちなみに、（一社）日比谷エリアマネジメントは都市再生推進法人として官地のステップ広場に「ディーンアンドデルーカ」をテナントにし賃料収入を得ている。

国土交通省の施策である、「官民ボーダレス（官地と民地の一体的利活用）」により公道をオープンスペースとみなし、利用しやすくなった。エリアマネジメント組織が自治体首長の承認を得て都市再生推進法人となることでこの施策は使いやすくなる。都市再生推進法人は「ウォーカブル区域の都市公園リノベーション協定」を結ぶことが可能であり、これにより公園との一体活用が認められる。

3．自治体からのまちづくりに関する業務委託費
ＳＣの立地する地区を含め、ある地域全体のまちづくりに関する調査・実証実験費を自治体が負担する。さいたま市が指定する都市再生推進法人である「ＵＤＣＯ（アーバンデザインセンター大宮）では、大宮駅周辺地域戦略ビジョンの推進を目的とした市からの業務委託の一部としてエリアマネジメントに関する調査・社会実験を行っている。

③「キャッセン大船渡」方式

　エリアマネジメントの好例といえる。大船渡市は大船渡駅周辺地区において土地区画整理事業（約33．8ha）と津波復興拠点整備事業（約7．7ha）を組み合わせ、JR大船渡線から海側の土地を買い取って商業・業務地区として整備し、居住の制限と商業・業務機能の誘導を進めた。これにより2017年に開業した複合商業施設が「キャッセン大船渡」である。市はその開発・運営にあたりエリアマネジメントの手法を導入している。これにより投資的経費を捻出し、事業継続性も担保したことが特徴である。

　2014年3月に市は大和リースと

キャッセン大船渡

「エリアマネジメント・パートナー協定」を締結した。これを機にエリアマネジメント実現に向けた課題を抽出し、設計・建設と運営の仕組みづくりに大和リースの資金とノウハウを活用したのである。協定はまちづくり会社が借地人となる商業街区の開業をもって終了したが、まちづくり会社であるキャッセン大船渡の経営に参加することでいまも大船渡市の復興の支援を続けている。

エリアマネジメントの組織づくりに欠かせないことは先ず、まちづくりビジョンの策定である。キャッセン大船渡では「100年後の大船渡人に引き継ぐマチ文化」とそのビジョンを描いた。次に重要なことは組織づくりの手順である。キャッセン大船渡は次の手順を踏んでいる。

2014年3月　市と大和リースで「エリアマネジメント・パートナー協定」締結。
　　　7月　市・商工会議所等で「大船渡駅周辺地区官民連携まちづくり協議会」を設立。大和リースは副会長に。
2015年4月　市(2名)・商工会議所(2名)・大和リース(1名)で協議会内に「まちづくり会社設立準備室」を設置し、エリアマネジメントの目的・組織形態・資本構成・事業内容を熟議。

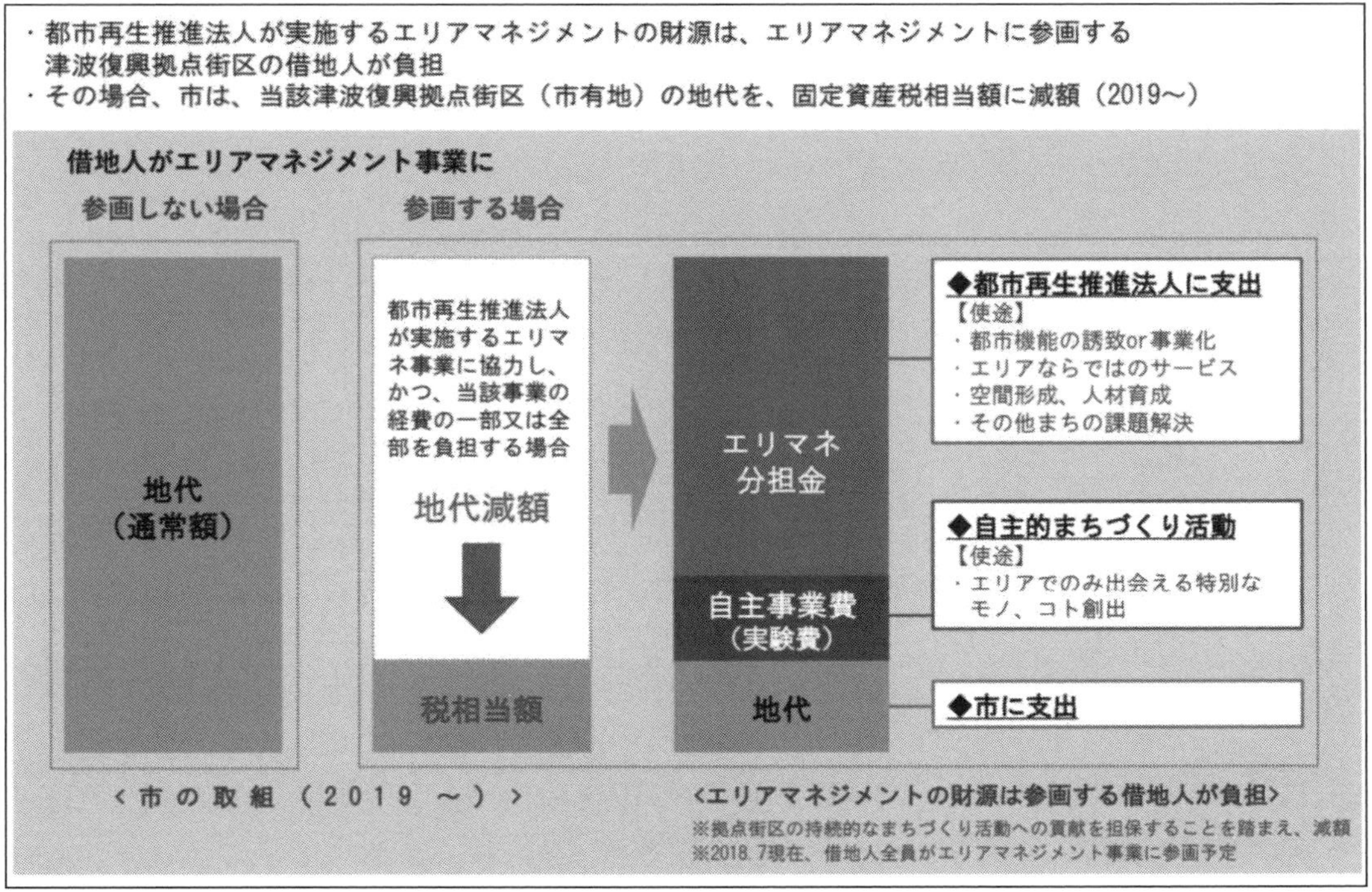
・都市再生推進法人が実施するエリアマネジメントの財源は、エリアマネジメントに参画する津波復興拠点街区の借地人が負担
・その場合、市は、当該津波復興拠点街区（市有地）の地代を、固定資産税相当額に減額（2019～）
借地人がエリアマネジメント事業に
参画しない場合
参画する場合
地代（通常額）
都市再生推進法人が実施するエリマネ事業に協力し、かつ、当該事業の経費の一部又は全部を負担する場合
地代減額
税相当額
エリマネ分担金
自主事業費（実験費）
地代
◆都市再生推進法人に支出
【使途】
・都市機能の誘致or事業化
・エリアならではのサービス
・空間形成、人材育成
・その他まちの課題解決
◆自主的まちづくり活動
【使途】
・エリアでのみ出会える特別なモノ、コト創出
◆市に支出
＜市の取組（2019～）＞
＜エリアマネジメントの財源は参画する借地人が負担＞
※拠点街区の持続的なまちづくり活動への貢献を担保することを踏まえ、減額
※2018.7現在、借地人全員がエリアマネジメント事業に参画予定

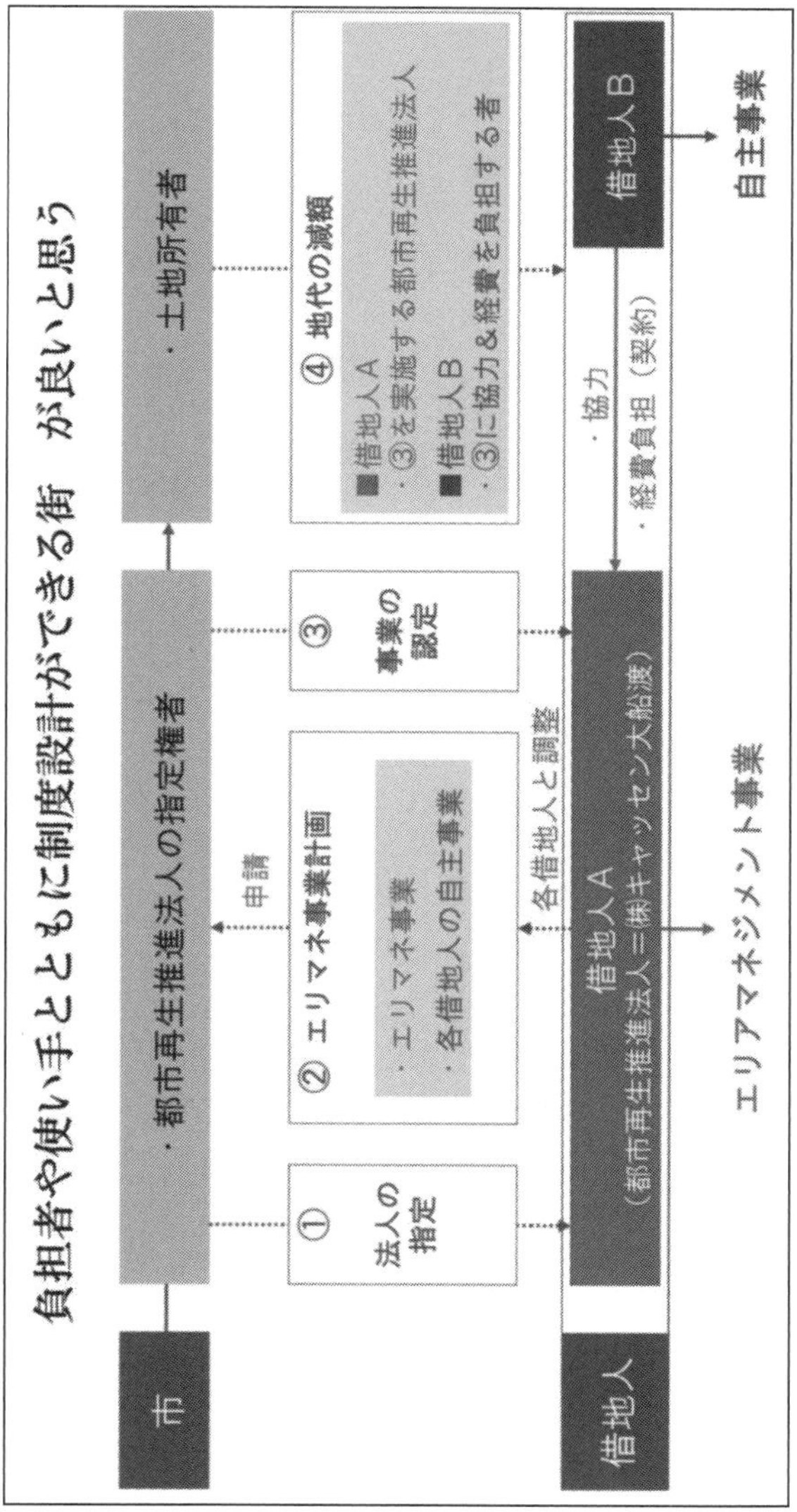

エリアマネジメントの制度と事業

8月　協議会がタウンマネージャーを公募・選任し、「まちづくり会社設立準備室」に合流。

12月　市・商工会議所・大和リース・借地人企業3社・金融機関3行が出資しまちづくり会社「キャッセン大船渡」を設立。

2年足らずの間に着実に組織化を進めていることがわかる。そこには市・商工会議所の復興への強い意志が感じられる。そして、SCディベロッパーである大和リースの協力である。複雑なステークホルダーへの調整は、民間のスピード感に理解ある市職員とパブリックマインドをもつ大和リース社員の協働の賜物であった。

三つ目に大切なことは、活動財源である。これについても、「大船渡方式」とでも呼ぶべきユニークな方法を編み出している。すなわち土地所有者が市であることを活かし、地代の一部をエリアマネジメントの財源としたのである。これは、震災前の商店街の小規模事業者を原則として商業施設のテナントとし、他のナショナルチェーンと合わせてその地代の一部をエリアマネジメント分担金として、都市再生推進法人でもあるキャッセン大船渡の収益にし、そのエリアマネジメント分担金から事業資金を捻出するというやり方である。市が地代を減額することで承認されたのもエリアの価値向上をはかるエリアマネジメント組織の公共的活動財源であることが認められたからである。

四つ目に重要なことは、活動拠点である。「キャッセン大船渡」のコミュニティースペースなどの民地と道路・河川の官地の一部をつないで一体活用を目指している。五つ目は、コミュニティイベント等の活動内容である。SC単独ではなかなかできない住民・顧客参加が実現できている。ともすればスナップショット的になりがちな計画は、官民連携により中・長期的視野に立って策定することで事業化が可能となる。

以上のように、自治体とSCディベロッパーによる官民連携の加速を大船渡にみることができる。

6 行政サービスの商品サービス化とSC

① 受託可能な行政サービス

極論すれば、自治体が民間に委託可能な行政サービスは徴税権等の公権力の行使以外ほとんどである。次頁にSCやテナントが受託可能な行政サービスのコンテンツと受託事業者側を抽出してみた。

表のように、行政の商品サービス化の大半は無料・有料イベントとしてSCが肩代わりできることが分かる。低所得者にはマイナンバー制度によりバウチャー（支払い保証）券を発行することで本人の負担を軽減することも可能。バウチャー券の原資は自治体が支払う。また、行政サービスを有料の商品サービスとするからには、民間によるサービスの質向上は必須である。これはSC・テナントの最も得意とするところである。

一方、徴税や給付金等は商品サービスが困難な領域である

サービス	取り組みの方向と受託事業側
スポーツ 文化 生涯学習	スポーツとしてはコナミスポーツ等が指定管理者になっている。文化・生涯学習としては相鉄ライフ二俣川と柏高島屋ステーションモールに人生100年時代の会員制地域交流サロン「オトナ塾 grand」がある。（註1） SCにとってこの分野は、商品・サービス化がしやすい。
図書館	カルチュア・コンビニエンス・クラブ等が指定管理者になっている。ブックカフェ、「ブックアンドベッド」「まちライブラリー」「文喫」など書籍を閲覧できる業態テナントは多種存在している。鹿児島県の単館SCが自治体から図書館設立を断られたことを理由に、ディベロッパー直営の超大型書店をアンカーとして開発した事例もある。
市民交流	大和リースが中間支援組織の「まちサポートスポット」（註2）として既に実施している。

ボランティア 協働 地域コミュニティ	ＳＣとテナントと地域団体でつくるエリアマネジメント活動として実施可能。テナントとしてはヤマトグループの「ネコサポステーション」（註３）が既に実施している。
防災・防犯 防疫のサポート	備蓄・訓練・啓発活動をＳＣとテナントと地域団体でつくるエリアマネジメント活動として実施可能。
健康増進	クリニック・ドラッグ・リラクゼーション・ヨガスタジオ・ジム等テナントの協力による各種アクティビティにより実施可能。
子育て	託児施設や、キッズ向け商品・サービスを提供するテナントと連携した各種セミナー・ワークショップにより実施可能。
男女平等 人権	ＳＣと地域団体が協力して啓発イベントとして実施可能 ＬＧＢＴ向けのテナントとして「ジェンダーフリーハウス」もある。
環境	「川崎ルフロン」の水族館は地域の学校と連携し、環境啓発に協力している。

福祉	岩手県北上市の「江釣子ショッピングセンターPAL」では障がい者福祉施設「ハートフルショップまごころ」をテナントとしている。マルイ錦糸町店では「ミライロハウスTOKYO」をテナントとしている。
産業振興	SCによるテナント企業と地元企業の商談会や、スタートアップ企業のインキュベートが実施可能。広島県福山市の「リム・ふくやま」（2020年8月に閉館）は「FuKu-Biz」をテナントとし、地元企業の売上げ向上につなげる専門家による無料相談を実施。
住宅情報	ハウスメーカー系などのテナントが実施可能。
観光案内	旅行代理店などのテナントが実施可能。
スポーツ	スポーツ用品店の集客イベントとして実施可能。
住民票等の写し等の交付手続き	コンビニエンスストアのコピー機で既に代行している。
選挙時の投票所の設置	野村不動産インベストメント・マネジメントの「モリシア津田沼」等で既に実施している。

②社会教育・地域コミュニティ育成とSC

社会教育とは何か。それは自らの学習・交流活動を通して社会とのつながりを知り、様々な課題を見つけ、その解決のために創意工夫を繰り返す。その自己教育・相互教育により、自らが偽りの情報と偏見から離れ、多様かつ流動的な「当為としての地域コミュニティ」を形成・育成することである。（註4）

もしくは、社交的なしつけやマナー啓発を含む文明化（civilization）のことである。（註5）政治が生活様式を規定することは許されない。しかしながら、社会教育においてはマナー啓発という形で新しい生活様式の受容を促すことができる。社会教育とは平時における有事への備えとも考えられる。

一方、SCが「地域課題解決業」であるならば、SCにとっても「当為としての地域コミュニティ」の形成・育成はミッションである。社会教育会館・地域コミュニティセンター・市民交流プラザ等公共施設の社会教育機能はSCが担うことができると考える。

社会教育行政の領域を商業ベースに明け渡すことを許さないとする声も多いだろう。しかし今世紀になって社会教育とSCのあり方は次のような変化をみせている。

・行政による利用者管理の限界

・学習・交流活動を望む人々が選ぶ居場所の多様化

・ＳＣマネジメントの地域コミュニティ育成戦略の深化

社会教育会館・青少年センター等の公共施設の利用者は、ややもすると特定少数の古参・常連が居座ってしまい、初めて利用する者にとってはどこか肩身が狭くなるケースがある。施設管理者は、古参・常連の利用者との固定的な関係から離れることができず、そのため施設は活性せず、地域の交流活動は広がりを見せないのである。

一方、新たに学習・交流活動を望む人々はその時々の気分により赴く場所を使い分けるようになった。ランドリーカフェ、ジムのレストスペース、ホテルエントランス、病院の待合室、複合ビルの公開空地、それとＳＣが内包する様々な共用パブリックスペースである。

ＳＣのセンターコート等パブリックスペースは、その時々においてワークショップやミニコンサート等のイベントを打つことでフリーのシーティングスペースをイベントスペースに転用することがある。これが居座り続ける固定メンバーを自然と移動させる作用をもたらしてくれる。また、ＳＣが単なるショッピングの場ではなくて地域のコミュニティの場になろうとしてきたことも大きな変化である。この変化がより

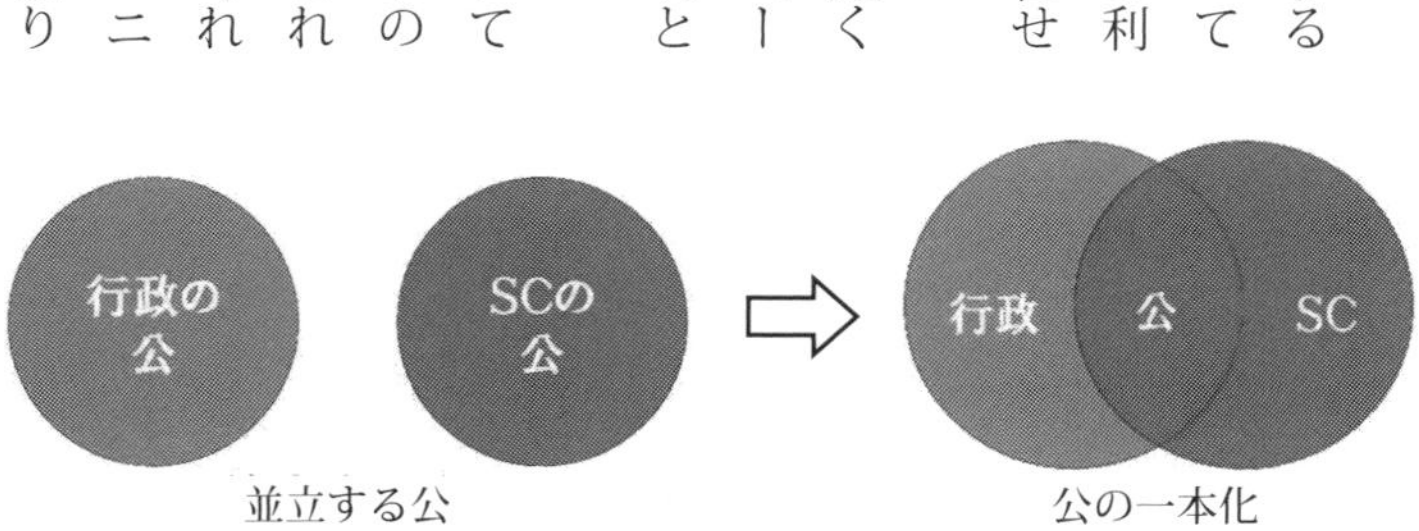

並立する公　　公の一本化

深化し、ＳＣのパブリックがより自由で開かれた地域の居場所となるならば社会教育機能を担うのにふさわしい施設となるはずである。そして、その役割のステージはさらに発展し、同時にＳＣの社会的責任は高まる。

③ＳＣの生活文化センター化

次は第1部で登場した倉橋良雄の言葉である。

「これからのＳＣはショッピングのセンターにとどまっていてはその役割を果たせない。将来のＳＣは地域生活者のためのコミュニティーのセンターとなり、最終的には生活文化センターを指向せねばならないであろう。なぜならば物質的豊かさをかち取った生活者は「ゆとりある楽しい生活、人間らしい生活」を求める。いわゆる生活者のレジャー指向がそれである。次にそれらのよりよい生活をより多く、より長くエンジョイするためには健康の維持増進が望まれる。いわゆる生活者の健康指向がそれである。さらに楽しく健康な生活をかち取った人々の欲望はより高度の知識教養など精神生活の充実に向かい、これがいわゆるカルチャー指向である。

以上のレジャー指向、健康指向、カルチャー指向する生活者へのサービスを提供しようとしているのが先ほど述べたＳＣのカルチャーセンターである。」（繊研新聞１９８２年７

月14日号)

この言葉に先立つこと1980年1月1日に倉橋は「玉川髙島屋S・C」のディベロッパーとしての使命が、商業不動産管理業から「地域コミュニティ育成事業」へと移行したことを宣言している。それから40年である。いまや、レジャー・健康・生活文化は、SCが概念として据える事業領域となっている。

「玉川髙島屋S・C」のカルチャーセンターとは1978年にスタートした「コミュニティクラブたまがわ」のことである。地域のコミュニティペーパーからその活動は始まった。現在は、たまがわ生活文化研究所(1985年にディベロッパーの東神開発が子会社として設立)が直営する地域のコミュニティセンターである。「NHK文化センター」や「よみうりカルチャー」のようなテナントとは性格を異とする。

倉橋はこう続ける。

「コミュニティクラブたまがわは、もちろん利益を目的とする施設ではない。地域生活者の『ゆとりある生活』へのサービス施設であり、会員相互の親ぼくを深めるコミュニティーのセンターに育てたいとともに、カルチャーサービスを強化していくことによってSCを土台とする生活文化センターを目指している。」

日本のSCが社会教育機能を担うのにふさわしい施設となる萌芽は1980年代初期に

あったことがわかろう。

「コミュニティクラブたまがわ」の機能を改善させたものに「フーズビューロー」と「玉川テラス」がある。

2003年、食品ゾーンの中心部にお客様同士で食に関する紹介、推奨するコミュニティスペースとして、「顧客による顧客のための情報相談カウンター」をコンセプトとした「フーズビューロー」はスタートする。これもよく混同されるが「フーズビューロー」はインフォメーションカウンターとは性格を異とする。インフォメーションカウンターだと、例えば羊羹を扱うテナントの案内であればすべての店舗を伝えなければならない。しかし「フーズビューロー」は、羊羹がお使い物なのかご自宅用なのかを傾聴し、それに適したアイテムとテナントをアドバイスするのである。「フーズビューロー」は業務ではなく、ある種の自発的なボランタリーにより運営がなされている。

2011年、本館屋上のギャラリーを用途変更して会員制サロン「玉川テラス」はスタートする。いわゆるカルチャースクールとは性格を異とする。会員同士がその得意とすることを教え合うという仕組みが機能しており、社会教育でいう相互教育が実践されている。

このようにSCの生活文化センター化は、着実に成果を生み出してきた歴史をもっている。

註1「オトナ塾grand」
自由に使える書斎スペースをイメージ。会員間の職種・世代・肩書を超えた交流やつながりの育みを目指す。1回2時間で500円（税別）終日1000円（税別）で利用でき、月額料金の会員コースもある。
註2「まちサポートスポット」
大和リースが中間支援NPOとなって運営する。飛騨高山、稲毛、神戸、茅ケ崎、恵み野、鳥栖、仙台と全国の自社SCで展開。地域の住民やNPO法人、企業などが交流するスペースとして区画を開放している。
註3 ネコサポステーション
ネコサポとは「くらしのネコの手サポート」の略称。ヤマトグループが運営する。グリナード永山、テラスモール松戸などにテナントとして入居。電話で簡単に注文できる買物サービスや、ちょっとしたお困りごとに応える家事サポートサービスを提供。地域農産物の直販など各種交流イベントも実施している。
註4 北田耕也著「大衆文化を超えて―民衆文化の創造と社会教育―」（国土社 1986年）
註5 彦坂裕著「誘惑のデザイン 都市空間と商業環境の未来を構想する」（繊研新聞社 2016年）

7 官民連携を加速するSCの可能性

① SCテナントとしての公共施設

公共・公益機能をもったSCとしては、公共施設自体をSCのテナントとするケースがある。トヨタオートモールクリエイトの「トレッサ横浜」は南棟3階に横浜市の生涯学習と地域交流機能を担う「横浜市師岡コミュニティハウス」をテナントとしている。自治体にとって公共施設を新たに建設するよりも、地域で集客が安定している民設のＳＣ内に借家することはイニシャルコストを下げるメリットがある。今後ＭＤの見直しが求められるＳＣにとっても社会教育・文化施設等の公共・公益機能を持つテナントへの床貸しは解決策の一つとなる。

公共施設にとっても、利用率を上げるメリットがある。事実、市民の利用率は85％と好調である。「横浜市師岡コミュニティハウス」は「一般財団法人こうほく区民施設協会」が市の指定管理を受け運営している。横浜市が負担する施設のランニングコストには指定管理料以外にテナント賃料が加わるが、自治体にとってはよい手立てといえる。

これと似て非なるケースとして、中心市街地立地で破綻した商業施設の空き床を埋めるべく公共・公益機能を入れ込むケースがある。青森市や、宇都宮市の商業施設がそうである。これらはもともと破綻した商業施設であって、そこに公共・公益機能を付与したとしてもいつまで維持できるのかは疑わしい。

利用率を上げる公共施設としたければ地域から支持を得ているＳＣに入居する方が賢明である。

②公共施設とＳＣの融合

ＳＣにとって公共施設の賃料は通常のテナントに比べて低くなる。したがって、公共施設テナントの占有床面積は大きく割り振ることができない。

そこで、官民がウインウインとなる方法を考えてみよう。

先にも述べたが公共施設とＳＣとが融合した都市機能である。広域連携内の適正立地に生涯学習センター等の複合公共施設をＰＰＰ／ＰＦＩ（コンセッション方式＝民間の営業権を認める）で建設するならば、その建物に隣接してＳＣを開発する。ＳＣの用地が官地であるならばＳＣディベロッパーが定借で借上げることで官側の歳入につなげることが可能となる。

さらにＳＣが複合公共施設の指定管理者に選ばれるなら複合公共施設＋ＳＣはＳＣマネジメントにより一体的・総合的に維持・管理することが可能となる。

公共施設の総合管理計画もプロジェクトに役立てることができる。生涯学習センター等の複合公共施設に子育て・健康増進・ボランティア育成等の機能を合わせることで、縦割りで重複していた公共施設維持・管理等の行政コストを削減することも可能となる。イメージとしては、神奈川県大和市の「シリウス」である。（註1）ＳＣにとってこれらの機能は、ＳＣへの顧客の来館頻度を増やし、滞留時間を延ばすことが期待できる。

公共施設の通路・レストスペースとSC の通路・共用広場を一体的に接続することも有効である。公共施設とSC の双方が減床を重要課題としていることは先に述べたが、この接続部分を広く取ることで両者の課題解決につなげることが期待できるからである。、官民双方の設計・建築に対する考え方を「まちにひらく」ということで一致させればよい。こうすることで施設利用者の相互送客と滞留時間の延長が可能となる。

また先に説明した「官民ボーダレス」の施策を適用すれば、官地も民地も一体活用して広場使用料や広告収入の付帯収益を上げることもできる。

合わせてSC 販促費の5%程度をテナントとの合意によりエリアマネジメント活動費に充当することも一手である。これを財源にしてSC・テナント・地域団体（場合によると地元商店街）で協力するエリアマネジメント団体の活動費にすることで、地域へのサービスの価値向上が可能になり、さらにはそれがSCの資産価値向上にもつながる。

もう一つ、SCがコンセッション方式による生涯学習センター等の管理をすることで、官ではできなかった利用サービスの階層化が可能となる。個別の料金体系をつくることはSCにとってより大きな収益化につながる。

以上のように、公共施設とSC のミクストユースは突破するビジネスモデルの一つの方向性を示すものといえる。

③有事の防犯・防災・防疫と平時の健康増進・社会教育機能

官民連携の主眼は、公助のみに頼らずに自助・共助（互助）の力を強化することにもある。そして自助・共助は特に防犯・防災・防疫の分野において求められる。まさに「備えあれば憂いなし」ということである。

この分野では平時に何をなすべきであろうか。それは備蓄であり、公衆衛生などの社会教育による啓発であり、交流・コミュニケーションであり、普段から免疫力を高める健康増進である。

防災拠点としては、前述した接続部分に広く取ったパブリックスペースが適当である。そこと隣接して、FMサテライトなどの情報発信機能があるとさらによい。平時においては設営・撤去が楽なポップアップショップ（期間限定店舗）のコーナーを設けることで付帯収益につなぐことが可能である。（註2）

防災は地区単位のみで考えるのではなく、広域連携の地域全体で計画しなければならない。例えば河川流域での自治体連合という考え方がある。下流域の河川の氾濫は上流域との連携が必要だからである。こうした流域圏での平時における活動は有事の事態への備えや訓練もさることながら、山間部から海岸へとつながる流域全体の水質保全・環境啓発として連携できる。そしてSCは日本気象協会と連携することで情報発信を担うことが可能である。

もう一つ、平時の活動としては防災訓練もよいが、もっと気軽に来館者の防災意識を高めるイベントや、身体を動かすアクティビティを多頻度に実施することが重要である。例えば都市再生機構（UR）と良品計画が2015年から実施を始めた避難生活体験イベント「いつものもしも」などがある。これは無印良品で扱うテントやシュラフなどアウトドアグッズの実用法を参加者にレクチャーし、防災食を上手に調理して会食するイベントである。さながら、「防災グランピング」といったところである。

札幌駅地下歩行空間で実施した「まちなかラジオ体操@チ・カ・ホ」も平時における健康増進アクティビティの好例である。これを「エリアヘルスマネジメント」と呼ぶ。未病予防をコンセプトに盛り込んだ公共的空間もある。病院ではなく「健院」という考え方があるが、「健院」をSCの機能として取り込むことは来館頻度と滞留時間を上げる上でメリットがある。

また「健築」という体力強化計画の考え方がある。通路・階段の歩行空間のスケールや床面テキスタイル、自然採光の配列などを工夫し、そこを歩き回るだけで認知症予防や筋力アップなど健康増進につながるというものである。竹中工務店が千葉大学の協力によりその根拠を調べている。

防疫の観点でいえば、感染経路を断つ設計・建築デザインをSCもしっかりと取り込むことが求められる。床材や、設備についても感染経路を遮断する工夫が求められよう。こうした取り組みはイオンモールの一部で既に実施している。

感染症拡大防止も、特に三大都市圏のような人口が密集した地域では、鉄道など交通機関網をにらんだ複数都府県の自治体連携の枠組みとして計画しなければならない。移動制限の要請が想定されるからである。合わせてSCは感染症拡大時に自治体から「大規模施設の使用制限」の要請による休業判断について予めテナントと合意してお

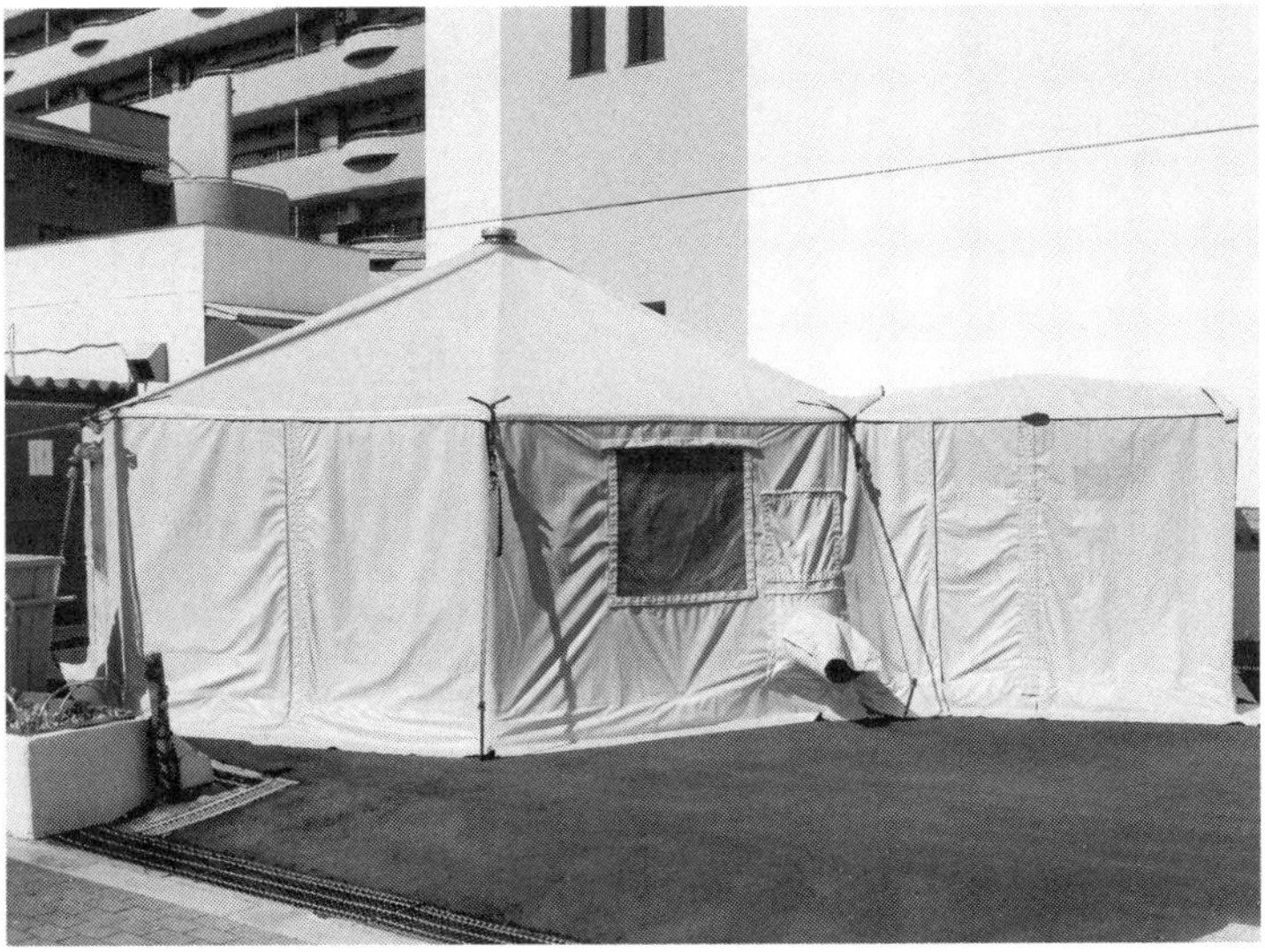

防災や感染症対策のためにパブリックスペースに設置されたテント

かなければならない。また展示イベントホールやホテル、クリニックとのミクストユースにあるSCであれば、準指定公共機関のような扱いを受けることもあり得る。そのようなSCは、感染経路遮断を前提とした後方支援スペースへの転用にも備えなければならない。今後は、遠隔医療・介護の発信拠点としての役割を担うケースも出てくる。そして、SCの平時における活動は情報発信と社会教育である。遠隔教育の拠点となるスタジオを設け、地域に対し情報発信するSCも現れることであろう。

以上のように官民連携を加速するSCが有事・平時に果たす役割はきわめて大きいといえる。

④地域の産業推奨と結んだ市場創造

SCは商圏立地・マーケットインを大前提に開発をしてきた。しかし、これからのSCは自治体の地域産業振興課等と連携して市場創造に挑むことも求められる。

千葉ステーションビルの「ペリエ千葉」は、公益社団法人産業振興センターと地銀との共催でテナント企業と県内生産者との商談会を実施している。テナント69社と千葉県の生産者169社とが参加、720件の商談の場となった。内、59件で商談が成立した。これを千葉県は地産地消のもじりで「千産千消」と呼んでいる。SCがSCのみで完結するのではなくて地域経済の循環に積極的に関わっている実例である。

　こうした取り組みは、伝統産業の継承と発展につなげることにも一役買えそうである。例えば、地域資源に和紙・打刃物・箪笥といった伝統産業が存在するならば、そこに立地するSC及びテナント企業の協力を得て新たな商流を形成することが可能である。スノーピークは、大分県日田産の下駄を特別に生産依頼してポートランド市（アメリカ）に輸出している。良品計画も海外に販路があり、これらのテナント企業と地域の伝統産業を結ぶことで「グローカル」といったローカリズムとグローバリズムのかけ合わせが可能である。

　事業性によっては、地銀・信金・商工中金のプロジェクトファイナンスをクラウドファ

ペリエ千葉

ンディングと組み合わせて活用し、ＳＣ内にアンテナショップを開店することもできる。

相鉄ビルマネジメントと髙島屋が横浜をより快適に、賑わいある街にすることを目指した「アクセラレーションプログラム」がある。主にスタートしたばかりの企業を育成する取り組みで、現在までにベンチャー10数社へのビジネスマッチングが共同で実証実験されている。店舗の混雑状況を予測し「３密」回避を支援する端末を開発したＡＷＬが表彰もされている。ＳＣディベロッパーのもつ資源と経験・人脈を産業振興につなげる試みである。

以上のように地域産業振興を自治体とＳＣ及びテナント企業等が協力してマーケットクリエイトする挑戦も、突破するＳＣビジネスの新たなる事業領域となる。

⑤ＳＣの抱える内的課題の解決

第２部第２章で短期にすぎる定期借家契約、共益費等の総合賃料化、テナント会の廃止がＳＣの抱える課題であることを述べた。しかしＳＣが本章で述べた官民連携を加速するならば、これらの課題は解消する可能性がある。

テナントの提供する商品・サービスが公共・公益的なサービスの代替となり、かつ顧客の支持を得るならばそれは安定的な事業継続が望まれる。そのような場合テナントとディベロッパーで結ぶ定期借家契約は10～20年程が妥当となる。

「官民ボーダレス」施策により官地・民地が一体活用され維持・管理がなされるならその費用は個別に公開されるべきこととなる。ましてやその費用をエリアマネジメントの活動費で支払うともなればなおさら透明性が求められよう。官民連携を実行するＳＣにとって総合賃料化はなじみにくくなるだろう。

複合施設共用部を活動拠点とするエリアマネジメント団体にはテナントも事業参画することができる。そうすることで、地域活動諸団体とも共に創るエリアマネジメント組織は、商店会に代わる協議体となる可能性がある。常日頃からディベロッパーはテナントとも、地域とも結ばれる必要がある。

以上のような理由から官民連携を加速するＳＣモデルにはＳＣジャパンスタンダードの経年劣化により生じた課題を解消することが期待できる。

⑥企業の成長とは社会的責任を成立させる新しい公共（コモン）の創出

伝染病は世界史を変える。新しい時代への移行が始まっている。平時と有時が、低速と高速が、パーソナルとソーシャルが同時・一体に在る社会。それは、「もしも」に備えることで「まさか」がなくなり、美しい音楽・癒しの画像・ちょっといい話がたちまち現れ、善意が循環する社会。そして、自助・共助（互助）・公助が無理なく連環し機能する強靭な社会。

さらには金銭と商品・サービス以外の価値交換がなされる評価経済社会。かつては、ドリームとして解されていたこれらのことが一気に加速して我々の眼前に立ち表われてきた。

コロナ禍は、社会変動のスケジュールを変更させた。これによりＳＣのジャパンスタンダードも新ジャパンスタンダードへと加速的に移行する。今日のＳＣは、このような社会変化を地域に浸透させる土台（装置）として再起動すべく雌伏《しふく》（待機）している。

本章では官民連携を加速するＳＣの可能性について述べてきた。我が国の自治体とＳＣの官民連携が世界的な都市課題を解決する手立てとなるかもしれない。官民連携とは「官から民へ」と同時に「民から官へ」というスタンスが必要である。今後ＳＣマネジャーはあたかも自治体の副市長のように見なされるかもしれない。それは権威づけではなくて社会的責任を負うということである。ＳＣ業界では古くからＣＳＲ（企業の社会的責任）を標榜してきた。しかし、ここでいう社会的責任は契約的なものとして考える。

国の戦略であるが内閣府と総務省・国交省・経産省は省庁をまたがりながらも、様々な都市政策の方向性が一致していることも本章では述べてきた。これらの施策は単純な経済シュリンクへの対応ではなくて、未来へつなぐ新たな成長戦略を指し示している。こうした官民連携の施策に応えられるのは様々な民間企業体の中でもＳＣにこそあると信じる。なぜなら元来ＳＣとは優れた都市機能の一形態であり、その性格は文字通りの公器だからである。私たちには、「新らしい公共（コモン）」を創り出す力がある。

註1　シリウス大和・2016年開設。1年間に300万人の集客を誇る。施設全体を一つの図書館空間とみなしているのが特徴。ブックカフェのあるエントランスホール、多層構造のライブラリー、書籍カテゴリーと融合した市民交流ラウンジ・「大和こどもの国」・健康増進コーナー・生涯学習センターが一体的に機能している。市街地再開発事業で、整備は指定管理者制度により株式会社シアターワークショップ等が運営・管理。

註2　催事運営スキームの一つとして「POP-UP NOW」がある。Eコマースなどの様々なブランドをコーディネートし、ブランド側にしてみるとオフラインでのファンとの交流や新規顧客を獲得し、ポップアップストアを手軽に運営できるメリットがある。

第4章

突破するSCビジネスモデル――「SoC」

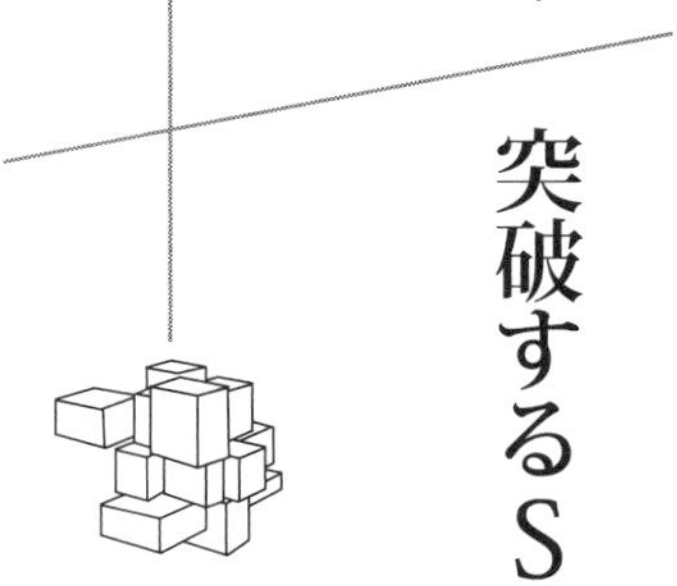

ソーシャライジングセンター（以下SoC）はSCの進化形の一つである。266〜267頁の表はその相違について表したものである。このSCとSoCの最大の違いは、SoCが官民連携を前提として開発・運営することにある。本章では、SoCについて次のように整理する。

①SoCの哲学的背景
②SoCのマネジメントシステム
③まちサポート会員システム
④地域知財資料館

⑤ソーシャライジングテナントミックス
⑥SoCの事業成立性

1 ソーシャライジングセンターの哲学的背景

社会学者の日高六郎（1917〜2018）は戦前の日本社会を「滅私奉公」、戦後のそれを「滅公奉私」であるとした。これからの日本を考えれば「奉私奉公」的なところへ向かっているのではなかろうか。それは、外的な環境変化や少子高齢化・人口減といったマクロ要因による。

例えば、感染症防止のために自分自身の免疫力を上げることが自分にしかできない社会貢献であることを人々が理解し、実践したことにも表れている。「情（ナサケ）けは他人（ヒト）のためならず」の言葉通り、利他的なふるまいは自身に還って来る。自分事と社会事を無理なく調和させたいとする欲求。こうした欲求を「ソーシャライズな欲求」と名づけよう。マズローでいえば第６欲求にもなぞらえられる。

自分のパーソナルな欲求を満たすことが、もって回って社会貢献へとつながる。その意味では、ソーシャライズとパーソナライズは相互に資する方向に向かうのである。よって

ＳｏＣをパーソナライジングセンターと呼んでもよい。

「ソーシャライズな欲求」は、いままでになかった軽快で広範な社会的活動を促し、それは「豊かな人間関係の蓄積」をもたらす。特定少数に負担が集中したかつての「重ボランティア」ではなく、不特定多数が薄く広く行う「軽ボランティア」的な世界である。この「軽ボランティア」的な世界を、ＳｏＣは「まちサポート会員システム」というマネジメントシステムにより具現化する。

「ソーシャライズな欲求」には、前章でもふれた倉橋良雄氏の言うレジャー指向・健康

SoC
官民連携（PFI等による開発）
コトを中心にモノも売る専門店を計画的に集合
ファミリー層がメインターゲットであるが クロスターゲットとして高齢者層を狙う
B to B to (C&C) のテナントが全体の 30%以上
地域顧客のサポートを得る DV 主導のマネジメント
DVが主体となるケースが多い
TN 賃料意外にも会費等が収益
貨幣経済社会と評価経済社会とに対応
ショッピングポイントカードとは別に まちサポートポイントカードがある
商業と公共・公益機能のミクストユースが一般

指向・カルチャー指向といった指向性とともに、自らの死後何か社会に遺したい・憶えていてもらいたいとする遺産的指向がある。五木寛之氏のいう「金銭ではないところの相続」に対する欲求といってもよい。（註）これらの欲求・指向に応えた商品・サービスを提供するソーシャライズなテナントミックスを持ったものがSoCの特徴である。

「まちサポート会員システム」とソーシャライズなテナントミックスは、SoCを構成する二大要素となる。この

SCとSoCの相違

	SC
開発	民間による開発
特徴	モノを売る専門店を計画的に集合
ターゲット	ファミリー層がメインターゲット
テナント構成	B to B to C のテナント構成
マネジメント体制	DV 主導のマネジメント
エリアマネジメント	DV がスポンサーとなるケースが多い
収益体制	TN 賃料が収益
社会システム	貨幣経済社会に対応
ポイントカード	ショッピングポイントカード
施設構成	商業単独が一般

二つの説明の前にＳｏＣのマネジメントシステム（組織ガバナンス）について述べる。

註　五木寛之著「こころの相続」（ＳＢ新書・２０２０年）

2 ＳｏＣのマネジメントシステム

（1）ＳｏＣの協働システム

第３部第１章において地方型ＳＣの内部組織モデルとして「共生型」、さらには「共創型」として商店会に包摂《ほうせつ》された「内部包摂型」、商店会から独立したディベロッパーの組織としての「官民連携型」を提示した。このうちＳｏＣ業態では、「官民連携型」の「共創委員会」が、協働システムの中心となる。

第１章で提示した簡易モデルを組織図にしたのが次頁である。

もちろん、とりわけ官民連携型では当該ＳＣに「商店会」があるかないか、ＳＣ立地地域に既存の「まちづくり会社」があるかどうか、ＳＣの立地そのものの適合性、妥当性があるかどうかで組織構成や施策も変わってくる。ただ、重要なのは、いずれのモデルであってもＳＣをとりまくステークホルダーの中でＳＣが主導権を発揮しなければならないことである。というのは元来、機動性、迅速性、革新性は民間会社が得意とするところであり、

SoCマネジメントシステムの組織図

<共生型モデル>

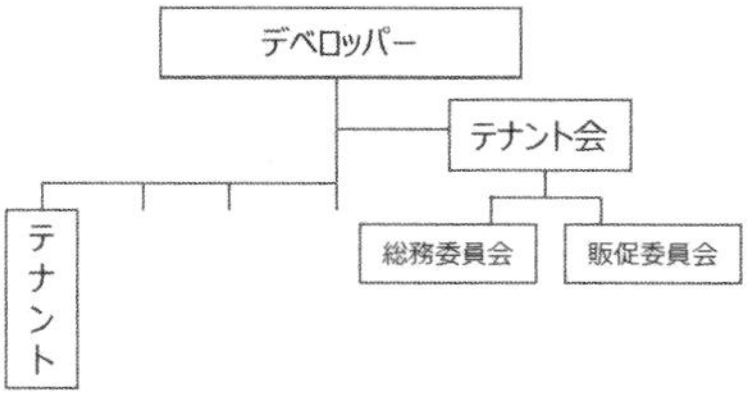

< 施策 >
祭りへの参加、防災訓練、イベント共催、ホール貸与

< 主体メンバー >
デベロッパー、テナント

<共創型モデル①> 内部包摂型

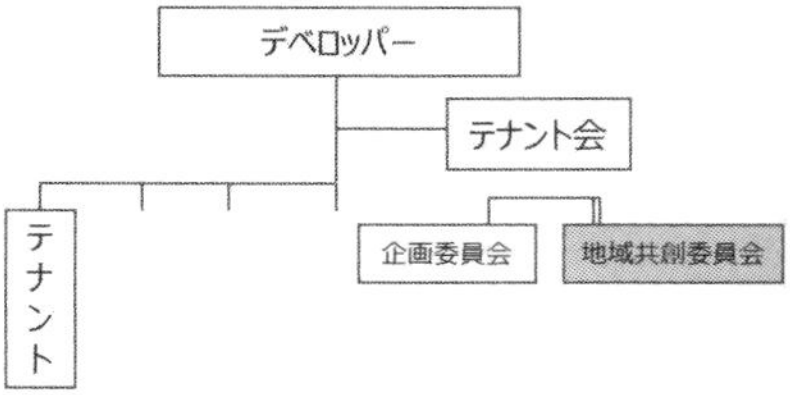

< 施策 >
・企画委員会：従来の館内施策と事業計画
・地域共創委員会：地域との取り組み、
テナントと地元企業のマッチング、
商店街のリノベ等

< 主体メンバー >
デベロッパー、テナント代表、行政、まちづくり会社（NPO法人）等
※行政の一部がテナントとして入店

<共創型モデル②> 官民連携型

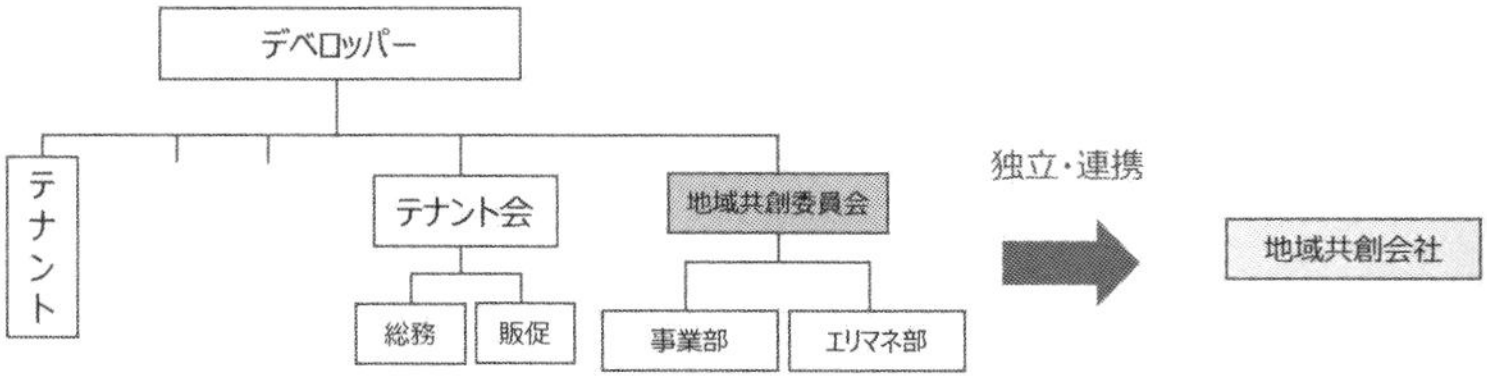

< 施策 >
地域共創委員会としてテナント会から独立
⇒ すでにまちづくり会社が存在するなら提携
⇒ PFIの場合は、別会社として設立
⇒ SCと連携してエリアマネジメント及びエリアプロデュースまで行う

< 主体メンバー >
デベロッパー、テナント代表、行政、NPO法人 等

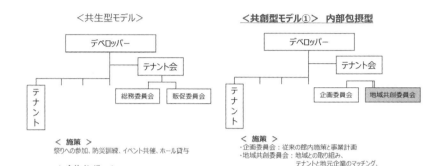

ＳＣが主導権をもってこそ「持続可能性のある事業」が可能となるからである。

「共創型モデル」においても事業計画の策定から始まって着手、評価は必要である。計画、実行、評価の循環を基本に据えて、まずは1件でいいのでリノベーション等を成功させ、それを発火点として周囲に広げてゆく。開発したならばその店舗あるいは公共施設もＳＣの準会員としてテナント化し、またディベロッパーはそのテナントと館内だけではなく、館外でのイベントも共催することによりＳＣと地域とが相互交流・相互送客できるようなエリアマネジメントを行う。

ＳＣ自らが開発したリノベーション物件だけではなく、自治体から指定管理を受けた公共施設や公園等の運営にも積極的に参加していく必要がある。ＳＣがショッピングだけでなく、住民の日常生活をカバーする「総合サービス事業」・「課題解決業」として地域の価値向上に貢献できるならばより高質な地域資産ともなれるのである。

最近の例では、東急が開発した「南町田グランベリーパーク」がある。もともとあった商業施設の再開発に伴い、周辺の公園をも取り込んで新しい暮らしの拠点を創造したものである。

行政、東急、公園指定管理者や自治会等のコミュニティ組織が一体となって連携し、事業財源を拠出し、エリアマネジメントに充当していく。この事業のポイントは、人口減少・

少子高齢化という社会構造の変動に合わせ、世代間の循環をも念頭に持続可能な施設、地域へと昇華したことである。もちろん、東京近郊であり東急という事業体だからこそできたことかもしれないが、理念や仕組みにはSoCの創造にも大いに参考とすべきことが多い。

本来の商店会では、テナントから徴収した会費で会員同士の親睦や研修等に、並びに売上げの2%相当を販促費として充当しているが、共創型になると、販促費の5%相当を共創委員会の予算（ディベロッパーからも一定額を供出）とする。しかし大規模な事業は販促費のような単年度予算ではなく継続的な性格なものとなるため、投資的な経費として中期的な運用となる。事業規模により、銀行からの融資や公共的性格の高いものならクラウドファンディングという

南町田グランベリーパーク

形もあろう。まして、PFIによるエリアプロデュースとなれば委員会ではなく、独立した「別会社」として組織する必要もある。

いずれにせよ大手ディベロッパーでない限り、いきなりハードな事業に着手するのは無理である。当面はSCのテナントと地元のリノベーション物件のマッチングや、逆に地元の企業とテナント企業とのマッチングによる商品開発などから手がけたほうがよい。

この章のメインテーマであるSoCでは官民連携型がモデルとなるため、エリアマネジメントさらにはエリアプロデュース力が問われてくる。全国的なSC不動産業から出発したSCではそのノウハウや人材など豊富であろうが、地方単館SCや地域展開型SCではそういうわけにはいかないだろう。もちろん、ノウハウをもつコンサルや建築業者と提携することは可能であるが、投資予算にも限りがあるため理想的には地元の熱意あるオーナーや建築関係者との共同協力による取り組みが望ましい。

全国的にも成功している町おこしには必ずといってよいほど、地元への熱意あふれる有志が存在し、その有志を核として住民の意識を変革することにつながっている。このことからSCの官民連携型組織では、地元の核となる人（NPO法人や不動産系のオーナー）とのパイプづくりが欠かせない。

（2）求められるエリアマネジメントに相応しつつ、能力備えた人材

行政とSCが歩み寄る領域に、行政とSCの未来的可能性があることを述べてきた。しかしながらこの領域は単なる「業域」を示すだけではない。この業域を担当する人材が大きなウェイトをもつからである。

ひと言で言うなら、官側には民間マインドをもった熱い人材、民側には行政の法律・条例や地域再生に必要な知識があり、パブリックマインドをもった人材がいてはじめて未来可能性をたぐり寄せることができる。SCの発展期においては、ディベロッパーは自館の運営やテナントリーシングなど内部的な業務がほとんどであり、※SC経営士はふんだんにいても、エリアマネジメントやプロデュースまで視野に入れたノウハウをもつ戦略的経営士は少数であろう。

テナントリーシングや家賃交渉のうまさだけでなんとか経営を維持できた時代は過ぎつつある。業域を拡大しない限り生き

行政とSCのクロスする領域

残りは果たせないのである。そのためには、ＳＣ内の社員教育カリキュラムや人材運営や人事異動なども、官民連携という数少ないチャンスをＳＣ再生に生かす経営戦略として見直す必要がある。

行政側も自治体として維持していくために従来の古い体質から脱却しようと試みる所も増えつつある。地方再生の経験ある若手人材を中途採用して再生戦略の参謀として配置し、行政と地域とのネットワークづくりやまちづくりのワークショップやリノベーション事業への参加など積極的な活動を展開している。

ＳＣ側では、指定管理を受けた物件をマネジメントするだけでなく、難易度は増すがＳＣを取り巻く自治体の遊休物件の戦略的再生を検討、提案する。こうしてＳＣの存在価値を高めると同時に、ＳＣが逆に新しい地域価値を創造するという効果を生み出す。従来まではＳＣの社員はテナントマネジメント・館内プロデュースで事足りてきたが、今や「変革の時代」である。エリアマネジメント、エリアプロデュースのできる人材を持つか持たないかで、そのＳＣの命運が決まる時代に来ている。

※ＳＣ経営士：１９９２年に創設。日本ショッピングセンター協会が実施する試験に合格・登録した人

3 まちサポート会員システム

まちサポート会員システムとは、「何か社会の役に立ちたい」とする住民・顧客を会員化し、それをＳｏＣが管理する交流システムのことである。会員の成り手は、主に地域のリタイア組が中心である。リタイア組の中には独居者が少なからずいることも想定する。

「社会とつながる力＝自分のできること×他人のニーズ」である。（註）社会とのつながりを日々実感し、脳を刺激することは認知症予防とその進行を遅らせることにもつながる。システムに登録した会員は自分ができること（得意なこと）を他人のニーズにマッチングしてもらえる。得意を売り買いするのではない。つまり金銭を介さない、善意と善意の交換である。

会員は活動する度にまちサポートポイントが貯まり、貯めたポイントはＳｏＣが催すイベントやアクティビティの参加権等として使用できる。例えば英会話が得意な会員はＳｏＣの共用スペースでミニレッスンを行い、その対価としてポイントを獲得する。その会員はポイントを使用して自分の興味があるイベントに参加したり、

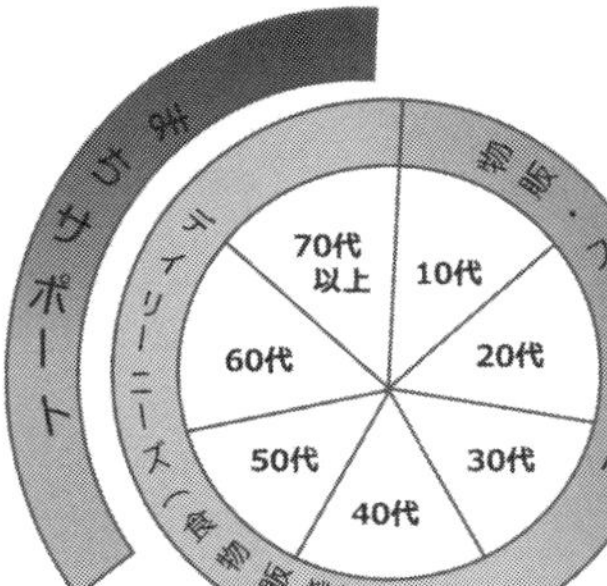

メインターゲットと MD

会員は幅広い層が対象になる。物販、フードコートは若い層、食品は比較的年令の高い人たちがよく回る。

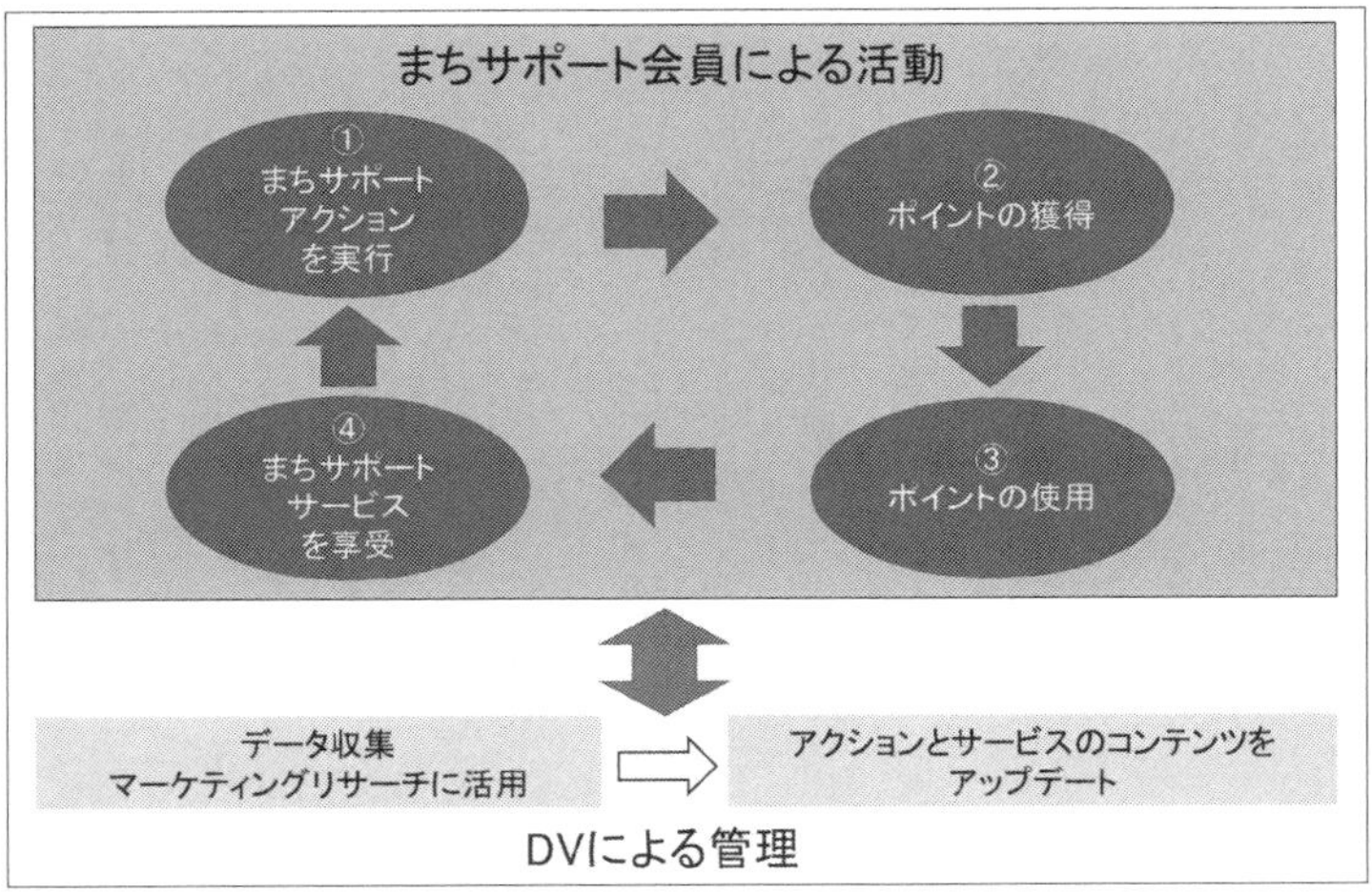
まちサポート会員による活動
①
まちサポート
アクション
を実行
②
ポイントの獲得
③
ポイントの使用
④
まちサポート
サービス
を享受
データ収集
マーケティングリサーチに活用
アクションとサービスのコンテンツを
アップデート
DVによる管理

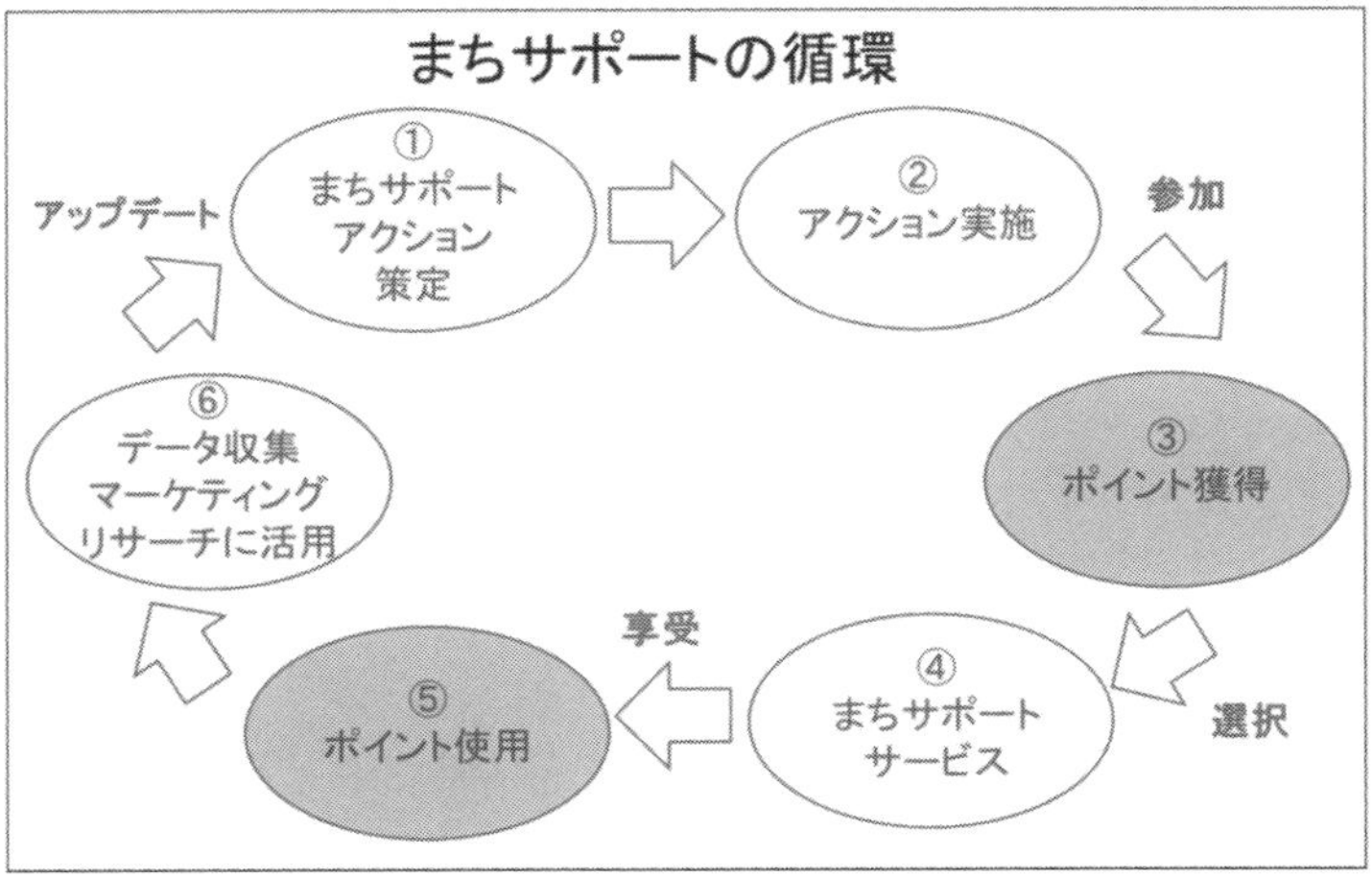
まちサポートの循環
①
まちサポート
アクション
策定
②
アクション実施
参加
③
ポイント獲得
選択
④
まちサポート
サービス
享受
⑤
ポイント使用
⑥
データ収集
マーケティング
リサーチに活用
アップデート

サービスや特典を得ることができる。

ポイントには①他人譲渡ができない②金品と交換できない③使用期限がある、の3つのルールがある。このルールによりポイントは金融商品取引法等の規制に触れない。

前頁の表は、まちサポート会員システムの流れを表したものである。

まちサポート会員システムを始動するには、最初にポイントを地域の人々に無償で配る必要がある。ポイントの交換対象となるサービス・特典は、SoCの開業販促費でまかなう。SoCの開業時に来館者へ総付けでポイントを付与し、お好みのサービス・特典との交換を試してもらう。できれば開業1年前より調査をし、イベントによる検証実験をしておくとよい。そして経常期には入会を促しソーシャライジングな活動をすることで自分のポイントを獲得していただく。経常期に入るとアクションとサービスの関係は地域の人々同士の互酬性《ごしゅうせい》となる。つまり経常期でのコストはバーターの関係となる。

ソーシャライジングな活動とサービス・特典のデータ管理はAIが担う。ポイントの循環（どのように獲得し何に使用したか）をデータ分析して、SoCのマーケティングに役立てる。有用なデータをテナントに提供することで新商品の企画・開発のヒントとなろう。従来のポイントカードの点数のみの売上高分析とは違う企画が生まれるのは間違いない。

註　楠木新著「定年後」（中公新書　2017年）

アクションとサービス

アクション（例）		
特技を誰かに教える	まちボランタリー	まちのイベント
■料理	■街区のクリーンナップ	■会場設営・立ち合い・撤収
■外国語会話	■街区の街路樹の維持・管理	■シーズン装飾物の共同制作・取付け
■手芸	■お買い物サポート	■出演者のアテンド
■茶華道	■観光インフォメーション	■呼び込み・動線管理
■伝統工芸	■防犯・防災・防疫の啓発活動	■告知物制作・配布
■スポーツ・ヨガ	■お年寄りの見守り活動	■地域マルシェの運営
■ダンス	■未病予防の相談	■アンケート調査
■囲碁・将棋・麻雀	■独居老人のための送迎ドライブ	
■占い	■「お仕事体験」ジョブサポート	
■似顔絵	■まち歩きツアーコンダクター	
■ガーデニング	■営繕サポート	
■楽器演奏	■絵本の読み聞かせスタッフ	
■昔遊び（草笛・ベーゴマ・竹トンボ・おはじき・あやとり）	■（水族館があれば）子どもたちとの魚のフィッティングをサポートするボランティア	
■「名古屋撃ち」などアーケードゲームのテク伝授	■地域の子ども食堂のボランティア	
■オモチャの修理	■フーズビューロースタッフ	
■スマホ講座		
■家計やりくり		
■美容・メイク		

ポイントを
介して
交換

サービス（例）		
誰かの特技を学べる	まちボランタリー	各種イベントの参加権利
■料理	■家庭の営繕サポート	■娯楽室のゲームの参加
■外国語会話	■SoCへの送迎サポート	■各種パーティーへの招待
■手芸	■お買い物サポート	■やってみたかったコト探しにつなげる体験プログラム
■茶華道	■同好の士とのマッチングサービス	■自作・自演の作品を発表する機会
■伝統工芸	■防犯セミナーへの参加	■コンサートイベントの特別シート
■スポーツ・ヨガ	■防災訓練への参加	■サポートアクションの高さを称賛するゴールドネームプレートの進呈とパブリックスペースへの設置
■ダンス	■感染症予防啓発セミナーへの参加	■記念品の贈呈
■囲碁・将棋・麻雀	■未病予防の相談	
■占い	■家族・友人とのビデオ通話を楽しむためのタブレット操作代行	
■似顔絵	■自宅からの避難訓練	
■ガーデニング	■まち歩きツアーへの参加	
■楽器演奏		
■昔遊び（草笛・ベーゴマ・竹トンボ・おはじき・あやとり）		
■「名古屋撃ち」などアーケードゲームのテク伝授		
■オモチャの修理		
■スマホ講座		
■家計やりくり		
■美容・メイク		

4 地域知財資料館

ＳｏＣにはディベロッパー直営の会員専用ラウンジを設ける。ラウンジのエントランス部にはフリーの交流スペースを配置する。ラウンジの利用メリットや、ポイントの交換特典の魅力を高めることで会員からの会費を得る一方で、非会員からは入場料を得ることが可能となる。会費と入場料はＳＣにはなかった新たな収入となる（会費の一例：２万世帯×５千円／年＝１億円）。（入場料の一例：一人百円）

地域知財資料館とまちサポート会員の専用ラウンジ

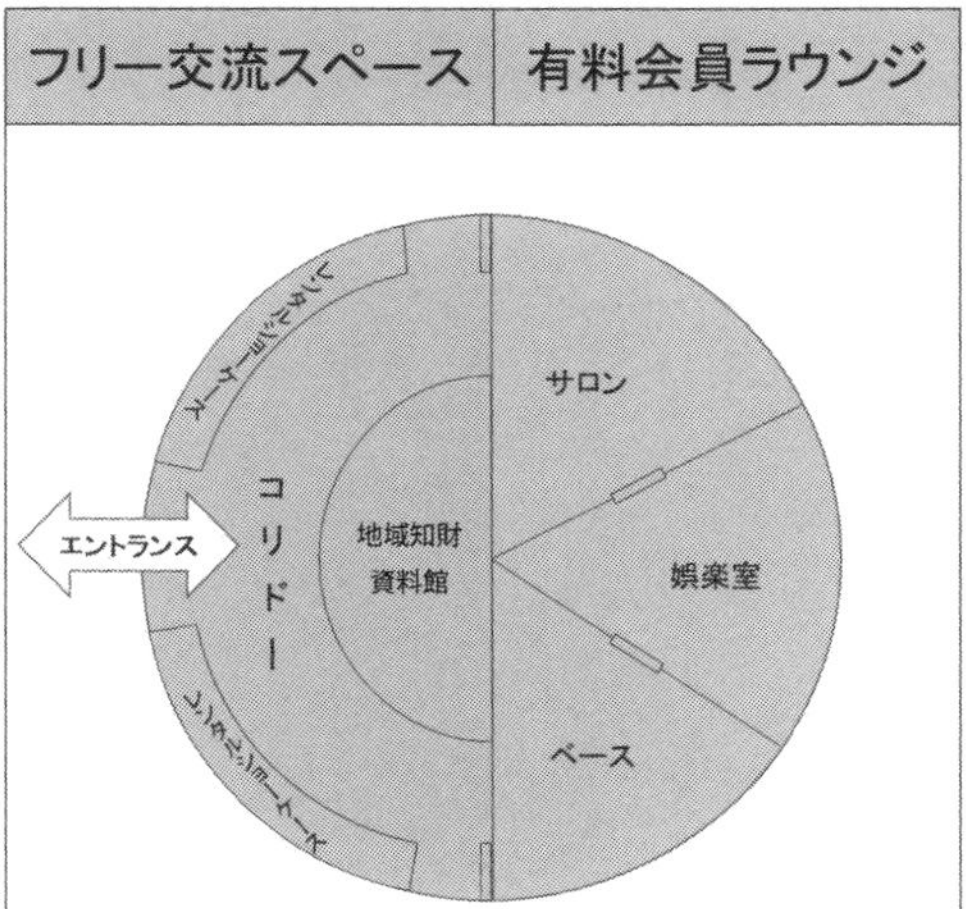

下図はフリーの交流スペースと会員専用ラウンジのゾーニング図である。エントランスからコリドー（通路）及び「地域知財資料館」は公共施設として往来自由・入場無料である。コリドーはフリーのレストスペースでテーブルや椅子がある。コリドーの壁面には25㎥のレンタルショーケースが敷き詰めてある。誰でも月額２千円を支払えば、自分のコレクショ

ンを展示できる。展示物にはレギュレーション（規制）がある。レギュレーションに適った展示物には、アンケート収集や、売買も可能とする。

通路に沿って「地域知財資料館」がある。ちなみに「俗人知」ということばがある。それは「成功した人、名前が売れている人、社会的に地位の高い人ではなく、地域の身近な〝有名人〟」（石鍋仁美氏の造語）という意味である。資料館には地域の人々の俗人知やおもしろばなし、特技等を録画、音声とともに記録、保存する。また、地域の中から個性あふれ

ラウンジや交流サロンのイメージ

る作品を発掘・展示し、鑑賞できるコーナーも設ける。いわば郷土資料館の進化形である。資料館にはキュレーター（専門職員）がいて、選ばれたミニチュア造形物や絵はがきアートなどの俗人作品を時節に合わせて企画・展示する。

俗人知のデータは全国のSoCの資料館とネットワーク化も可能だ。地域知財資料館で試されるのは俗人知に対する相互礼賛「リスペクトコモンズ」である。リスペクトコモンズは街の特徴的なブランディングに一役かうかもしれない。街のブランディングに必要なこととして彦坂裕氏は「真に共同的なるもの、街のもつ幾重もの記憶、市民の共感醸成、時代を突破する実験的な営為」（誘惑のデザイン＝繊研新聞社刊）を挙げている。地域知財資料館の使命はまさに街のブランディングなのだ。

5　ソーシャライジング・テナントミックス

ソーシャライジング・テナントミックスとは、従来のテナントにソーシャライジングテナント（以下SoTN）をミックスしたものである。構成比としては、SoTNが全体の30％以上は必要だろう。次頁は売り場にどう「コト」（欲求）を結びつけるかの関係を表したものである。

場	三大欲求	商品・サービス
スーパーマーケット	「自分磨き」「経験価値の交換（交歓）」	地域の大学の医学部・栄養学部・農学部や調理専門学校のサテライトがある。毎日10分ほどのミニ講座を複数回、学生が主婦相手に開催。
ドラッグストア	「自分磨き」「経験価値の交換（交歓）」	コミューナルテーブルをセンターに設けたフレイル予防カフェ、多世代交流のできる漢方茶カフェも併設。店の四方を囲む壁面の棚には薬剤をディスプレイ。定期的に健康増進にまつわるミニ講座を開催。
書籍	「何か社会に残す」	自分史を絵本にしてくれる本屋さん。絵本のブックデザイナーがアドバイスしてくれる。依頼者のイメージに適ったイラストをセレクト。文章やページネーションをブラッシュアップ。装幀で、依頼者の人柄を表現する。
写真	「自分磨き」「何か社会に残す」	ライフレビューコンシェルジュの常駐する写真店。昔の白黒写真をAIにより着色しカラー化することで、依頼者の記憶を鮮明にする。（註1）また、昔の自分の写真と同じポーズで現在の写真を撮影し、それを1枚の写真として合成した作品を作る。どちらも毎日のように見ることで自分の歩んできた時を再確認して脳活につなげる。

和装	「何か社会に残す」	思い出の詰まった着物を身近なグッズにリメイク。例えば生地をつなぎ合わせて日傘にリメイク。
寝具	「何か社会に残す」	思い出や愛情をカタチに。例えば、別れたセカンドファミリーをぬいぐるみの枕に再現する。
鞄	「経験価値の交換（交歓）」「何か社会に残す」	職人から革細工を学べる。思い出の詰まったランドセルをチャーム加工するなどワークショップを実施。アルチザンスピリットと手仕事を学び、習得できた技術は他の客へ伝授する。職人技を学び、教えることで経験価値の交換（交歓）が可能となる。
ペット	「自分磨き」	動物との触れ合いを通して脳活する時間課金システム。セラピストの店員が常駐。
楽器	「自分磨き」	楽器を奏でることで脳活する時間課金システム。インストラクターの店員が常駐。
キッズ	「経験価値の交換（交歓）」「何か社会に残す」	地域の60歳以上のリタイヤした人たちが木工でままごとキットを作成。大人も幼少期にかえって、子どもたちとおもちゃを通した交流ができる。

飲食	「経験価値の交換（交歓）」	地域の農家から仕入れた食材を料理に。余った食材は店頭マルシェで販売。
プラネタリウム	「何か社会に残す」	満天の星空と故人の画像をかけ合わせ。生前の音声とBGMを流す新しいタイプの法事・法要。
水族館	「自分磨き」「経験価値の交換（交歓）」	子どもたちが魚たちと触れ合うフィッティングをサポートする地域のボランタリーのいる水族館。

SoTNとは『自分磨き』『経験価値の交換（交歓）』『何か社会に残す』のソーシャライズな三大欲求を満たす商品・サービスを扱う専門店である。従来のテナントはB to B to C（ディベロッパー→テナント→顧客）の組み立て計画であるが、SoTNでは「PASS THE BATON」（註2）のようなC＆Cとなる。このC＆Cは顧客同士の経験価値の交換を意味する。SoTNは単にモノを並べて売るのではなく、場を提供することで時間販売的に課金したり、店内イベントで誘客しそのコトのついでにモノを売る。

表示した商品・サービスの企画開発はまちサポート会員システムのデータから得られる情報を分析することで、地域ならではの支持を得るモノ・コトへと次々更新することが可能である。そしてSoCではソーシャライジングなアイテムの「買い回り」を狙ったSoTNとの新たな共同販促も行われる。
このようにして、まちサポート会員システムとSoTNミックスは、SoCの両輪を担う。
註1　庭田杏珠×渡邉英徳（「記憶の解凍」プロジェクト）「AIとカラー化した写真でよみがえる 戦前・戦争」光文社新書　2020年
註2　愛着はあるが使わなくなったアイテムに自らの思い出やこだわりの「ストーリー」を添えて出品。品物と「ストーリー」に共感した方へとまさにバトンを渡すようにして売買を成約させる「ニューコンセプトリサイクルショップ」

6　SoCの事業成立性

①立地と機能

SoCの立地をSCと対比して考える。SCを便宜的に店舗面積1万㎡未満はNSC、3万㎡未満をCSC、3万㎡以上をRSCとすると全国3209館（2019年末現在）の内、NSCが1401、CSCは1369、RSCは439である。NSC，CSCは全国津々浦々に立地するがRSCは概ね30万人を擁する230余りの商圏にしか立地していない。

SoCのフロアイメージ（動線は実際には流線形となる）

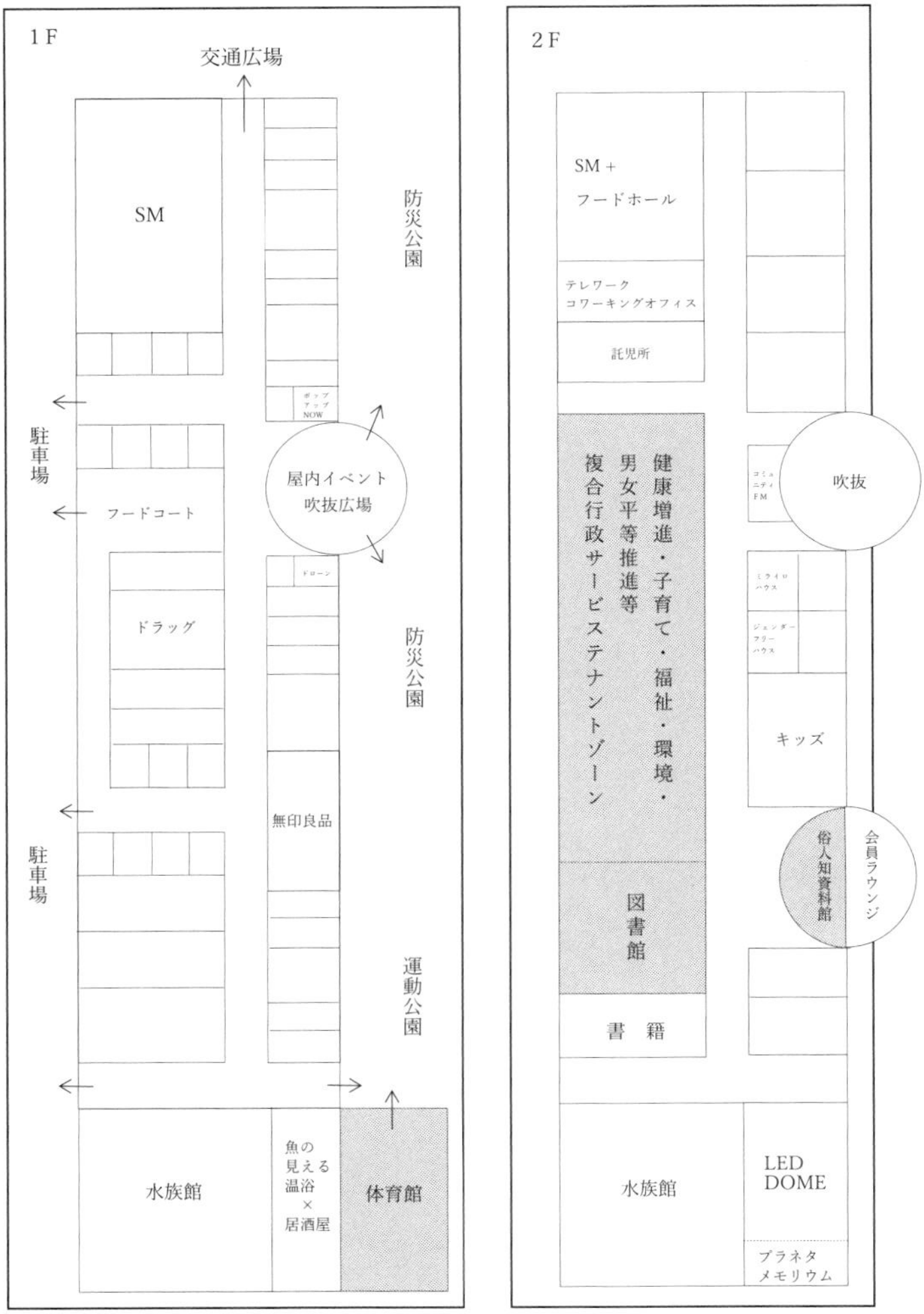

現在のＳＣ数が人口に対して適正かの議論は置いておくとして、将来人口が８５００万人程度に減るのと合わせてＳＣ数も７掛け程度に減るとするとＲＳＣは３００程度に減る。ＮＳＣ地域密着で小商圏のため減る割合が少ないと考えられる。一方、ＣＳＣはＮＳＣ、ＲＳＣの狭間で苦戦しており割合ではもっと減ると思われる。

ＳＣがすべてＳｏＣに置き換わるとは考えにくいが第３章で述べた自治体の広域連携が進むとして、１７１８市町村（２０１９年１月現在）が５～６市町村程度で連携していくとすると３００程のブロックとなる。その中枢都市にＲＳｏＣが立地し、サテライト都市にはＣＳｏＣやＮＳｏＣが立地すると考えられる。

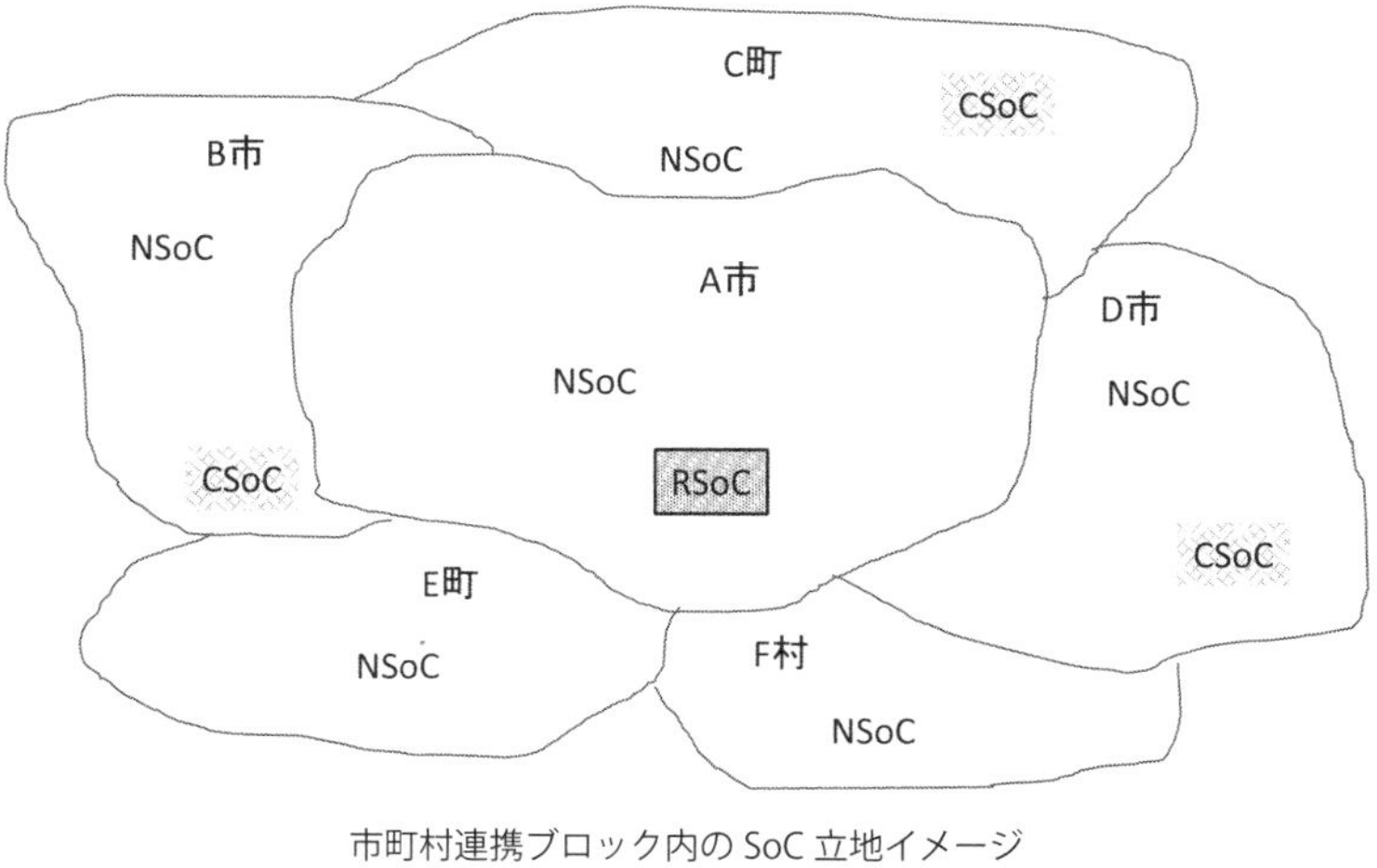

市町村連携ブロック内の SoC 立地イメージ

ＲＳｏＣは各ブロックの中枢都市の中心市街地の駅付近に立地し、広域をエリアプロデュースする。広域から集客を見込むため珍しいもの、高価なもの、嗜好品、購買頻度の少ないものなど非日常的商材も扱い、また広域行政機能を併せもつ。

ＣＳｏＣはサテライト都市の中心もしくは郊外の交通の要衝に立地し、デイリー商品のほか、季節ものや実用品などの商業機能と自治体広域連携の中の役割分担として医療機能や生活・文化機能などをもつ。

ＮＳｏＣは住宅地の近くに立地し、デイリー商品と生活必需品を扱う商業機能と地域住民のコミュニティの核となるエリアマネジメントの機能をもつ。

三大都市圏や政令指定都市のような大商圏地域には複数のＲＳＣが存在するがＲＳｏＣとして行政機能を取り込めるのは地域に一つか二つだろう。ＳｏＣとして生き残りを目指すディベロッパーは今のところ収益が確保されていたとしても他に後れを取ると転換不能になりかねない。

② 収益モデル

テナントの売上げが減少し、テナントそのものが減ると想定される中でこれまで述べてきたいろいろな施策を収益に結びつける工夫をし、逆境の中でもビジネスとして成立するモデルを考案しなければならない。

次頁の図は現在のＳＣのビジネスモデルとＳｏＣのモデルの収益構造を単純化し比較したものである。ＳＣはテナントの賃料を原資とし建設投資額を20年で償却しながら収益を上げる構造だ。

ＳｏＣではテナントの数が６割に減り、２割分には行政施設を導入しテナントの半分の水準の賃料を得る。残りの２割は直営事業のスペースで地域振興のために活用し収益を得る前提だ。テナント売上げは消費の低迷から10％ダウンと仮定する。賃料収入はテナントの売上げダウン以上の15％ダウンとし、テナントの原価低減や経費圧縮の努力をサポートするべくディベロッパーも身を切ることによってテナントの営業利益は変わらないように配慮している。ディベロッパーは収益の要となっていたテナント賃料の減少を補うために収益の多様化をはかり、行政からは賃料だけではなく先に述べた行政サービス業務の一部を受託し収益とする。またエリアプロデュースの中でも収益を上げる知恵を絞りその一部を報酬として受け取る。

直営事業では人的制約から大きな事業はできないが、持てるスペースの利用料とスペースを利用する事業者に対し過去のデータや成功パターン等のノウハウの提供、会員に対しての告知を請負い、そのノウハウ料や手数料を受け取る。またコアとなる地域住民２万人を会員化し年会費を5千円徴収すると１億円の収入となる。そして、この規模の施設において年間客数を５００万人とし、その10％の50万人が１００円の入場料を払ったとすると5千万円の収入が確保できる。コスト削減策としては、会員活用によりＰＭ費を抑え、減価償却を30年に延ばした。これらの施策を実施すれば、売上げ減にもかかわらずテナントもディベロッパーも従前と同じ利益水準を保つことができる。

一方、ＰＭ会社も会員活用などでコスト削減し、同等利益を確保することができる。

このようにＳｏＣはＳＣビジネスの中心であったテナントの売上げ減、またテナントそのものの減少を補完する仕組みとして、ここに記した一例のみならず多彩な収益源を考えるべきである。ディベロッパーもテナントもＰＭ会社も売上げは減っても利益は確保できるようにし、その仕組みでは行政や地域の抱える問題を解決することになる様な知恵と行

前提条件

平均月売上	8,333	千円
平均坪効率	120	千円
平均区画面積	69.4	坪
レンタブル比	50%	
延床面積	13,889	坪
投資額	6,000	百万
坪単価	432	千円
土地　単価	400	千円
面積	10,000	坪
施設売上	10,000	百万
客単価	2,000	円
客数	5,000	千人

テナント数	40%ダウン	
テナント売上	10%ダウン	
商品原価率	5%ダウン	
費用	5%ダウン	
賃料	15%ダウン	
行政機能面積	20店舗分	
行政機能賃料	商業の50%	
年会費	5,000	円
会員	20,000	人
有料入場客	10%	
	500	千人
入場料	100	円
デベ費用	15%ダウン	
PM費	25%ダウン	
PM会社費用	2.5%ダウン	
減価償却	20年→30年	

SCの収益モデル

SC	
売上	10,000
店舗数	100

単位：百万円

テナント	
売上	100
原価	55
営業費用	38
(賃料等)	10
減価償却	2
営業利益	5

×100店 →

ディベロッパー	
投資額	10,000
(土地)	4,000
(建物)	6,000

賃貸料	1,000
営業費用	500
(PM費)	120
減価償却	300
営業利益	200

→

PM会社	
受取手数料	120
営業費用	112
営業利益	8

SoCの収益モデル

SOC	
売上	5,400
店舗数	60

単位：百万円

テナント	
売上	90
原価	47
営業費用	36
(賃料等)	8.5
減価償却	2
営業利益	5

×60店 →

行政機能	
賃料	85
業務委託費	20

エリアプロデュース	
報酬	10

直営事業	
会場費	5
手数料	45

会員	
年会費	100

入場料	
入場料	50

ディベロッパー	
投資額	10,000
(土地)	4,000
(建物)	6,000

テナント賃料	510
行政収入	105
エリマネ報酬	10
直営事業	50
年会費	100
入場料	50
営業費用	425
(PM費)	90
減価償却	200
営業利益	200

→

PM会社	
受取手数料	90
営業費用	82
営業利益	8

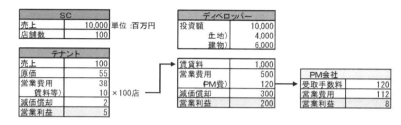

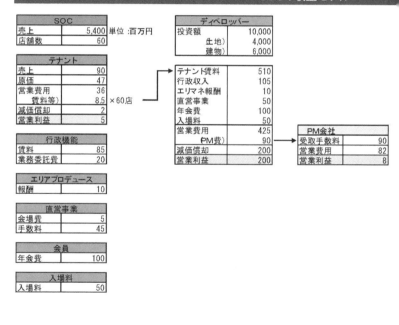

動が求められる。そのためには人材の教育が必要である。

本章では、SoC のあらましを公共施設と商業施設の融合体として述べてきた。このうち、ディベロッパー主導のエリアマネジメント及び官民連携によるマネジメントと、将来マーケットの需要に応えるテナントミックスについては特段の違和感は抱かせなかったはずである。課題は、会費を徴収するという「まちサポート会員システム」であろう。それは未来の事であり、ソーシャルデザインの観点で理解すべき領域である。

このような新しい事業領域に挑むには、行政もSCも既存部局の連携ではない、新規開発チームを立ち上げる必要がある。なぜなら、既存部局は現状分析に基づき漸進するやり方が多く未来は拓けない。

近代に始まる都市機能の最高形態をSCとして発明したV・グルーエンと、それを日本的にカスタマイズした倉橋良雄の志を受け継ぎ、未来型SCを創造するには、官民から既存事業を離れた創造性ある人士でチーム編成をしなければならない。本書のタイトル『突破するSCビジネス』の意味がそこにある。

SoCでは多彩な収益増を考える

会員化には全員満足の工夫が必要

C・O・L・U・M・N

SCにはECの“買い付け”にない引力が

高校生の頃、お小遣いを貯めて近くのファッションビルで流行の洋服を買うのが楽しみでした。大学に進学して東京で一人暮らしを始めてからはたまに上京してくる親と食事し、その後一緒に買い物をする時もほとんどが駅ビルのショッピングセンターでした。今は鬼籍に入った両親との思い出がSCで買い物をするたびに懐かしく思い出されます。

経済産業省によるとB to C物販分野のEC市場規模やEC化率は年々上がってきており、更に今、コロナ禍の中、アパレル企業はじめ各メーカーはこぞってEC事業に注力しています。マーケティングや顧客とのコミュニケーションもデジタル化を推進、SNSを使って活発な販促を行い、ECの売上げにつなげているブランドも数多く出ています。確かに自分の好きな時間にたくさんの商品の中から気に入った一品を画面でクリックするだけで購入が出来、自宅で受け取れるECは非常に便利なものです。しかしそれは合理的ではあるけれどそこに行けば何か新しい、わくわくするものがあるといった特別な場所、時の引力といったものはありません。SCのお店にふらりと立ち寄った際のなじみのスタッフとの何気ない会話も存在しないし、味気ないモノの買い付け、取引のようにも感じるのは私だけではないでしょう。

10年前と現在では小売業界を取り巻く環境が様変わりしましたが、今後もさまざまな要因により変化し続け、新しいビジネススタイル、モデルも登場するでしょう。

とはいえ、どのような状況になっても時代の買い物の主人公はあくまでヒトです。そしてヒトとヒトの間にリアルなコミュニケーションはなくならないし、むしろ重要度が増していくと思います。その中でSC、テナントの立ち場、存在はさらに重要性が高まると考えます。モノを売るだけの場所としてECと競争するのではなく、訪れるお客様のひと時を鮮やかに彩ってくれるところ、わくわくさせてくれる特別な場所、SCはまさにサードプレイスです。ECでは体験できない付加価値を提供し続けていって欲しいと願っています。

大戸 尚子（アジャイルメディア・ネットワーク広報室室長）

まとめにかえて

『突破するSCビジネス』は、大甕聡、ハーレイ・岡本、佐々木健雄及び山田宗司による共著である。

もともと、各人の関心にはそれぞれ違ったものがあったが、まずはその各人のフィールドで現状分析、課題の抽出、問題提起をしてもらい、最終的にそれらを「未来型SCの提案」というひとつのフィールドに集約し、新しいベクトルとしたものである。

現行のSCの家賃体系や契約制度の変質がもたらすデベロッパーとテナント間の信頼関係の希薄化への憂慮、あるいはSCを取り巻く近年にない困難な状況とSC形態の分化という形態論への関心、あるいはSC運営主体の多様化論、さらには疲弊する地方におけるSCと官民連携論、こうした複数の関心度と視点から度々の議論を経て、今回ようやく結実したものである。

SCの抱えた課題や未来論は、断片的には新聞や雑誌で取り上げられてはいるが、それら多くの課題を全体的に捉え、未来の姿を具体的なモデルで提示したのはこの書が最初ではないかと思える。

一昨年の秋から構想が始まり、昨春には出版の予定であったが、思わぬコロナの蔓延で途中、打合せや会合ができなくなるとともに、コロナという全国的な疫病とＳＣとの関わりと対応のあり方も課題に取り入れざるをえなくなったため、完成が1年近く遅れてしまった。

震災や風水害のような一地域における災害とは異なり、全国及び世界的な蔓延の中で、全国のＳＣが、まずは休館という形でしか対応できなかったことは、従来の災害対応策を一変させるものであった。経済、社会、交通すべてが同時に遮断されるという事態は誰もが想定しなかったことであり、すべての仕組みが振り出しに戻ってしまった感がある。

こうした事態を経験した私たちにとって、従来のＳＣの何を新しく構築し、サスティナブルなものとして次世代に託していくか。戦後、高度成長を経、さらに安定成長の中で発展したＳＣがたどりついた現在において、コロナにもまさる長い社会変動による構造的な課題を抱え、それをどう克服していくのか。改革は一挙に始まるわけではない。まずは、ある一点から始まり、それが次々と伝播していく。「我々は、その一点でありたい」という共通した思いがなかったら、この本は完成しなかったであろう。

第1部は、通時的視点からＳＣの萌芽期から現在に至るまでの変遷を、第2部では、共時的視点から現行のＳＣの抱えた課題と当面の対応策を外部構造と内部構造から整理した上で、第3部では、再び通時的視点から未来へ向けた再生のモデルを提示したものである。

もちろん、このモデルが唯一のものではなく、立地に合わせた別のモデルも考えうるが、本書では不完全との謗りを免れないとしても、まずは一定の具体的なモデルを先駆けて描出することが、長年SC業務に携わってきた私たちの「恩返し」だと思っている。

今回はスペースの関係もあり、SoCという近未来型モデルの提示までであるが、全国にSoCが出現することを想定すれば、SoC同士のネットワークによる広域連携の可能性についても議論を深めていきたい。

SoCはそれ自身持続可能形態であるが、区域に一つできても、地域再生に寄与できるコンテンツは限られたものだ。全国のSoCが交流し、相互のパワーが発揮できれば流入人口、関係人口の増大にもつながり、地域再生の拠点的エンジンになりうる。この運動を「パフォーマンス・インターアクション」と呼びたい。

これにより、SoCは単なる生き残りのためのモデルの域を越えて、地域再生のダイナミズムを内包する動的モデルとして今後とも世に提案していきたい。

なおこの書は、序論第1部は日本SC協会の専務理事を長く務められた大甕氏による「SC史」であり、第2部、第3部は岡本、佐々木、山田が主宰している「未来SC研究会」での会員や業界の関係各位との2年以上にわたる議論の結実であり、3名が分担した。第3部第1章は山田、第2章は佐々木、第3章は岡本が執筆。第4章は日本SC協会の「ＳＣ経営士誕生25周年 記念論文」で最優秀賞を獲得した『ソーシャライジングセンター――25年後の日本にあるべきＳＣの姿――（佐々木健雄、白川富章、ハーレイ・岡本 共著）』を下地にして岡本が主執筆した。

共著ではあるが、各人の個性を尊重し、あえて平仄《ひょうそく》を合わせることはしていない。読みづらい部分はあるとは思うが、試行錯誤の軌跡だとご推察いただき、何卒ご容赦願いたい。

２０２１年３月　山田宗司

対談

地域、商圏、行政との共生へ。近未来のSCの形、あり方を探る。

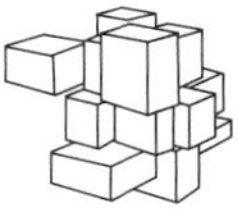

本書の各執筆者が原稿出しをほぼ終えた２０２０年春、コロナ禍がやって来た。１波、２波と続き、２０２１年春に第３波と拡大、継続している。この先さらに全く余断は許さない状況にある（２０２１年３月末現在）。

コロナ禍は社会に、ビジネスに、ＳＣにどう影響したのか。何がどう変わったのか、もたらしたものは何か。そしてコロナ後を見据えてのＳＣはどうあるべきか、近未来のＳＣの形と中身をどう変化させるべきかをテーマに、執筆にプラスする視点からハーレイ・岡本さん（イマジネーションプロみなみかぜ 代表）と山田宗司さん（ＪＲ西日本ＳＣ開発 顧問）に対談していただいた。

司会／本書編集コーディネーター古旗達夫

コロナ禍で一気に加速
社会、ビジネス、働き方変革の潮流が。
SCの再設計の契機にも

―新型コロナは未だ収まりませんが岡本さん、コロナが社会に、ビジネスにもたらしたものは。

岡本　一言でいえば遅々として進んでいなかった未来社会へ向けての新しい流れを一挙に加速させました。ＡＩ（人工頭脳）活用やテレワーク（自宅等作業）推進によりサラリーマンの余暇が増えたというような話だけにとどまりません。コロナ以前から言われていた社会変動の潮流があっという間に加速したわけですね。

また自分の事として考えると私が以前から考え、SC業界にも話していた「ソーシャライゼーション」（何か社会の役に立ちたい）、「パーソナライゼーション」（自分の個性に適うことがしたい）の欲求も一挙に進んだ気がします。それはＳＣの今後の方向にも大いに関係します。

―山田さんは。

山田　ひとつは岡本さんの言われるように社会の動きや仕事のあり方の変化にスイッチが入りました。またこれまでにでき上がっていた各制度（ソフト、ハード）の再設計をしなければならなくなった動機をコロナは与えてくれたということでしょうか。

例えば今のSCの仕組や制度、施策はこの20年間ほとんど変わっていません。ここへ来てSCの増加数は減ってはいますが、また次々と計画されていてその概念、仕組みはあまり変わっていません。この状況下、インバウンド（外国からの訪日旅行客）の減少、少子化高齢化、貧困者層の増加は加速します。

人口減、少子高齢化、インバウンドの減少はSCに大きな影響へ

―人口減、インバウンドの減少はSCに大きな影響を与えるのは必須ですね。

岡本　国内人口は確実に減少しますから他の関係人口を増やす、例えばインバウンド人口にも頼らなければなりません。国は2000年に4000万人、2030年には6000万人の観光客来日目標を掲げていましたがコロナにより大幅修正は避けられません。ただ2025年大阪万博時点では4000万人に近づくとの希望的見方も出ていますね。SCにとってはプラスに働くのではないでしょうか。

山田　とは言っても通常の生活商圏にあるSCに占めるインバウンド客の売上比率は平均5%なので観光地のSCやアウトレットに比べればプラスに大きく働きません。そもそもほとんどのSCはインバウンド向けのMDになっていません。百貨店には及び

ません。コロナ後に訪日客が増えてもまずは観光を通じ地方再生に寄与するでしょうけど。その中で地方のSCとしては地域や行政と提携し観光客の取り組みを上手にすればプラスに働くのではないでしょうか。

立地に適合した生き残り策を考える時

―コロナ禍も含めSCを取り巻く様々な環境、動きが変化していく中で、今後のSCの方向性、生き残り策はいろいろあると思いますが。

岡本　大都市商圏、中商圏、小商圏でそれぞれのSCは生き残りを賭けた時代がやってきます。大都市圏ではミクストユース、DX（デジタルトランスフォーメーション）の導入等により、中商圏のSCも同様に再出発するところが現れると思います。

　特に地方は人口減少、生産年齢層が激減していく中でSCの再生モデルを創らなくてはなりません。そうしなければこれから消滅するSCが次々出るでしょう。大都市、

ハーレイ・岡本

地方どちらにしても今後の主流として新しい社会的ＳＣモデルを創造する必要があります。後ほど詳しく述べますがＳＣもソーシャルデザイン（社会的に貢献する）の観点が不可欠となるでしょう。

中間型ＳＣ、サードプレイス的位置づけへ

山田　立地から言うと、大都会型の大型ＳＣはオフィスやマンションなどのミクストユース（複合型利用）とさらにインバウンドが加わればまだいけると思います。

今後注目すべきは「中間型ＳＣ」だと思います。これは日常品中心に30店舗ほどのＳＣで、かつコミュニティ機能を持たせたタイプです。都心でも郊外でもない、住宅地も近隣していてファミリー層も高齢者層もいる。そういう方達が日常の使い勝手が良く、集まれるところである「サードプレイス」（家でも職場でもなく集会場でもない、多様な人々が気軽に集まれる第３の場所）的ＳＣです。

スーパーで買い物して終わりでなく、もう少しブラブラして本を読むとか行動の受け皿としてのＳＣが必要になるのではないか。そのためにコミュニティルームや図書館、小公園もあれば良いですね。

例えば中型では大和リースの「ブランチシリーズ」や小型では小田急の世田谷区下北沢の「ボーナストラック」などでしょうか。少し大型になると東京・立川市の「グ

リーンスプリングス」、東京・南町田の「グランベリーモール」とかがそれに当たるでしょう。米国でも近年、中上流社会層を対象にしたこのタイプのＳＣが人気です。そんなＳＣならば地方都市商圏にも十分成立できると思います。

ソーシャライジングセンターの開発は地方ＳＣ再生へのひとつの道

―いろいろお話をうかがってますと、やっぱり難しいのは地方都市のＳＣの方向ですね。少子高齢化の影響を早くからまともにかぶるのも地方のＳＣです。自治体の体力も弱くなっています。

岡本　コロナがあろうとなかろうと人口減、少子高齢化が早くから加速するのはやはり地方で、ＳＣの廃業も増えるでしょう。それでもなんとか生き残れるモデルは考えられないか、そうした視点から私たちは「ソーシャライジングセンター」というものを考えました。その背景には地方自治体の生き残りともリンクしてきます。

ＳＣが収入減となる一方、自治体も税収減の状況になる。しかし社会保障費や老朽インフラの修繕費は増えることから自治体の投資的経費は逼迫します。そこで考えたのがＳＣと自治体による「官民連携」です。もちろん単純ではありませんがお互いに協力、提携して得意分野を生かして地域を再生していけないかという構想です。

山田　もともと「ソーシャライジングセンター」構想というのは、日本SC協会のSC経営士発足25周年記念応募論文で最優秀賞を受賞した論文で、ハーレイ・岡本さん、佐々木健雄（大和情報サービスSC事業開発部長）さん、白川富章（SC－1）さんの3人が提唱したものでした。それをさらに中味を詰めて世に問おうとしたのがこの本の主旨のひとつでもあります。私たち有志で数年前から「未来SC研究会」を立ち上げてずっと議論してきました。

山田 宗司

岡本　もちろんサスティナブル（持続可能）な社会の形成がベースになっていて、単なるSC企業維持のための提案ということではありません。新しいソーシャルデザインをするという方向の中でそれにマッチしたSCのあり方もデザインし、提案したかったわけです。

山田　そのために私たちや仲間と全国のSCやまちづくりを見に行きました。公共施設ではキャッセン大船渡、北上市のサクラホール、大和市のシリウス、山口のY－c amとか。私は米国・ポートランドや豪州メルボルンにも行ってきました。

岡本　山田さんは山形県・鶴岡のスイデンテラスとか花巻のマルカン大食堂、紫波町のオガール（いずれも岩手県）にも行かれました。私は「ＮＰＯ法人まちづくりネットワークＴＯＭネット」の専務理事をしているのであちこち視察しました。日本の地方のほとんどが新しいまちづくりに取り組もうとしています。ＳＣが撤退して買い物難民は出る、地域社会は崩壊する。しかし、ＳＣも自治体もそこに踏みとどまりなんとかお互いの再生の道を考えなくてはならないのが実状です。そこで私たちの提案が参考になればと思っています。

福祉や文化面などに貢献する。行政との本格提携は不可欠

―私も研究会に何度か参加させていただきましたが、自治体とタッグを組んでＳＣも社会行政機能とか住民サービスの一部を支えていくということですね。

岡本　既にＰＦＩ（民間資金・ノウハウ活用による公共事業）というやり方もあるんですが、ただ今は公園や公共施設の民間業者指定管理かその延長線がほとんどです。一歩踏み込んで社会保障や健康増進の行政サービスをＳＣが肩代わりするようなモデルを考えています。文化面、健康面など多様な貢献が出来ないかと。

それから事業継続性のあるＳＣを目指したいので対象は一見客でなく、あくまで地元の生活者と考えてます。

地域の観光資源にも着目し、ヒト・モノ・コトをつなげるＳＣへ

山田　もちろん先ほどのインバウンド客もありがたいのですが、そのためにはＤＭＯ(Destination Management Organization)による観光の開発もしなければなりません。観光資源、物産の発掘やプロデュースも地元のまちづくり会社や行政と提携してやるとか、他の自治体にあるＳＣとタイアップしてお互いの地域の物産提供するとか、生産者同士の交流をマッチングするとか、そうした役割もＳＣの新しい機能に取り込んでいってよいのではないかと考えます。

これなどはまさにヒト・モノ・コトをつなげて新しい社会的価値を生みだすソーシャライジングな機能なんですよね。

岡本　地方には今よりも関係人口を増やす機会が出てきました。テレワークの進行で都市から地方へ移住した人たちもいます。また仕事場を移す人たちも表れました。地方に住むにしても一定レベルの生活機能を求めます。そうなるとやはり近くにＳＣがあるところが望まれます。先ほど話に出たサードプレイス機能があるＳＣです。

山田　「ソーシャライジングセンター」っ

て、まさにサードプレイスそのものなんですね。単なるショッピングの場だけでなく自己充足、社交活動できる拠点のセンターである、ＳＣです。

これまでのＳＣの民間のテナントと行政のテナントを単純にミックスするものではありません。

青森市の「アウガ」などはそれで失敗しました。ソーシャライジングなテナントも固定家賃欲しさに入れてはダメです。便利さだけでなく、地元の人たちにずっとありがたがられるものじゃないとサスティナブルなものになりません。

その意味で最初のフレームワーク（概念づくり、組み立て）が重要で、それを支える行政、ディベロッパー側、地元地域の人たちの熱意、それを醸成するワークショップの導入等は欠かせない要素です。

20年以上変わらぬ設計を洗い直し、チェンジする時

―それでは最後にそのソーシャライジングセンターを実現させるうえでの課題、問題は何でしょうか。

岡本　人口減少と少子高齢化がまっ先に進む地方の自治体とＳＣの歩み寄りを上手に両方の再生に結びつけていくには、当然それを推進する「人」がとても重要になります。これまでの実態、現場を見ていると行政側には民間マインドを持った職員が少な

いですね。一方、SC側にも行政と連携するための知識やノウハウ、マインドを持った社員は同じく少ないです。今まで内部のマネジメントにばかり目を向けがちでしたからね。そこが課題であり問題です。

山田　SCはここ20年以上同じことを繰り返してきました。バーゲンセールと接客ロールプレイングとテナントリーシングです。セールは常に対前年比減。

実需期の6月からセールをやって、利益率もブランド価値も下げている。ロールプレイングはもはやショー化しています。大阪と札幌のSCの接客力を競っても意味がない。接客ロールプレイングをするなら、地域で接客力アップを図るべきです。大事なのはそのSCのある商圏、地域からの視点です。

リーシング担当は「地域初」とかの有名ブランドを導入することが差別化と思ってきたのです。「地域初」のブランドを本当にその商圏の消費者が望んでいるのかです。

希少価値で「非日常」を演出する時代ではないと思うんですね。むしろ「日常の多様性」をどれだけ発見し、演出し、訴求していくかです。今は何を捨てて、何を加えるかを真剣に考える時です。それにはSCの社員の教育改革が必要です。当然そこにはトップの意識改革が不可欠の命題です。

―最後は辛口の問題提起になりましたね。ありがとうございました。

彦坂　裕

逍遥と交歓、安楽の聖地へ

OPINION

望月 照彦

SCが次代を操舵する時代が来る

OPINION

逍遥と交歓、安楽の聖地へ

――SCの先にあるSCを透視するための認識兵站学

彦坂 裕

SCの原像に想いを馳せる

「人民の福利を最高の法とせよ。」

（マルクス・トゥッリウス・キケロ）

「たとえば公共のホールや建物、美術館、橋、彫像、交通施設といった都市的利便のための諸設備に、また音楽や演劇の大催物、さらには諸々のリクリエーションを大きな規模で人々に供給するために、余剰収益を注ぐのだ……家庭にも安楽はあるが、私たちの生活のすばらしさは社会生活の中にあるのであって、仲間と分かち合う安楽にこそある。」

（エドワード・ベラミー）

都市を単なる集住地から人間の尊厳と安楽を保障する場所へと変換すること、都市の中にそうした環境を創造すること、それは近代の社会思想家、歴史家、芸術家、そして良質な都市の計画者・運営者にとって夢であり課題であった。福利の実現や市民の生活交流の維持促進はすべての基本ともなる。逆にいえば、それは近代が獲得した貴重な都市的価値でもあった。なぜならあらゆる意味での「生産母体である都市」という機能を増進する一翼を担い、都市のガバナンスを安定させるからである。

ベラミーの考え方は、「田園都市」を生んだエベネザー・ハワードの構想とも共振する。ベラミーはガーデンシティを標榜する都市ボストンの共産主義化すら主唱したが、また一方、ハワードの提言する「社会都市」もベラミーの想念にも似て人間社会の健全さの保持、共同体験、住民の集団的能力において所有する土地、そのための財政施策に焦点が当てられていた。田園都市には、産業資本家たちの祭典でもあった第1回ロンドン万国博覧会の主会場名と同じ「水晶宮」が街の中心近くの整序緑地環境に象嵌され、SCの胎児のような様相を見せる。このガラスの開放的な建築は市井のパサージュのようでもあり、またシャルル・フーリエの産業ユートピア共同体を有機的につなぐ器官をパラフレーズしたかのようでもある。

周知のように、SCの初期的な原型はパサージュというあらゆる意味での都市的消費の回廊にほかならない。それを社会施設、都市施設として結晶化したものが、SCの原像だ。

映画的体験が消費欲求を活性化する

「ディズニーランドが完成すること

はない。世の中に想像力がある限り、進化し続けるだろう。」

（ウォルト・ディズニー）

「輸送手段の革命は異国志向という欲望よりも新たな国内志向をともなう。夢の国に向かう旅の速度によって日常的な世界をつき崩すこと、それは旅を消失させ、旅の意識すら失わせる結果をもたらすのである。ディズニー社は、まず「ディズニー・ワールド」によって示され、その後のEPCOTによって示されえた発想を踏襲する。ウォルト・ディズニーは、「未来社会の住民が直面する通信、環境などの諸問題の解決をめざす革新的発想に基づき設計された新しい都市」と述べた。……（中略）……「映画制作の技術知」によって、空間的ディメンションの戦略的否定が新たな形で繰り返されているといえる。」

（ポール・ヴィリリオ）

共同的な安楽、集団的な安楽、公共的な安楽が求められる。テーマパークは正確には都市のミニチュアではない。それは圧縮化されダイジェスト化された都市だ。圧縮が夢を育み、連続する時間と空間の解体を実現し、そこを体験する者に浮遊感、非日常感、眩暈すら与える。ダイジェストがマスメディア感覚と通底し、群集的欲望を煽動する。「ドラマとは、退屈な部分がカットされた人生だ」とヒッチコックは語ったが、これは映画の根源的な認識＝創造技術であり、ディズニーは映画のもつ人工的な時間を空間化した。映画とは程度の差こそあれ社会のシミュラークル（模造）なのである。

ハワードやヴィクター・グルーエンに影響を受けたディズニーは、実験ユートピア都市ＥＰＣＯＴ（未来の実験的プロトタイプコミュニティ）がオーランドで事業化される初期段階の時期に急逝した。ＥＰＣＯＴは消費に基盤をもつ多様な用途、稠密性、近未来的景観をもつエンクロージャー、そして何より技術的・産業的イノベーションの培養器であり、娯楽という教育機能が排他的に重視された実践ユートピアとなるべく目論まれた。十九世紀の産業ユートピアとは一線を画すが、近代的な桃源郷であり、新たな公共性を商業不動産的なビジネスモデルが現実化する。祖型はＳＣであり、このひとつの進化形がＩＲ＝統合型リゾートである。

注目されるべきことは、顧客体験上最も配慮されているのが「シークエンス」（シーンの継起的連続）であり、それを要として消費世界が秩序付けられるということだ。動線網もアトラクション体験単位の配置もランドスケーピングも土地のマネジメントもそれが要となる。シークエンスは風景式庭園回遊、とくにプロムナード上の体験がオリジンだが、モータリゼーションや移動文明が増幅・強化した快楽のひとつでもあった。

古今東西の消費環境もこの原理を分有している。初期的なバザール回廊から商店街、パサージュ、ガレリア、モール、目抜き通りすべてはシークエンスによって生命が与えられる。この没入感をもった一種全景的な、ときに自在に焦点が移ろうシークエンスの五感的な劇場体験は、残念ながら手元に還元化され予定調和近似的な志向をもつコンピュータ画面の中にはない。

ユートピアなるものを理解する

「ユートピアというものは、しばしば時期早尚の真理であるにすぎない。」

（アルフォンス・ド・ラマルティーヌ）


「進歩とはユートピアの現実化である。」

（オスカー・ワイルド）


前世紀後半より開発されたディズニーのユートピアは、現在、テクノロジー訴求のショーケース集積と化してはいるものの、多種類のラーニングコミュニティを育成し、デジタル時代の安楽の提供を持続している。モータリゼーションと通信の聖地ともいえるアメリカの広大な砂漠＝湿地環境では、テレコミュニケーションが支配権をもち、消費のテレイグジステンス感覚は常態化し、集約的な体験拠点はすでにＯＭＯ（Online Merges Offline）的な側面も見せていた。

ユートピアは未来を先取ろうとするばかりでも、ノスタルジックに過去遡行するばかりでもない。単に非在の異郷や欲望の楽園を創造するばかりでもない。それらは最終的な見え掛かりであって、時間と空間をめぐるあらゆるディメンションを否定し、解体し、無化する基盤環境を生成することがまず何よりも重要だ。そのことによって、そこは「何処でもない」「何処にもない」場所となる。本来的にデジタルテクノロジーが奉仕する部分があるとすれば、ディメンションの否定を促進すること以外にはないだろう。日常生活においても、デジタルテクノロジーがもつリアルタイム志向・非局所志向はそれを現実化しつつある。

未来デザインとSCは親和的か?

「未来を予測する最良の方法は、未来を発明することだ。」（アラン・ケイ）

「未来にはいくつかの名前がある。意志薄弱な者はそれを不可能と呼び、臆病者は未知と呼ぶ。しかし勇敢な者はそれを理想と呼ぶ。」（ヴィクトル・ユゴー）

1922年カントリークラブ・プラザから1950年代のノースゲート、さらにグルーエンによるサウスデールSCが創造された時代は、移動とコミュニケーション（通信）に関与するテクノロジーを礎にした未来デザイン憧憬の残滓が漂っていた時代だった。未来への想像力は、モビリティとも親和的だ。

まず未来デザインの基本は「速度の可視化」以外のものではない、ということを繰り返し述べておこう。移動（相対速度）と通信（絶対速度）を担うコミュニケーションテクノロジーが高速性、すなわち社会における優位な力や覇権性を訴求し、入手不能と思われる理想の現実化に刺激を与え、イメージの破格を生産するからだ。「未来」は速度問題と不可分の関係にある。

未来的環境として登場して以降、ほとんどのＳＣはモータリゼーションやマストランジットとの縁が切れない。しかし一方、ＳＣはなぜテッド・ターナー的なキャスティングと情報のセンター機能を当初より装備していなかったのかは不思議である。

高速化は消費世界では時間の短縮、利便性と効率性に代理される。不動産世界ではハード・ソフト両面での領土拡張を意味する。そして高速領域は空間的な拠点性をもつＳＣから遊離し、今やＥＣの世界へと離陸した。いや、しているように見える。

本質的な変化を見出せ

「持続的な成功を求める者はだれであれ、時代に合わせて行動を変えなければならない。」

（ニッコロ・マキャヴェリ）

「生き残る種とは、最も強いものではない。最も知的なものでもない。それは、変化に最もよく適合したものである。」

（チャールズ・ダーウィン）

変化の本質とは何か？

過去から現代へ、われわれが呼吸する世界の最大の変化は、テクノロジー革新それ自体でも、それによって惹起される価値観そして流行の目まぐるしい変容でもない。速度の高速絶対化――リアルタイムのコモディティ化――とその複合様相の多産化――多様な速度環境の組合せや速度体験快楽の生産――という変化である。SCさらに消費の周回に起こるさまざまな現象は、すべてその傘下にあり、「変化」の核心を形成する。

「多様な速度環境の組合せ」という事象はわかりにくいかもしれない。域内植民地（本国や本社と地場の速度差を資本化）や文化衝突（ビジネス・生活・文化生産における速度感覚の異なるコミュニティの衝突）、都市と農村の相互象嵌関係（産業社会速度と農業社会速度の単なる対立を超えたモザイク化）、さらに物象がもつイメージ価値と流行の生産的関係や齟齬（開発速度と情報速度の不整合）などにその一端を覗える。ディズニーランドの各世界のゾーニングは、低速の童話世界から高速の未来世界まで、まさしく複数の娯楽型の速度環境の共存を実現している。ヴィリリオの至言にもあるように、「都市は生まれたときから（多様な速度の）ギアボックス」だった。

アフターデジタルの様相、EC消費供給におけるパーソナライゼーションとサービスにおけるレコメンデーションの肥大化、普及途上のロジスティック革命やMaaS、交換におけるサブスクリプションの台頭、シェアリングからエコ、トークンエコノミーの跋扈、クラウドファンディング・クラウドサービスの成長、これらは変化の過渡現象の表徴であって実は変化そのものではない。

モバイルはその意味では重要だろう。移動と情報通信の融合技術であり、上記の表徴を横断する特性をもっているからだ——とはいえ、電話が発明された時期から、ポータビリティをもつ理想的コミュニケーションの形としてすでに予測はされていた。テクノロジーが理想を現実化した好例である。

テクノロジーはその宿命上、更新を上回る経年的な劣化と廃棄が起こる。そのアプリケーションにおいてもそうだ。表層的な流動性に適宜身を委ね、あるいは適宜距離をとり、深層的・本質的な「変化」に適合すること、適合の方法を探索することが求められているのである。

そして変化の対極である「不易」は、本質的な変化のなかでは「新たに見出された変化」へと変貌する。

技術と経済の超克をめざす

「新しい技術の発展とともに、単に魅力的である、というだけのある種の新しい美が生まれた。……（中略）……自然美や芸術美とならんで、第三の力として技術美が登場し支配権を要求する」
（ハンス・ゼードルマイヤー）

「私はもっているテクノロジーをすべて引き換えにしても、ソクラテスとの午後のひとときを選ぶね」
（スティーブ・ジョブズ）

安楽の獲得のためには、技術と経済から解放される必要がある。

技術専制社会、経済専制社会でのサバイバルこそが今世紀の個々人の課題だ。おおげさに言えば、文明的課題である。

SCが安楽を法とするならば、技術と経済から解放された地平で技術や経済に取り組むことが不可避であろう。そしてその安楽の提供と享受とは、別称サバイバルの形なのである。

技術やテクノロジーそのものが美的訴求をしたのは主として前世紀前半、そして後半からはそのパフォーマンスの見える化が継続されたが、しかし、それだけでは世界は滋養できない。世界を滋養する必要があるのか否かという問題設定自体を等閑視するのが、技術専制社会、経済専制社会の属性でもある。なぜなら、それらは高速領域の住人たちだからだ。だが、世界を滋養することは、その中で生きるわれわれの豊かさや幸福と不可分であることは言うまでもない。

　都市や自然がそうだったように、SCは技術や経済をも統べるリベラルアーツ的な実践が展開する舞台としての資質をもたなければならないだろう。言いかえれば、技術や経済の上位にあるものによって、SCを成立させなければならない。

　包括性、多様さ、そして偶発孵化（セレンディピティ）は、都市のもっとも重要な属性であり、都市文化形成の要諦である。アクチュアルであるかヴァーチャルであるかは、あまり重要なことがらではない。都市性をある種参照モデルにすることから生まれ進化したSCにとってもその事態は変わらない。ひるがえって、ビッグデータを駆使したAIテクノロジーが件の属性を代替提供できるのかどうか？　シンギュラリティ予測の以後にできるかもしれないし、そうでないかもしれない。「提供可能」を判断することすら技術専制下・経済専制下の眼差しに左右されることも忘れるべきではないだろう。

文化生産をエンジンとせよ

「大都市のもっとも隠れた様相――画一的な通り、はてしない建物の列からなる新しい大都市という、この歴史的存在は、古人たちが夢見た建築すなわち迷宮を実現した。大都市を迷宮にする欲動。パサージュの屋根付き通路による完成。」

（ヴァルター・ベンヤミン）

「都市は多様性を、都市が形づくるさまざまな経済効果の蓄積によって生み出すのである。……（中略）……都市においていろいろに異なった用途が巧みに混ざり合った状態は、決して「混沌」たる形態ではない。反対にこのような状態はむしろ秩序の複雑な、高度に発達した形を表しているのである。」

（ジェーン・ジェイコブス）

活動、テクネー（創造的技芸）、体験、風景、歴史性の発露、精神生活、時間、空間、そして人間、多様性は間違いなく「雑」を呼び込み成立させる高次元の秩序をもつものだ。もちろん「雑」は文化の温床になる。かつて建築批評家＝歴史家マンフレッド・タフーリは、雑居感に溢れたメトロポリスの構造を「規則化されたカオス」と語ったこともある。迷宮は至高の秩序で創造され、恐るべき混淆が現実化し、体験する者にあらゆるタイプの感情を喚起する。アリアドネの糸は内的に見出される文脈として主体的な体験者の参加性も誘う。

近代は還元主義に染められている。還元化は包括性、さらには「雑」と親和的ではない。還元化は文化とは相反する側面を多くもつ、ないしは文化を矮小化する。追い打ちをかけるように、情報飽和と情報交通の加速化は、文化のもつ奥行きを平板化する。

だが人間の心を投錨できるのはトレランスをもつ文化、遠近法的に豊かな文化しかない。文化的であり文化の孵化が可能になる地盤がつくられたとき、技術も経済もそれに奉仕するもっとも有益で美しい姿と振る舞いを見せる。

包括性、多様さ、偶発孵化は、SCでも維持されるべきものだ。結果、SC体験が文化体験に漸近するからである。テクノロジー、そしておよそ第4次産業革命といわれるものが寄与するのは単に利便生活・安全生活、業際創造、そして新しいビジネス創造だけではなく、生産であれ生活であれ、ノスタルジックな動機を包含しつつ新しい共同体を、新しい社会を発掘するということでもある。将来的な位相では、この共同体、社会は、文化生産の土台となる未知の部分を秘めていることに我々は期待せざるを得ない。

感覚を実務要素的論理より上位におく

「我々の文化の基盤は過剰、生産過剰にある。その結果、我々の感覚的経験は着実に鋭敏さを失いつつある。現代生活の物質的充満や人口過密など、あらゆる条件が力を合わせて、我々の感覚能力を鈍らそうとする。」

（スーザン・ソンタグ）

「人は論理的には優れていないが、知覚的な存在である。まさにそれが強みである。」

（ピーター・F・ドラッカー）

人間は論理で購買することは少ない。知覚的に判断する。人間は論理で生きるわけではない。知覚を頼りに生きるための現在を選択する。

情報革命によって生まれた社会現象は、平たく言ってしまえば情報の飽和である。デジタルテクノロジーは世界を還元化することで、途方もない容量のデータを渉猟した。そして世界の解像度や異質社会の結合可能性は等比級数的に高くなっている。

思索や感興を誘う知覚体験をSCに復活させること、高揚感や賑わいだけではなく何ものか精神を直撃する核要素を宿していること、交換価値を超越する神話の発生機能が内在化されていること、そのようなデザインがSCには必要だ。これは高度な難題でもある。だが、過剰な世界のなかでの我々の感覚能力の鈍化は抑止するだろう。

SCは経営論、不動産論、マーケティング論、社会制度論、さらにはメディア論や消費形態論として分析され、またその論理で構築することも不可能ではない。しかしそれだけでは顧客のみならずすべてのステークホルダーにとっても韜晦なものであり、知覚的に優れたものではおそらくなく、持続的な共感も生まず記憶にも抵触しないだろう。一瞥で認識できること、一瞬で感じられること、一息で体験できること――明快さ、迫力、代替不能の魅力は論理だけからでは導かれない。

環境革命時代のアポリアに答えるのはSCである

「地球上の生命の歴史は、生命とその環境の歴史である。」

（レイチェル・カーソン）

「最大多数の最大幸福などということはありえない。問わなければいけないのは「最適」ということではないだろうか。……（中略）……「最適」とは何かを定義することはむろん簡単ではない。私の知る限り、この問題は、まだ誰によっても真剣に追求されたことがない。」

（ギャレット・ハーディン）

SC創世記にはなかった問題が現代に憑りついている。いや実はあったのだが、一部の先見者をのぞき誰も祭知も予感もできなかった。「科学・テクノロジー・エンジニアリング」、「芸術・デザイン」、それに続くもの、すなわち「環境・エコロジー」の問題である。前二者がある意味無辺際に拡張展開し開発されていくのに対して、「環境・エコロジー」は最適や平衡や抑制を根本規範にする。そして前二者にもフィードバックしていくのが今世紀的状況である。

それを「環境革命の世紀」と呼ぶことは不可能ではないと思われる。環境革命は世界を結ぶ情報ディスクロージャーと環境解明の高精度化、すなわち前世紀中葉の情報革命の所産の一部が懐妊したものだ。

ここで実空間か仮想空間かという二元的な考え方は、それほど有効ではない。なぜなら、万物・万象は情報的文脈において、実であり仮想（虚）であるからだ。だが、仮想における遍在でも不在でもなく、SCは場所と切り離して考えることが難しい。そしてSCは場所をめぐるあらゆる環境とも不可分な実体である。

SCは単体機能の施設ではない。都市そのものではないが、限りなく都市的な領土だ。包括性、多様さ、偶発孵化を内蔵化できる所以でもある。それは固有の場所＝トポス＝ブランド＝アイデンティティの上に、いやそれと同体化して存在する。

ボーダーレスに延伸するコミュニケーションテクノロジーや情報世界とこの「場所」という代換が不能なものを架橋し結晶化し化学反応を起こさせる舞台を創造することは、SCの特権的な潜在性であり役割である。テーマパークでも可能だろう。しかしSCは必ずしも非日常性に支配されているわけではないがゆえに、より重要な役割を演じるはずだ。都市総体となるとスケールアウトして試行のハンドリングが難しい。

「環境・エコロジー」はすぐれて場所的な問題である。加えていうなら、すぐれて時間的な問題でもある。環境主義・エコ社会と、情報社会や情報経済を止揚することは、今後のＳＣの重要な挑戦的使命でもあると言える。

ＳＣ自体が変身しなければならない

「準備を怠るものには、チャンスは決して訪れない。」
（ルイ・パスツール）

「凧が一番高く上がるのは風に向かっているときである。風に流されているときではない。」
（ウィンストン・チャーチル）

環境主義は三つのプラットホームで展開される。「身体環境」、「都市や地域などの生活・活動環境」、そして「地球環境」である。それぞれのプラットホームにおける環境の健全さと活性化、さらに全体の最適化が獲得目標だ。

身体では食や栄養の適合性から遺伝子組替ハザードの排除、防疫にまで及ぶ。現在的なトピックでいうなら、新型コロナ感染のパンデミック抑止とウイルスとの共存は大きな主題であり、行政対策から社会環境、風土問題とも直結する。一方、生活や活動でもその対象は良質なコミュニティの形成や資源循環、汚染抑止、さらに防災にまでレンジが広がる。「災害は危機が脆弱性と出会うことで起こる」とはよく言われる警句だが、身体も生活・活動も社会の脆弱性、それを呼び寄せる硬直化した人為的なシステムや思考回路が遠因となる。ウイルスやカタストロフが無差別に人間社会を急襲する現象は歴史的常態である。その様態も多様きわまりない。間接的にその引き金にもなり得るであろう地球環境問題は、温暖化、資源枯渇、生物多様性崩壊を中心とする人類共通のアポリアであることはすでに常識化している。環境主義的視点は、現代社会のあらゆる局面を顕在化する側面をもつのだ。

これらの解決、あるいは解決への道のりの先にしか現代社会の真の安楽はない。もちろん、国連のUNDP戦略という枠組みの中でのSDGsも、向かうべき軌道を共有してはいる。それには社会知と科学知の融和も不可欠だ。アイザック・アシモフが指摘したように、社会が智恵を蓄積する速度より科学が知識を蓄積する速度の方が上回っている。

そのために我々は、繰り返しになるが、技術と経済の専制から解放された地平に立つ勇気をもたなければならない。しかし逆に、もしそんな舞台をSCが提供し担えるなら、SCは時代の中で、確実にラストリゾート（最後の拠り所）たり得るだろう。それへ向けた思想的かつ実践的な再準備が喫緊のSCの課業でもあるのだ。なぜなら、本来的な交易・商業的営為の場とは、常に都市の孵化点であり、実生活と精神生活の結節点であり続けているからである。

逍遥と交歓への誘惑はSCの不変価値である

「過去は幻影としての刺激を保ちながら、その生命の光と動きを取り戻して現在となる。」（シャルル・ボードレール）

「誘惑は、そこ、表層に輝いていて、あらゆる力の自惚れを挫く。」（ジャン・ボードリヤール）

SCというビルディングタイプはない。SCというアーバニズムもない。SCそれ自体は都市と同じように、本来、定型的な形もコンテンツメニューもなく変幻自在である。しかしそれは確固とした共通の幻影をもっている。

安楽を培養するパサージュ的な社会＝都市施設、モビリティと結びついた近代的な消費ユートピア、個々の商材を超えた臨場の誘惑が運動化する公共的領域である。それは決して英雄的な存在である必要はない。付記するなら、公共的機能をもつがゆえに、地域社会と有機的な相補関係を結ぶ。知的資源やビジネス資源は、この幻影の再生と復興を下地として注ぎ込まれなければならない。

SCが生まれる半世紀以上前、欧州では多くの都市公園が市街地につくられた。もともと都市環境を健全化し、都市生活における安楽を提供する自然空間であったが、ニーチェをはじめとする知識人たちはそこを「都会のなかの瞑想の（屋外）寺院」と呼んだ。SCも同様に、「地域のなかの逍遥と交歓の寺院」と呼ばれるのが相応しいのではないか。

逍遥と交歓は、安楽を提供するばかりか共同的な喜び、共感や共創、さらに思索や癒し、地元地場や世界への理解を促進し、社会的危機への気づきをも静かに温存させる。

クリシェ化するSCを捨て真のSCを発掘する

「すべて高貴なるものは、稀であるとともに困難である。」

（バールーフ・デ・スピノザ）

「発見の旅とは、新しい景色を探すことではない。新しい目で見ることなのだ。」

（マルセル・プルースト）

現在は、SCを延命させるというよりも、むしろ「SCを再発見すること」が最重要な課題である。

逆説的な言い方だが、そしてプルーストの楽園観をもじるなら、「真のSCとは失われたSCのこと」であり、それこそがSCに対する高貴なアプローチであると思われる。幻影の再生はその陰画的表現にすぎない。

社会施設・都市施設である以上、SCは自然発生的にはつくられない。これは無制御の変容を推し進める都市そのものと本質的に異なるところだ。ブリコラージュ的に生成されるＳＣという概念も魅惑的だが、それは自然発生というより時間軸を織り込んだ誘導型の計画がうまくあてはまればの話である。

もちろん、現代社会においては、ＯＭＯ的立ち現れ方は前提だろう。モビリティ革新も受容した方がいい。だが、テクノロジーは外的要請としてより、むしろＳＣの内的な創造的革新からの需要で編入することが本道であることは留意しておくべきだ。

そして議論するまでもなく、ＳＣの創造主体には、かつての都市の創造における公共意識を所有した主体的な市民の集合力にも似た、構想力とロイヤリティをもつ属人知の戦略的組織化が不可欠なのである。

SC的公共空間

左上より時計回りに
水晶宮（1851年ロンドン万博）
グランセールのパサージュ（パリ）
フリモントストリート（ラスベガス）
イートンセンター（トロント）

LINGERIE
DUCAT
INDÉMAILLABLE & NYLON
MODES
46
BONNETERIE
MASSPAC
MAROQUINERIE
MICHEL
ROBES ET MANTEAUX

OPINION

SCが次代を操舵する時代が来る

望月照彦

文明進展の齟齬に直面する社会状況

2020年という時代は人類の歴史に残る年になるであろう。それは、人類がこれまでにない体験に直面しているからであり、誰も予測できなかった過酷な経験でもあるからだ。そして世界中のビックデータを集めても、どんなにか優秀なAIに問うてみても予測し、想像することができなかったであろう事態であるからだ。

中国の武漢で、いまだにどこからとも知れない、またなぜであるのかを知ることのない新型コロナウイルスが発生した。野生の動物にそのウイルスの発生源があったとされているが、それも特定されていない。

動物からうつされたであろうかもしれない人間が、そのウイルスを別の人間に罹患させた。人間から人間への感染は、すでに2019年の11月頃にはあった、という説もあるが、それも定かではない。2020年に入るとじわじわと広がり、中国の春節（正月）になると、武漢を首都とした湖北省ではすでにかなりの感染者があったのではないかと推測される。問題だったのは、春節のこの時期に中国人は国内のみならず、海外にまで数百万人単位で旅行することであった。日本にも、武漢からやってきた中国人観光客たちが各地を周遊して回った。

ここからバスの運転手や観光ガイドの人たちが感染して、大騒ぎになったのが2月の初旬。それから一挙に全国に広まってコロナウイルス感染が実感化し始めた。

この流れに並行して、日本ではダイヤモンドプリンセス号の客船内部の感染事件が世界中の注目の的となった。何しろ、密室空間での感染防止作業など前代未聞の経験であったから、政府も関係者も対応に苦慮し、試行錯誤し、何をやっても不手際のそしりを免れることはできなかった。この事件が膠着している間にも、コロナウイルス感染は世界中に波及し、ダイヤモンドプリンセス号の対応を非難していた先進国でも急速にコロナは蔓延していった。ヨーロッパの諸国、イタリア、フランス、ドイツ、スペインなどの国々は、3月中旬にはWHOから「今やコロナ感染はヨーロッパが中心となっている」と宣言されるまでに現実が進んでしまっている。アメリカのトランプ大統領は、2020年の1月段階では「アメリカの対策は万全で、アメリカ国民は大丈夫だ」と泰然と構えていたが、コロナウイルスは例外をみとめてはいなかった。アメリカは中国を超える感染者を出し、ニューヨークはその中心にある。いまや世界中が、市民の外出禁止令や集会イベントの禁止、都市・国境の封鎖、結果的に前代未聞の経済クライシスに波及して、株価は歴史上の記録的な暴落の予感がある。

　そしてこのパンデミックと言われる世界的な感染爆発は、今後も終息の見通しがついていない。

　世界の歴史の中では、中世にしばしば大流行したペストなどの記録が存在する。都市の人口が半減したような恐怖の時代を、人類は体験している。しかし、科学技術が高度に発達し、その恩恵を受けているはずの医療技術や態勢がもろくも崩壊している現実を見ていると、その科学技術の発達に確信が持てないでいる。人口知能（ＡＩ）があらゆる分野に敷衍し、人々を幸せにするシンギュラリティの時代が来るのではないかと期待されていたその時代は夢想に過ぎなかったのであろうか。

　いずれにしても、このパンデミックに支配されている環境下、私たちの誰しもが認識しているのは、近代文明のあまりにも脆弱な姿である。そして、合理性と利便性だけを追求してきた現代資本主義のあり様に、その向かうべき方向が過っていたのではないかという深い疑問を持たざるを得ないのである。そしてさらに地球上のすべての人々を不安の虜にさせているのは、このパンデミックの厄害は一件落着するのではなく、これからも永続的に起こりうる現象である、ということだ。私たちは、この事態からどう自己防衛し、どう人類を守り抜いていくのか、という大きな課題に直面している。

ソーシャル・レジリエンスという必要条件

私たちの社会は、突発的変動や非経験的圧迫に対してあまりにも脆弱である、というのが今回のコロナ禍のもたらした直截な認識であった。

それは２０１９年の日本の自然災害の連続的襲来を考えても理解できることである。日本列島は、必ず何十年間の周期で大きな地震の被害を受ける。地球の内部でプレートテクトニクスという胎動する地殻の丁度ぶつかり合う合流点にあるから、それは日本という国においては宿命であり、必然の事である。また、夏の季節を頂点にして赤道下から毎年台風がやってくる。私たち日本人は地震も台風も当たり前のように受け入れている。

台風からこれまで多くの被害を受けていたのは九州や四国などのエリアであった。沖縄の列島もそのルートの上にあったから、島の住宅を見ると新しく建てられたものはほぼ鉄筋、鉄骨造りで、大雨、強風にも耐えられるようになっている。しかしその台風のルートが近年、微妙にシフトしてきているように見える。特に２０１９年の台風15号や19号は、例年と同じ九州・四国地方ではなく何と北関東地方に大きな被害を与えた。まさかと思ったのは長野市の千曲川の堤防の決壊によって、市域一帯の多くの家屋が水浸しになったことであった。長い歴史の中では千曲川の氾濫も何度かあったとの記録もあるが、近年では稀なことである。さらには千葉県の各地では台風の強風と大雨で、屋根の飛ばされる被害が甚大で、テレビで放映されたブルーシートで覆われた家屋の累々とした姿が記憶に新しい。千葉県はこれら災害の無風地帯のように思われていたから、住民にとってはまさに青天の霹靂の事態であっただろう。

地震においても、2011年の東日本大震災では東北一帯が震源地の巣窟のように思われているが、静岡から四国・九州にかけての南海プレートも強大な地殻エネルギーを蓄えており、北海道から沖縄まで地震にとっての安全地帯は日本には残念ながら無いと考えてよい。物理学者で地震学の泰斗《たいと》でもあった寺田寅彦は、日本のこられの宿命を「天災の無常」と説いている。寅彦の有名な言葉に〈天災は忘れたころにやってくる〉というものがあるが、近年の日本の実情では、〈忘れないうちにやってくる〉になってしまっているのではないか。

これらの自然災害の日常的な到来を日本の現実と捉える時、私自身は、災害列島日本には、「防災」や「減災」という概念は有用ではなく、大切なのは「応災」ではないかと考えている。災害に抗うのではなく、自在に柔らかく対応していくという考え方であり、柔軟な「即応力」である。すなわち、最近様々な分野で使われている言葉でいえば「レジリエンス」という概念であろう。レジリエンスとは、めげない心や回復する力を意味している。

日常的に襲ってくる自然災害、突然に大地を揺るがす地震を宿命のように抱えている日本列島に暮らす私たちにとって、これからの時代は「社会的な折れない心や、復元力」を持つことが必要とされてくるだろう。そして、2020年に世界をあっという間に恐怖の底に陥れたコロナウイルス感染も加わり、しかもそれらがまた連続的に起こりうる可能性を抱えた地球社会を、保護し守っていく強靭性がいま求められているのではないか。

これを「ソーシャル・レジリエンス＝社会的強靭性」と定義して、脆弱な社会を強靭化していく手立てを研究・追求し、実践していくことが、いま人類が直面しているリアルな課題であるのだ。

ブカレストの街で

パンデミックの恐怖に怯える人類の姿を己自身の姿に投影している私の頭の中には、実はソーシャル・レジリエンスを生み出すためのひとつの方策がイメージされていた。そのヒントはルーマニアの首都ブカレストで出会った商業施設からもらったものだった。

バルカン半島の諸国を巡る旅を、10年かけて3回トライアルした。なぜバルカンかと言えば、村田奈々子教授（東洋大学文学部）の視点があったからだ。村田教授の考えは「（バルカンとは）ヨーロッパとアジアの間の地域である。アジア方面からバルカンに向かった者は、そこに〈ヨーロッパ〉を感じる。ヨーロッパ方面からバルカンに足を踏み入れた者は、そこに〈アジア〉を見いだす。この感覚を言葉で表現するのは難しい。目にする色、耳に入ってくる音、鼻で感じる匂いから、この感覚は生まれる。こればかりは、実際に体験してみないとわからない」といったものだ。

ということは、バルカンとはグローバル化する地球社会のひとつの混在、あるいは融合の社会モデルとして捉えることができる。さらにこの地域は、宗教戦争や民族紛争の長い歴史を持ち、現在ではそれらの戦争や紛争を超克している環境があることから、宗旨や生活慣習の混在など文化均衡のモデル社会とも考えることができる。確かに、これらの国々を訪れた私には、同じ都市にありながら川一つ隔てて違った宗教の建物があり、違った民族のコミュニティでありながら仲良く暮らしている様を見ることができたように思える。その姿を、あるべき地球社会のパッチワーク的なコミュニティの共存のスタイルのように考えることができて、未来社会のひとつのステージのように考えられたのだ。

3回目の半島の諸国巡りを完結させるバルカン訪問では、ブルガリアとルーマニアを訪れた。そして最後の最後に歩き回ったブカレストの街が、旅の総集編としての素晴らしい問題意識を残してくれた。ブカレストはバルカンの小パリと言われたように美しい街だ。かつては独善的な社会主義国であったことが嘘のように、その魅力的な中心市街地を歩いた私には思われた。

　そのブカレストの旧市街地で出会ったひとつの商業施設が大きな啓示を与えてくれた。訪れたのは２０１９年の６月であったが、その施設にある２階の民族レストランでディナーを食べる機会がった。食事の途中でアラブ風の音楽とダンスが提供されたり、建物全体の構造や通ってきた大きな中庭の構えから、「都市のレジリエンス・モデル」として私が研究の対象にしようと考えていたものではないかと直感していた。

　10年ほど前にも、トルコを旅していてこの施設の原型とも思える建物を見ていた

トルコのコンヤに残されているキャラバンサライ

が、その時にすでに「レジリエンス」への興味が湧いていた。その時にはまだ歴史的残存物、すなわち遺跡としての関心に留まっていた。郊外の砂漠の中にある建物で、四方は頑強な城壁のように囲われて、重い扉を持ったゲートを入っていくと大きな中庭があり、そのアゴラ（中庭）にはかつては豊かな水量を持つ噴水の吹き出す池や、礼拝に使われたであろう神殿のような建物があり、広場の周辺を石の柱列が続くアーケイドが囲っていた。施設は、「キャラバンサライ」と呼ばれていて、ヨーロッパ（イタリアやバルカン諸国）とアジア（中国やモンゴル等）の交易で繋ぐ商隊の商売の場であり、滞在の拠点であった。トルコの旅では、キャラバンサライの遺跡として案内されていたから、建物の現業的機能はすでに終えていて、商売の現場としては都市にあるバザールやスークと呼ばれている市場や商店街のようなものしか残されていなかった。

しかし、ブカレストのレストランで食事を取ったキャラバンサライ風の施設は、確かに堅牢な入口があり、入り込むと四方を囲われた広い中庭があり、今ではオープンカフェのように使われていて大勢の人々で賑わっている。食事の途中で抜け出してみると、レストランのある2階の上の階は商品や交易・交渉のための展示場やサロンになっているようだった。さらに4階はホテルとなっていて、宿泊している家族の一行が花々の飾られているテラスから私を見て

ルーマニアの首都ブカレストでキャラバンサライが生き残っていた

かつてはバザールが開かれていた囲われた庭はカフェやイベントスペースに

手を振ってくれた。

これは完全にかつてのキャラバンサライの機能が都市の中で生き延びて、今でもその機能を変容させながら実存している姿なのだと、得心させられた。私は、深海でシーラカンスを発見した魚類学者と同じような気持ちで、都市の深海に生きているキャラバンサライを発見したのであろう。

この施設は「ハヌル・ルイ・マヌク」と呼ばれ、ブカレストの旧市街地では名物となる建物であった。19世紀初頭にアルメニア人商人によって造られたもので、やはり当初は商売・交易拠点として、商隊宿を基軸にして機能していたという。まさに「マヌク」とは、「商隊宿」を意味するのである。

なぜ私がこのマヌクと呼ばれていた商業

19世紀初頭にアルメニア人商人に建てられた「ハヌル・ルイ・マヌク」の施設

施設に関心があったかというと、キャラバンサライという施設の本来的に持つ機能が、過去のものではなく、未来的な重要な機能を持っていることになると考えるからである。それは、世界の商業施設の歴史の中で、唯一「シェルター的」な機能を保有しているのがキャラバンサライだからである。すなわち、多様な外敵（厄害）から、内部（商売、宿泊、娯楽、交流といった幾つものコンテンツ）を守る機能を持っている、ということである。

現在の私たちの暮らしの環境は、それが都市という形を取っているが、あらゆる外圧に実に脆弱な構造になっているのはこれまでに見てきた通りである。特に日本の都市は、幾多の災害の洗礼を受けてきたのにも関わらず、脆弱のそしりを免れることはできない。

その中にあって、「応災」という柔軟に対応していく日本文化の「美風」を根底において活かしながら、ハードな意味においても都市・地域の脆弱さを克服していかねばならないのが現代の日本社会だと私には思える。

多様なシェルター機能を持つ商業施設

２０１１年３月11日、東日本一帯に世界を震撼させる大地震が襲った。いまでもその傷跡は被災した地域や都市に深く残っている。

被害は地震による建物の倒壊も少なくな

かったが、それよりも甚大だったのは沿岸部の地域に押し寄せた津波によるものだった。この地方は明治以降にも幾多の震災に襲われたが、その記録は作家・吉村昭による『三陸海岸大津波』に生々しく残されている。幾多の災害経験がこの地域に住む人々のDNAの中に残されているはずであるが、それでも今回の地震の大きさはその体験の記憶を超えるものであったのであろう。この地震による死者・行方不明者は2万人近くに上っている。

この死傷者のことを思うとき、襲ってくる津波から逃れようとする人々や、幸いにして生きのこった人々にとっても大切なのは「避難場所」や「防御シェルター」であった。長きにわたる歴史的な災害地域である東日本の沿岸地域に、それらの人々の生命を守る施設やシェルターがどのように準備されていたのか、この死傷者の数からすると避難設備の少なさ、不足が不思議にも思えてならない。

東日本大震災において、商業施設運営に係る私たちが学ぶべき大きな教訓があった。それは、SCという施設が実はあまたある公的な施設（市役所や市民センターや体育館など）と併せても、実用的な「緊急避難所」となりえる、という事実である。たくさんの市民が活用する都市施設の中で、最も災害時におけるシェルター機能を発揮できるのは、SCを措いて他にはないということである。

良い例が「イオン石巻ショッピングセン

ター」であった。比較的内陸にあったこのSCは、直接的な被害を免れていた。地震に襲われた直後、店内には買物客500名と店員500名がいたが、マネジャーが手際よく誘導して津波を予測し、屋上階に避難させた。さらには被害を受けて路頭に迷った市民たちが、避難場所を求めて続々とやってきた。安全管理を担当するマネジャーである秀方純氏は、自己の責任で彼らを受け入れることを決断する。「人々の命を守ることが第1」が彼の信念であった。

結果として、2000人を超える市民を受け入れ、彼らのために店内にある水や食料品を無料で提供し、市内の指定避難所に支援物資が届くまで行政の代わりに役割を果たし、夜になると毛布と段ボールを配り、人々の生命を支え続けたのであった。長い滞留者ではこのSCを半月間ほど、安全な避難場所としてステイしていたという。

イオン本社では、この石巻の事例をモデルとして、地域におけるSCの役割の重要性を理解し、災害時の新しい対応マニュアルを革新させたが、その実践を高く評価されてイオン株式会社が総合小売りグループとして、災害対策基本法に基づく「指定公共機関」になっている。それはまさに、SCという業態が大きな敷地を要し、多様な種類の小売業を内包し、公的な施設としての機能を本来的に持っているからで、これからの多様な災害にさらされている地域社会、コミュニティにとって、無くてはならない実在意味を持つからであろう。

私は、日本のSCの地域社会においての持つべき姿の原型を、イオンモールが期せずして体験した災害時の救助・救援センターの果たした役割に中に、そしてブカレストで出会った「ハヌル・ルイ・マヌク」というキャラバンサライの中に、刻印していたのである。

キャラバンサライとは、ヨーロッパとアジアを結ぶ交易路の沿道に点在し、商人たちのための拠点であったが、彼らの為だけではなく多くの地元民にとっても、旅人や遊芸者や、僧侶などの宗教者にとってもなくてはならない存在であったであろう。そして当然ながらそのキャラバンサライが存在する国々の文化交流や情報授受拠点として、地域社会の民族経済やその産業振興にとっても、深い意味と可能性を持っていたはずである。

その視点で見れば、国際的交流センターであり、多様な文化の混淆と寛容の器であったはずで、そして場合によれば旅人や現地の人々のひと時のアミューズメントセンターでもあったであろう。

キャラバンサライの大きな役割の一つに防御や保全のシェルター機能があることを、私は現代都市を対象にして考えた時に、最も重要な機能であると思えてならない。

キャラバンサライの沿道に巣くう盗賊たちが、集まってくる貴重な商品や美術品などの財産を虎視眈々と狙っていたかもしれないし、いつ止むともわからない砂嵐に閉じ込められ、長い滞在を余儀なくされたことも旅人には多々あったであろう。

当時にあっても、多民族が集まり離散していく拠点として、疫病が持ち込まれることもあったかもしれない。多くの難題に対応し解決していく仕組みがこれらの商業交易施設に用意されていたのでは、と私には思えた。

例えば、四方が堅牢な石壁で囲われていること、入口が一カ所のみで強固な扉で閉ざしてしまえば何人も侵入不可であること。中庭が広く取られ、清純な水場があり、樹木が茂りたくさんの果実を実らせた木立があり、それらの環境が生命の躍動を保障していることなど。これらの条件は、砂漠のオアシスの基本を示しているが、ハヌル・ルイ・マヌクを見た時に、同じ条件で都市のオアシスであることの十分な環境を保持することができるようにも思えた。

いや逆に、現代都市の強大な鉄とコンクリートとギラギラのガラスで装備されたメカニックな景観において、過多な情報に疲れ果てた人々にとっては、唯一の憩いと安心安全の場になると、ハヌル・ルイ・マヌクの楽しげな人々の集っているアゴラを望んだ時の私は感じていた。

不条理と合理性、利便性、そして「ノアの箱舟」

この原稿を書いている2020年3月。コロナウイルス感染の渦は収まらず、政府は「特別処置法」を成立させ「緊急事態宣言」を出せる状態を用意し、東京都の小池知事はテレビに出演し「感染爆発の重大局面」というフリップをかざして、「週末の外出自粛」を要請している。そのテレビのチャンネルを回すと、民放では、外界の緊急時に関係なくこれまでになかった情報速度を勝ち取った「5G」のスマフォの宣伝をやっている。

また別のチャネルでは、これからの世界経済が産業動態のロックダウンにより同時不況が刻々と近づいてくる足音が聞こえるのに、AIを活用した投資の有利性を得々と解説している青年社長が登場し、極端に乗客が減少した鉄道がキャッシュレスで搭乗できるシステムを解説し、観光会社では夏のリゾート地のツアー予約、船会社では新型客船導入の宣伝を行っている。

それらのテレビのCMを眺めながら、私は不条理の文学を思い起こしていた。カミュの『ペスト』や、カフカの『変身』などである。『ペスト』はまさにフランスの植民地アルジェリアの港町で起こったペストの大流行によって生まれる人間模様を扱ったものであるが、主題は善人にも罪人にも、ペストと戦う医者にも、愛する妻にも何ら差別なく襲ってくる疫病の不条理をテーマにしている。「死」しか回答のない人間の人生に、存在の意味を問うているのだ。

『変身』もまた、ごく普通のセールスマンだったザムザがある日突然、ベッドの上で大きな虫に変身している自分を発見する不条理の物語である。この小説を思い起こすとき、私たちは自宅待機させられて一匹の虫に変身せざるを得ない自己を見つめることになるのでは、とここでも毒虫の「死」でしか終わらせる他のない不条理を、直截に感じていたものだ。

この不条理に満ちた現代社会にとって、通信の速度や食料が配達され、読みたい本が配本されてくるアマゾンのシステムは確かに便利であるが、物理的厄害の防御や社会的病理の不安を本質的に治癒する役割を果たすことができるのか（むろん、そんなことには何の関係もないビジネスであるが）、と疑問に思えてならない。

それらは、人間の社会は本来不条理な事々が満ちていて、不合理で不便であることに対して肉体的にも、精神的にもある種の耐性、拮抗する力が求められているのに、すなわち肉体的な免疫力という素晴らしい内発力を授けられているのに、「合理」と「利便」はメンタルな免疫力をどんどん解除して、実は極めて脆弱な人間を創出してしまっているのが、現代文明の向かっている方向ではないのだろうかと、思念せざるを得ないのである。

ブカレストの生き残ったシーラカンス的商業施設「ハヌル・ルイ・マヌク」に出会ったとき、私はふと「ノアの箱舟」のことを想起した。この中庭のアゴラに集った人々も、民族レストランで歌とダンスを楽しんでいるお客さんも、4階のホテルの部屋で寛いでいる家族も、実はみんな善人であって、一つの幸せに向かって航行している箱舟に乗り合わせている、というイメージである。

　コロナウイルスの蔓延で、日に日に感染者が増えてくる数字を数えながら、そしてロックダウンが始まって狭い自宅に閉じ込められる「ザムザ」の心境になって思うことは、この私たちの暮らす街に、都市に何か安全で楽しい居場所を求めることはできないだろうか、ということであった。旧約聖書のあの「ノアの箱舟」の物語は、「ハヌル・ルイ・マヌク」を思い出しての連想であった。コロナウイルス禍根や台風や大雨、そして破壊的地震などに対して私たちは今こそ安全で安心なアジールやサンクチャリー・シェルターを心底望んでいるのではないだろうか。

　それはこれまでの避難場所となる体育館や市民文化センターや、倉庫のようなものをイメージすることはできない。そこはしばし暮らせる聖地であり、心身共に保全された愉楽の空間でなくてはならない。

　都市の中で唯一そのモデルとなるのは「SC＝ショッピングセンター」でしかない、と確信する。私は、ブカレストで出会ったキャラバンサライとしてのハヌル・ルイ・マヌクに、そして近代の多くの多様な天災・災害に応災して市民を救済した幾つかのSCに先行的なモデルをイメージした。

　そしてそのサンクチュアリー・シェルターのプロトタイプは、まさに「ノアの箱舟」にあると気が付いたのである。

「ノアの箱舟」とは、旧約聖書の『創世記』に登場する物語であるが、地上の堕落した人間たちの世界に怒った主（神）が大洪水を起こして、その罪びとたちを滅ぼそうとする。しかし同時に善良なノアの家族たちだけを多くの動物たちと共に存続させるために、ゴフェルの木で箱舟を造らせ、そこで難を逃れるようにさせた。40日40夜洪水は続き、地上の生きものを滅ぼしつくし、水没は１５０日で終わった。その40日後、ノアは鳩を放ったがとまるところがなく戻ってきた。7日後また放つとオリーヴの小枝をくわえて戻ってくる。その7日後、また鳩を放つともう戻ってはこなかった。地上に安寧の日が戻ったのだ。

こうしてノアの家族と動物たちは船を降

旧約聖書の「創世記」に登場する物語「ノアの箱舟」の絵本

り、地上に戻ることができた。祭壇を築き、神に感謝を捧げたノアとその家族に、神は祝福を贈った。これが「ノアの箱舟」の物語であるが、ひょっとするとコロナウイルスは天から送られてきた「大洪水」の象徴であるのかもしれない。善良な私たちは、生き延びる場を求めなければならない。

いま、日本の国内には3000カ所を超えるSCが存在する。それらを3000の「ノアの箱舟」と仮定しよう。地域やコミュニティに存在するSCこそが、ウイルスの蔓延で閉鎖の対象になるのではなく、地域の人々の持続的に生き延びるアジールであり、ヒューマンサンクチャリーであることを目指す時代が来ているのではないか。

「ノアの箱舟」は、実体としてはアジール（聖地）やユーマンサンクチャリー（人間保全地）であるが、その仕組みや装備（コンテンツ）をイメージしなければならない。そこで私は仕組み（システム）やコンテンツを、バックミンスター・フラーの提案した『宇宙船地球号』の考え方をモデルにしようと、さらに想起した。

「宇宙船地球号」としてのSC

これまでに、自然災害やウイルスなどによる厄害に対して、実に脆弱な都市のあり様を見てきたが、その生態を地球規模に広げて、地球の未来を予測し、あるべき姿を思想的にも、また現実的な物理的仕組みについても提言してきたのがアメリカの思想

1950年代から「宇宙船地球号」という概念をもつハックミンスター・フラー

家でありエンジニアであったバックミンスター・フラーであった。フラーはレオナルド・ダ・ヴィンチにも比肩できる発明家でもあったが、先進的な特定の人間を除いて彼のことを評価している人間はいまでも少ない。私といえば、圧倒的な信奉者である。

フラーを思想家でありエンジニアであるとしたが、彼の存在や思想の全体性を表現する言葉を知らない。なぜかといえば、フラーは多様な建築的構造技術（代表的発明はジオデシック・ドームなど）を開発しながら、それらの専門性にこだわらずに人間の持つ思考の包括的能力を高く評価し、主軸にしてきた人物であるからである。

彼は、テクノロジーを自在に使いながら、そのテクノロジーの向かうところはエコロジーである、という思想を抱いてきた。それらのテクノロジーを駆使してダイマクシオン・ハウスやダイマクシオン・カーを開発して事業化し、そのための会社を興したが、そのほとんどは経済的には失敗した。それというのも、フラーにとっては事業に成功して大金持ちになることが目的ではなく、彼の思想の根底にある「人類の持続可能な生存を担保する」ことが、最大の目的であったからだ。その思想とは「モバイル・バイオスフィア（遊動体としての地球）」であって、移動すること、浮遊することが、すなわち宇宙の基本原理の引力からの解放、自由が、彼が考え出した最大のキー概念「宇宙船地球号」の持続可能性の哲学であったからだ。地球自体がこの宇宙に在っ

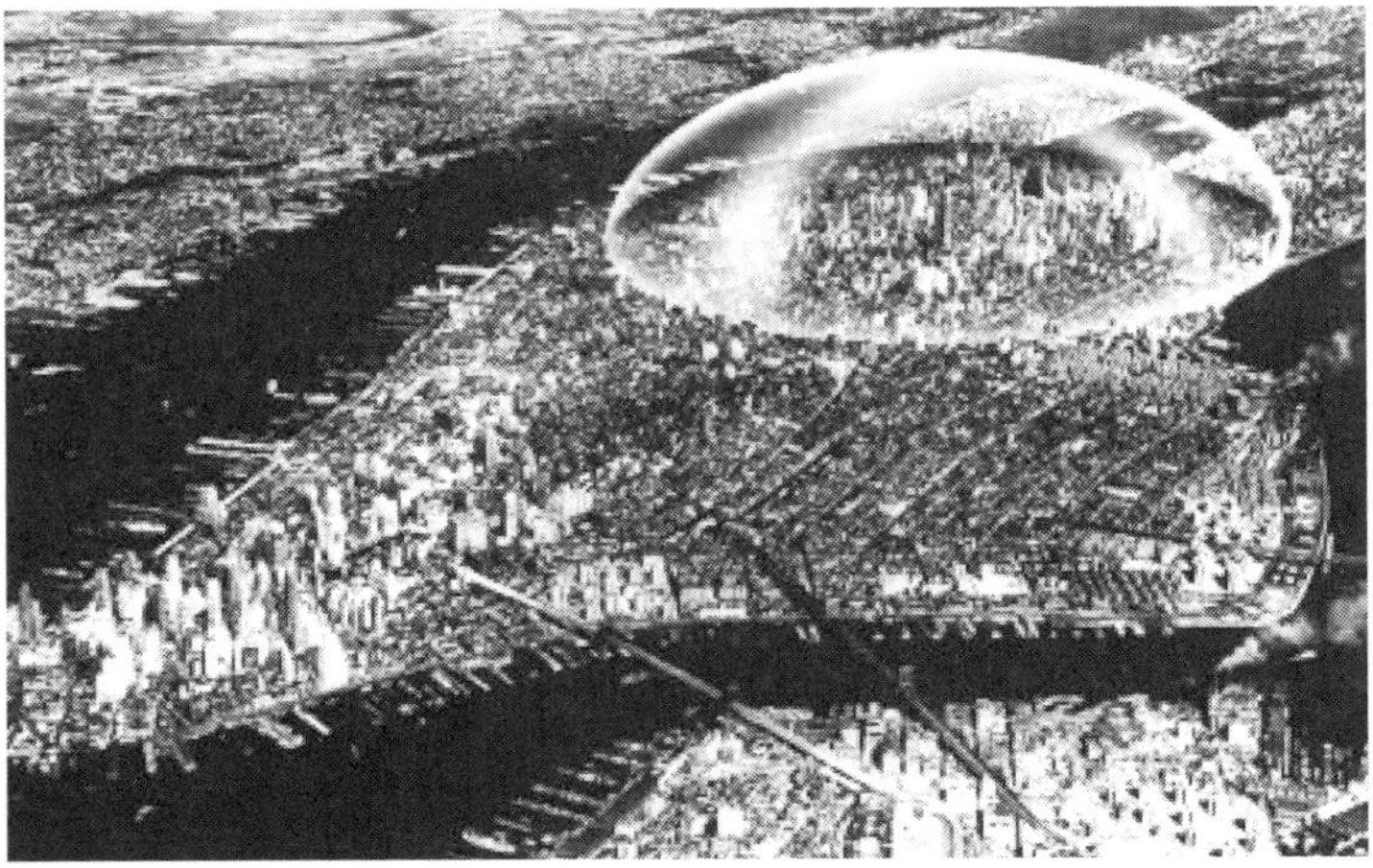

フラー構想の中に、ジオデシック・ドームを使って都市全体の環境をコントロールするニューヨークシティのメガストラクチャーがある

て、移動し、浮遊しているということである。

「宇宙船地球号」というコンセプトにフラーが込めたものは、何か。宇宙の中でも奇跡的な生命圏を生み出した実に完璧で見事な生態系である地球は、逆にその精緻な仕組み故に脆い構造を持っている。その地球という遊動体の操縦マニュアル（取扱説明書）こそが奇跡的生命圏を持続させていくうえで最も必要なものだ、としてまとめたものが『宇宙船地球号：操縦マニュアル（1963年）』であったのだ。いま、国連でまとめた「SDGs」が国家や企業の規範として取り扱われているが、すでにその基本となる哲学は、フラーが1963年に提起していることになる。太陽から熱源という恩恵を受けながら、閉ざされた生態系を持つ遊動体・地球のことを半世紀以上前に『宇宙船地球号』と表現したフラーの感性と知性に、私は感動する。

考えてみると、コロナウイルスも台風も、地震もモバイルである。フラーだったら、都市におけるSCをどう考えたのであろうか。キャラバンサライは、移動体としての商隊を受け入れるがそれ自体は堅牢な城郭のようなものであった。彼であれば、城郭ではなくスペースフレームのフラードームでSC全体を覆うかもしれない。そしてそこには売り場や倉庫だけでなく、地域のコミュニティの人々が必要とする空中農場で野菜の生産をし、デザイン・サイエンスの手法で何でも生産してしまう自在工場を構築してしまうかもしれない。その手法は、例えば東京の渋谷区全体をジオデシック・ドームで覆い、渋谷区全体がバイオスフィア3として、自律的で持続可能な自己循環都市になってしまうのである。コアになるSCが、都市の生態系をマネジメントし、ソフトな意味で包み込んでしまうイメージであろうか。

次代のための操舵室にて

本書は『突破するSC』がテーマになることを聞いて、私の構想はこれまでのSCの構造やスタイルを一挙に突破することになってしまった。

現代のイノベーション理論によれば、新しいイノベーションのフェーズを興そうとすればそれまでになかった新しい知識基盤が必要とされる。今回のコロナウイルスの社会カタストロフに遭遇し、識者の多くは「デジタル社会への変容の機会」にすべきだと論じているが、デジタル社会は当然としているから、もう時代はビョンドデジタルである。いま必要なのはデジタルの知識だけではない。ポストパンデミックは、モバイル・バイオスフィアであり、アグリテクノロジー―や、自在工場（フリーリィ・インダストリー）などの新たな叡智の基盤が必要になろう。

パンデミックがいつ終わるのか、などと疑心暗鬼にならずに、忘却される前にバックミンスター・フラーの思想を、もう一度紐解いてみる気概を、私たちは持たなければいけない。

人生の中で、おこもりの時間が1年間ほど続いたとしても、それは次なる知識ステージを用意し、この「宇宙船地球号」の操舵室となる次代のSC（スペース・クリエーションセンター）としてのSC（セキュリティ・コア＝地域の安全を守り、コミュニティの生活生態系と経済生態系を持続させる、都市になくてはならない操縦施設）、すなわち新しい概念のショッピングモールをデザイン・サイエンスする時間と考えれば、これ以上の有益な人生を送る機会は他にない、と嬉々として私は自分の操舵室でこの原稿を完成させたのだ。

あとがき

日本にショッピングセンター（ＳＣ）が誕生して、２０１９年に50年を迎えた。50年を機に日本のＳＣの歴史を振り返り、次の50年のＳＣのあり方、新しいビジネスモデルを考えようとの話が業界のいろいろな人たちから持ち上がった。２０１８年頃からは日本ＳＣ協会内の委員会や業界人有志による研究会等で盛んに論じられ始めた。そんな中、２０１８年秋に大甕聡氏（日本ＳＣ協会顧問）から出版の相談を受け、本書の企画がスタートした。

大甕氏との打ち合わせではどんな経緯でＳＣが日本に登場したのか。その１号はどこか、ＳＣは日本の商業にどんなインパクトを与え現在に至っているのか。日本の手本となった米国のＳＣと日本のＳＣのそれはどう違うのか。そして50年、ＳＣは日本では戦後最強の商業施設に大飛躍したがこの先どんな問題があるのか等意見を交換した。

この20年間は業界挙げてＳＣの新規開業がラッシュとなり、47都道府県全てにＳＣが誕生した。多くのディベロッパーが「いけいけどんどん」と開発競争し大競合となり、それにコロナ禍も加わり、社会構造の変化で業界は曲り角に立たされているのである。「ツケがまわった」といわれもしている。

これらの状況を踏まえ、この先のＳＣのあり方を提案するのを目的、テーマに本書の編集は始まった。

大甕氏のお声がけもあり、「未来ＳＣ研究会」のメンバーである、ハーレイ・岡本氏、山田宗司氏、佐々木健雄氏に共同執筆者として加わっていただき、２０１９年夏から打ち合わせを重ねた。しかし２０２０年春のコロナ禍発生でスケジュールが遅れ、内容の変更もせざるを得なくなったりして、発行は２０２０年５月の予定からほぼ１年遅れとなった。

その間の状況変化、本書における著者分担、執筆、提案の方向、未来ＳＣの考え方については山田宗司氏による「まとめにかえて」を参照されたい。本書では四人の執筆者の方以外に、「オピニオン」として彦坂裕氏（スペースインキュベータ代表）と望月照彦氏（構想博物館館主）のお２人に特別寄稿をいただいた。いずれも未来のＳＣを考える視点を学問的観点からご執筆されている。お２人はＳＣアカデミーの主任教授である。またＳＣを消費者の方々はどう見ているのか。４人の方々からコラムを寄せていただいた。それぞれの日常から今のＳＣをきちんととらえ、提案もされている。

繊研新聞出版部からはショッピングセンターに関する本はこれで３冊目の発行となる。１冊目は「ＳＣ経営士が語る新・ショッピングセンター論」（ＳＣ経営士22名の共同執筆・２０１３年12月発行）、２冊目は「誘惑のデザイン、都市空間と商業環境の未来を構想する」（彦坂裕著２０１６年６月発行）である。前２冊にも編集者として関わった私にとってこれでＳＣ３部作となった。この先の50年、ＳＣが新しい概念で社会的存在感を高めていく事に本書が少しでもお役に立てれば幸いである。

最後に本書を発行するに当り、お忙しい中、コロナ禍の中、執筆いただいた著者の皆様には厚くお礼申し上げます。また出版、編集に当り、我慢強く対応していただいた出版部の山里泰さん、同じく我慢強く、かつ親切に作業していただいたデザイナーの原敏行（ストック＆フロークリエイション代表）さんに感謝します。

古旗　達夫　編集コーディネーター

２０２１年３月

大甕 聡（おおみか さとし）

1941年生まれ、1964年小樽商科大学卒業、1969年東神開発（株）入社、1988年（株）総合都市開発に出向、代表取締役社長就任、1993年東神開発（株）に復職、2000年東神開発（株）代表取締役専務就任、2002年（一社）日本ショッピングセンター協会事務局長、2003年同協会専務理事、2011年同協会顧問、SC経営士会会長（2020年退任）、現在に至る。

ハーレイ・岡本（ハーレイ　おかもと）

(株) イマジネーションプロみなみかぜ 代表取締役、(一社) 日本ショッピングセンター協会会員。SC経営士 (23期)。SC経営士会・研究研鑽グループ委員。SCアカデミー1期生。NPO法人まちづくりネットワークTOMネット 専務理事。コニカミノルタプラネタリウム (株) コンサルタント。福井県 企業誘致アドバイザー。(一社) 食の拠点推進機構 事業化委員。ダンスイベントや大道芸に詳しい。

山田 宗司（やまだ そうじ）

国鉄入社後、ＪＲ西日本へ。旅行業本部国内旅行課長、神戸支店長、京都支店長。ＪＲ西日本ファッショングッズを創立、代表取締役社長。駅・ＳＣに服飾雑貨の店舗を展開。その後、天王寺ＳＣ開発及び神戸ＳＣ開発の代表取締役社長を経て、ＪＲ西日本ＳＣ開発の会長。現在、同社及び京都ステーションセンター顧問。日本ＳＣ協会調査研究委員長。ＮＰＯ法人ＴＯＭネット理事。未来ＳＣ研究会主宰。

佐々木 健雄（ささき たけお）

東京都出身。1985年中央大学経済学部国際経済学科卒業、同年大和ハウス工業㈱入社。「湘南モールフィル（藤沢市）」「横浜四季の森フォレオ」「イーアスつくば」などのSCを開発、運営し、２０１６年から現職でSCの再生事業に取り組む。
ＳＣ経営士（19期）ＳＣアカデミー卒（1期）

彦坂 裕（ひこさか ゆたか）

建築家・環境デザイナー　SCアカデミー指導教授　玉川髙島屋S・C 20周年リニューアルほか多くの商業施設ならびに展示メディア空間のコンセプトづくり・設計・コンサルティング、都市環境のグランドデザイン、万国博覧会の計画などに携わる。著書は『二子玉川アーバニズム』（鹿島出版会）、『夢みるスケール』（彰国社）、『誘惑のデザイン』（繊研新聞社）など多数。

望月 照彦（もちずき てるひこ）

多摩大学名誉教授（1943年生まれ、静岡市出身）
イタリアのフィレンツェを中心にした「ルネサンス美術」の研究を通し、時代の芸術文化の担い手は「商人」であることを、会田雄次氏の博士論文である『ルネサンス美術と社会』で認識。その後の展開が「都市と商業社会」の研究に辿り着く。「SCは経済と文化活力の源泉」を信条としている。

前期								今期売上高（核テナント除く）見通し
売上高	伸び率	営業面積	物販売上高	衣料品売上高	衣料品面積	テナント数	うち衣料品店	
92,800	▼2.6	79,000				330		
87,500	▼7.0	44,000				210		
83,200	▼1.1	53,000						
75,800	▼3.7	102,000				460		
64,361	▼1.3	37,245	39,339	12,546	10,045	361	124	
58,000	3.0	42,200				210		
56,400	▼1.4	45,700				300		
56,000	3.9	45,800				310		
55,441	▼4.3	46,663	39,014	12,565	10,021	364	89	
53,356	▼0.5	42,682				240	65	
52,719	▼4.4					280	72	
50,700	▼6.1	88,000				310		
49,100	0.2	80,000				290		
47,393	▼4.5	46,642	35,104	16,364	13,970	314	87	
47,200	5.4	56,000						
46,900	0.4	44,000				260		47,200
46,872	▼6.5	19,326	40,362	29,751	10,512	262	141	
46,824	▼4.8	19,799	41,594	23,639	10,056	236	98	
46,100	▼1.3	93,000				280		
41,960	▼2.2	45,806	31,757	15,535	19,065	236	92	
40,900	▼3.0	37,300				180		
40,200	▼6.0	39,400				200		
40,167	▼3.4	55,000	19,843	8,534	10,800	172	51	
39,787	1.9	31,512	32,314	10,068	10,643	322	78	41,000
39,626	▼1.8	24,180	34,582	15,347	10,382	266	86	
39,542	▼8.0	31,000				312		
39,500	3.4	61,500	27,800	10,400	19,000	265	77	39,400
39,062	0.7	70,681	27,647	12,837	21,354	228	82	37,994
38,956	0.4	35,300						
38,358	▼4.9	37,462	30,186	13,470	11,788	220	96	
37,322	0.2	39,000				350	120	
37,300	▼1.8	54,000				260		
37,000	▼8.4	62,000				180		
36,234	▼3.6	24,810	24,353	13,608	10,444	271	75	
36,000	▼4.3	60,000	4,231	6,180	9,300	206	34	33,500
34,600	▼3.1	32,000				210		
34,505	▼2.0	66,145	24,991	7,030	12,447	227	53	30,000
34,312	▼3.4	23,010	23,384	6,386	5,384	247	44	
34,000	▼2.3	37,000				240		
33,888	▼1.0							
33,098	▼2.2	33,601	23,948	10,811	11,521	227	73	31,202
32,600	2.0	31,800				170		
32,013	▼5.5	38,490						
31,100	▼0.3	60,000				250		
30,900	▼1.9	60,000				250		
30,800	▼1.0	41,900				220		
30,575	▼5.2	17,903	26,703	15,443	9,042	171	72	

全国主要SC(ショッピングセンター)19年度売上高ランキング①

順位	施設名	所在地	企業名	開業年	
					決算期
1	ラゾーナ川崎プラザ※1	川崎市	三井不動産	06	20/3
2	御殿場プレミアム・アウトレット※1	静岡県	三菱地所・サイモン	00	20/3
3	ルクア大阪	大阪市	JR西日本SC開発	11	20/3
4	ららぽーとTOKYO-BAY※1	千葉県	三井不動産	81	20/3
5	ジョイナス(高島屋除く)	横浜市	相鉄ビルマネジメント	73	20/3
6	神戸三田プレミアム・アウトレット	神戸市	三菱地所・サイモン	07	20/3
7	三井アウトレットパークジャズドリーム長島	三重県	三井不動産	02	20/3
8	三井アウトレットパーク木更津※1	千葉県	三井不動産	12	20/3
9	JR博多シティ※4	福岡市	JR博多シティ	11	20/3
10	軽井沢・プリンスショッピングプラザ	長野県	西武プロパティーズ	95	20/3
11	テラスモール湘南	神奈川県	住商アーバン開発	11	20/3
12	ららぽーとエキスポシティ	大阪府	三井不動産	15	20/3
13	ららぽーと富士見	埼玉県	三井不動産	15	20/3
14	玉川高島屋SC(高島屋除く)	東京都	東神開発	69	20/2
15	阪急西宮ガーデンズ(阪急百貨店、イズミヤ、シネマ除く)※4	兵庫県	阪急阪神ビルマネジメント	08	20/3
16	グランフロント大阪ショップ&レストラン	大阪市	阪急阪神ビルマネジメント	13	20/3
17	ルミネエスト	東京都	ルミネ	06	20/3
18	ルミネ新宿	東京都	ルミネ	76	20/3
19	ららぽーと横浜(イトーヨーカ堂除く)※1	横浜市	三井不動産	07	20/3
20	あべのキューズモール(イトーヨーカ堂除く)	大阪市	東急不動産SCマネジメント	11	20/3
21	佐野プレミアム・アウトレット	栃木県	三菱地所・サイモン	03	20/3
22	りんくうプレミアム・アウトレット	大阪府	三菱地所・サイモン	00	20/3
23	二子玉川ライズ・ショッピングセンター	東京都	東急モールズデベロップメント	11	20/3
24	エスパル仙台	仙台市	仙台ターミナルビル	78	20/3
25	ルミネ大宮	さいたま市	ルミネ	67	20/3
26	東京ソラマチ	東京都	東武タウンソラマチ	12	20/3
27	コクーンシティ(ヨドバシカメラなど除く)	さいたま市	片倉工業	04	19/8
28	モゾ・ワンダーシティ(イオン除く)	名古屋市	三菱商事UBSリアルティ	09	20/2
29	北千住マルイ	東京都	丸井	04	20/3
30	札幌ステラプレイス	札幌市	札幌駅総合開発	03	20/3
31	天王寺ミオ	大阪市	JR西日本SC開発	95	20/3
32	ららぽーと海老名	神奈川県	三井不動産	15	20/3
33	アーバンドックららぽーと豊洲※1	東京都	三井不動産	06	20/3
34	ルミネ立川	東京都	ルミネ	82	20/3
35	トレッサ横浜	横浜市	トヨタオートモールクリエイト	07	20/3
36	三井アウトレットパーク入間	埼玉県	三井不動産	08	20/3
37	イーアスつくば	茨城県	大和ハウス工業	08	20/3
38	阪急三番街	大阪市	阪急阪神ビルマネジメント	69	20/3
39	三井アウトレットパーク滋賀竜王	滋賀県	三井不動産	10	20/3
40	名古屋パルコ	名古屋市	パルコ	89	20/2
41	なんばシティ	大阪市	南海電気鉄道	78	20/3
42	鳥栖プレミアム・アウトレット※1	佐賀県	三菱地所・サイモン	04	20/3
43	サンシャインシティ・アルパ	東京都	サンシャインシティ	78	20/3
44	ららぽーと湘南平塚	神奈川県	三井不動産	16	20/3
45	ららぽーと立川立飛	東京都	三井不動産	15	20/3
46	酒々井プレミアム・アウトレット	千葉県	三菱地所・サイモン	13	20/3
47	ルミネ横浜	横浜市	ルミネ	80	20/3

前期								今期売上高（核テナント除く）見通し
売上高	伸び率	営業面積	物販売上高	衣料品売上高	衣料品面積	テナント数	うち衣料品店	
30,051	▼6.2	15,914	26,458	9,796	5,703	301	62	
29,500	▼2.0	35,200				180		
29,116	▼0.1	72,626	26,151	7,081	15,139	213	53	28,500
29,000	▼4.0	55,000				220		
28,700	▼4.7	20,000				128	48	
28,612	▼2.3	42,000	20,900	8,005		217	64	
28,521	0.3	68,000						
28,067	2.6	45,130	8,616	4,230	6,612	138	43	
27,783	6.3	23,508	21,777	4,497	5,536	255	66	28,744
27,643	▼3.0	26,118	22,367	5,546		219	41	
27,500	▼4.5	59,400				180		
27,468	▼3.6	16,587	22,040	12,610	6,786	187	76	
27,456	▼8.5	30,590						
27,317	▼3.6	14,716	21,640	6,643		140	33	
27,200		59,500				220		
27,149	4.0							
27,000	▼3.6	47,000				150		
26,688	▼5.1							
26,500	▼4.7	30,000				180		
26,400	▼7.0	51,800				246	94	
26,254	▼3.9	13,388	21,925	3,671		211	27	
26,220	▼2.5	35,436	19,799	8,762	10,208	215	78	
25,533	▼1.5	42,212				176	49	
25,258	▼2.3	30,854	21,854	5,419	7,542	212	43	26,121
25,152	8.3	74,410	17,837	6,993	22,220	205	62	
24,843	▼2.7	28,000	18,473	6,539	7,026	150	43	
24,200	0.8	50,000				180		
23,750	▼1.5	36,000	18,558	6,259	11,000	239	63	
23,384	▼4.5	23,626	18,505	7,203	7,192			24,825
22,700	▼4.6	22,700				140		
22,527	▼2.5	53,200	15,281	7,068	17,177	167	55	23,139
22,500	▼5.5	50,000				180		
22,373	▼2.8	44,583	19,202	3,171	9,371	100	29	
22,206	▼0.6							
21,817	▼1.1	8,990	9,554	4,774	3,008	121	31	22,500
21,756	▼1.3	27,424	19,877	2,958	3,781	109	27	22,219
21,729	▼2.0	41,661	14,813	3,559	11,506	194	46	
21,634	▼2.8	11,595	20,198	13,054	7,159	127	61	
21,576	▼2.6	32,360						
21,545	▼5.5	18,211	16,966	1,737	2,801	175	18	22,874
21,300	▼4.1	48,000				161	75	
21,160	4.6	23,392	15,009	6,159	6,335	180	47	
20,597	▼2.0	24,043		4,558	5,727	150	42	
20,586	1.3	24,553	17,450	7,059	8,828	194	61	
20,412	▼6.7	59,338		3,185	8,636	158	31	
20,400	▼3.8	21,120				120		
20,353	▼3.2	18,432	14,716	6,808	6,956	193	80	21,609
20,257	0.3							

全国主要SC（ショッピングセンター）19年度売上高ランキング②

順位	施設名	所在地	企業名	開業年	決算期
48	ルミネ北千住	東京都	ルミネ	85	20/3
49	土岐プレミアム・アウトレット	岐阜県	三菱地所・サイモン	5	20/3
50	エミフルまさき（フジ除く）	愛媛県	フジ	8	20/2
51	ららぽーと和泉	大阪府	三井不動産	14	20/3
52	東京ミッドタウン	東京都	東京ミッドタウンマネジメント	07	20/3
53	くずはモール（京阪百貨店、ダイエー、イズミヤ除	大阪府	京阪流通システムズ	07	20/3
54	モラージュ菖蒲	埼玉県	双日商業開発	08	20/3
55	流山おおたかの森SC	千葉県	東神開発	07	20/2
56	ペリエ千葉※1	千葉市	千葉ステーションビル	63	20/3
57	アトレ川崎	川崎市	アトレ	58	20/3
58	ららぽーと新三郷	埼玉県	三井不動産	09	20/3
59	ルミネ池袋	東京都	ルミネ	10	20/3
60	丸井新宿店	東京都	丸井	48	20/3
61	アトレ恵比寿	東京都	アトレ	97	20/3
62	ららぽーと名古屋みなとアクルス※2	名古屋市	三井不動産	18	20/3
63	浦和パルコ	さいたま市	パルコ	07	20/2
64	ダイバーシティ東京プラザ※1	東京都	三井不動産	12	20/3
65	池袋パルコ	東京都	パルコ	69	20/2
66	三井アウトレットパーク札幌北広島	北海道	三井不動産	10	20/3
67	なんばパークス	大阪市	南海電気鉄道	03	20/3
68	アトレ吉祥寺	東京都	アトレ	69	20/3
69	アミュプラザ鹿児島	鹿児島市	JR鹿児島シティ	04	20/3
70	マークイズみなとみらい	横浜市	三菱地所リテールマネジメント	13	20/3
71	セレオ八王子北館※3	東京都	JR東京西駅ビル開発	12	20/3
72	モレラ岐阜※1	岐阜県	プライムプレイス	06	19/12
73	たまプラーザテラス（東急百貨店除く）	横浜市	東急モールズデベロップメント	10	20/3
74	ららぽーと柏の葉※1	千葉県	三井不動産	06	20/3
75	アミュプラザおおいた	大分市	JR大分シティ	15	20/3
76	エスタ（ビックカメラ除く）	札幌市	札幌駅総合開発	78	20/3
77	三井アウトレットパーク幕張	千葉市	三井不動産	00	20/3
78	スマーク伊勢崎※1	群馬県	プライムプレイス	08	19/12
79	ららぽーと磐田	静岡県	三井不動産	09	20/3
80	港北東急SC	横浜市	東急モールズデベロップメント	98	20/3
81	福岡パルコ	福岡市	パルコ	10	20/2
82	横浜駅東口地下街ポルタ	横浜市	横浜新都市センター	80	20/3
83	青葉台東急スクエア	横浜市	東急モールズデベロップメント	00	20/3
84	ダイナシティ（イトーヨーカ堂除く）	神奈川県	ダイドーフォワード	93	20/3
85	ルミネ有楽町	東京都	ルミネ	11	20/3
86	マルイファミリー溝口	川崎市	丸井	97	20/3
87	金沢百番街	金沢市	金沢ターミナル開発	91	20/3
88	マリノアシティ福岡	福岡市	エフ・ジェイエンターテインメントワークス	00	19/10
89	柏高島屋ステーションモール（高島屋除く）	千葉県	東神開発	71	20/2
90	アミュプラザ長崎	長崎市	JR長崎シティ	00	20/3
91	ピオレ姫路	兵庫県	JR西日本アーバン開発	08	20/3
92	サントムーン柿田川※1	静岡県	ダイトウボウ	97	20/3
93	三井アウトレットパーク多摩南大沢	東京都	三井不動産	00	20/3
94	パセオ	札幌市	札幌駅総合開発	89	20/3
95	仙台パルコ	仙台市	パルコ	08	20/2

前期								今期売上高（核テナント除く）見通し
売上高	伸び率	営業面積	物販売上高	衣料品売上高	衣料品面積	ﾃﾅﾝﾄ数	うち衣料品店	
20,015	▼5.5	15,800	11,598	4,533	4,500	149	32	21,194
19,600	▼4.4	59,000				150		
19,482	2.0	11,500	19,984	5,989		152	57	
19,264	▼4.0	16,172	8,715	3,851	1,719	124	27	19,578
19,013	▼11.2	18,500						
18,931	▼2.8	13,688				154	27	
18,820	▼2.9	17,100	9,255	4,773	3,495	132	19	19,921
18,714	8.3	33,777	4,972	1,500	3,481	96	12	
18,669	▼0.1	23,606	16,500	2,970	4,963	136	20	
18,634	▼4.7	30,075	15,418	5,122	7,629	135	44	
18,586	3.3							
18,582	0.7	16,727	17,176	13,846		160	103	
18,399		48,231				162	54	
18,233	▼1.4	51,000			9,000	180	33	
18,000		51,000	13,859	5,220	10,122	243	61	
17,773	▼3.4	38,396				94	23	
17,562	▼8.9	29,000	9,712	2,642	6,600	165	18	17,904
17,535	▼3.0	35,294	9,074	2,742	5,525	148	15	17,458
17,462	▼11.3	40,235				127	28	
17,334	▼6.9	15,447	7,878	2,591	3,230	217	36	
17,300	▼0.7	28,030	10,418	3,643	9,060	154	51	17,800
16,820	1.7	39,686	13,999	2,821	5,973	98	19	
16,700	▼2.9	22,800				140		
16,400	▼4.0	30,700				160		
16,364	▼10.2	13,720	8,536	1,804	1,693	182	20	
16,000	3.2	20,000				80	20	
15,945	▼6.0	10,145	9,937	4,470	3,419	115	36	
15,932	2.5	34,985	8,899			120		
15,866	▼2.4	21,522	7,603	2,479		97	24	14,388
15,817	▼1.6	7,823	11,233	4,709	956	99	26	
15,817	0.4	30,000			8,300	131	28	15,861
15,770	▼16.8	10,499				136	41	18,783
15,630	▼4.2	10,530	9,020	751	1,094	154	14	
15,503	▼1.4	20,373	12,361	3,009	4,764	174	44	
15,500	▼4.9	22,000				125	25	
15,334	0.2	20,770	8,432	4,048	7,948	142	39	14,496
15,277	21.8	19,200	11,704	4,715	5,600	196	50	
15,071	▼6.6							
15,055	0.0	31,600	11,950	4,185	7,555	151	31	12,750
14,812	▼8.0	38,000				140	40	14,000
14,803	▼4.7	21,270						
14,766	▼4.3	8,550	12,610	3,560	2,528	120	25	
14,734	▼12.2	19,051	6,691	2,234	3,322	134	23	14,734
14,579	0.3	19,428	11,655	6,637		111	59	
14,543	▼0.2	12,009	11,941	1,943	3,042	127	21	
14,515	9.2	10,599	6,253	716	572	85	5	15,474
14,507	6.0	32,000	9,523	2,144	3,325	93	17	
14,500	4.8	36,631	5,400	2,000	5,000	111	18	

全国主要SC(ショッピングセンター)19年度売上高ランキング③

順位	施設名	所在地	企業名	開業年	決算期
96	新丸ビル	東京都	三菱地所プロパティマネジメント	07	20/3
97	ららぽーと甲子園(イトーヨーカ堂除く)	兵庫県	三井不動産	04	20/3
98	天神地下街	福岡市	福岡地下街開発	76	19/9
99	東急プラザ蒲田	東京都	東急不動産SCマネジメント	68	20/3
100	有楽町マルイ	東京都	丸井	07	20/3
101	八重洲地下街	東京都	八重洲地下街	65	20/3
102	丸ビル	東京都	三菱地所プロパティマネジメント	02	20/3
103	オリナス錦糸町※1	東京都	キャピタランド・モール・ジャパン	06	19/12
104	相模大野ステーションスクエア	相模原市	小田急SCディベロップメント	96	20/3
105	新静岡セノバ	静岡市	静鉄プロパティマネジメント	11	20/3
106	調布パルコ	東京都	パルコ	89	20/2
107	HEPファイブ	大阪市	阪急阪神ビルマネジメント	98	20/3
108	マークイズ福岡ももち※2	福岡市	三菱地所リテールマネジメント	18	20/3
109	グンゼタウンセンターつかしん(アルプラザ除く)	兵庫県	グンゼ開発	06	20/3
110	グランベリーパーク※2	東京都	東急モールズデベロップメント	19	20/3
111	南砂町SCスナモ	東京都	三菱地所リテールマネジメント	08	20/3
112	ランドマークプラザ/クイーンズタワーA	横浜市	三菱地所プロパティマネジメント	93	20/3
113	ビナウォーク(丸井除く)	神奈川県	小田急SCディベロップメント	02	20/3
114	アクアシティお台場	東京都	三菱地所リテールマネジメント	00	20/3
115	なんばウォーク	大阪市	大阪地下街	70	20/3
116	モザイクモール港北(阪急百貨店除く)	横浜市	阪急商業開発	00	20/3
117	トキハわさだタウン(トキハ除く)	大分市	トキハ	00	20/2
118	三井アウトレットパークマリンピア神戸	神戸市	三井不動産	99	20/3
119	あみプレミアム・アウトレット	茨城県	三菱地所・サイモン	09	20/3
120	ホワイティうめだ※1	大阪市	大阪地下街	63	20/3
121	トリエ京王調布	東京都	京王電鉄	17	20/3
122	京都駅前地下街ポルタ	京都市	京都ステーションセンター	80	20/3
123	ハービスプラザ／ハービスプラザ・エント	大阪市	阪急阪神ビルマネジメント	97	20/3
124	アトレ大森	東京都	アトレ	84	20/3
125	ニュウマン新宿	東京都	ルミネ	16	20/3
125	モモテラス	京都市	住商アーバン開発	15	20/3
127	大船ルミネウイング	神奈川県	ルミネウイング、ルミネ	92	20/3
128	川崎地下街アゼリア	川崎市	川崎アゼリア	86	20/3
129	本厚木ミロード	神奈川県	小田急SCディベロップメント	82	20/3
130	木の葉モール橋本	福岡市	エフ・ジェイエンターテインメントワークス	11	20/3
131	あまがさきキューズモール(阪神百貨店など除く)	兵庫県	東急不動産SCマネジメント	09	20/3
132	アミュプラザ小倉※1	北九州市	JR小倉シティ	98	20/3
133	広島パルコ	広島市	パルコ	94	20/2
134	ニッケコルトンプラザ(ダイエー除く)	千葉県	ニッケ	88	19/11
135	おのだサンパーク※1	山口県	小野田商業開発	83	20/3
136	町田マルイ	東京都	丸井	80	20/3
137	ルミネ荻窪	東京都	ルミネ	81	20/3
138	横須賀モアーズシティ	神奈川県	横浜岡田屋	97	20/5
139	ソラリアプラザ	福岡市	西日本鉄道	89	20/3
140	ラスカ茅ヶ崎	神奈川県	湘南ステーションビル	85	20/3
141	武蔵小杉東急スクエア※1	川崎市	東急モールズデベロップメント	13	20/3
142	京阪シティモール※1	大阪市	京阪流通システムズ	05	20/3
143	イーアス高尾※3	東京都	大和ハウス工業	17	20/3

前期								今期売上高（核テナント除く）見通し
売上高	伸び率	営業面積	物販売上高	衣料品売上高	衣料品面積	テナント数	うち衣料品店	
14,376	▼3.5	9,624	12,386	1,789		73	11	
14,260	▼11.7	18,150				77	7	
14,114	▼6.4	23,866	9,092	3,604	5,735	112	25	14,897
13,955	1.5	22,939	8,265	1,450	2,041	146	15	
13,848	▼0.7	16,440	11,814	3,072	4,240	95	27	14,200
13,800	▼6.1	12,400	7,300	2,000	1,500	110	14	
13,800	0.0	20,000				120		
13,700	▼4.9	26,000				170		
13,532	▼1.1	11,135			4,029	72	24	
13,466	▼1.3	15,683	8,213	2,277	2,345	151	47	
13,429	▼4.9	9,151	9,459	3,334	3,100	104	33	
13,200	0.8	20,000				120		
13,081	▼1.3	6,218	9,145	504	427	129	6	
12,488	▼1.5	31,849	8,203	2,048	5,504	201	36	
12,352	▼0.5	12,564	10,046	1,257	1,952	157	29	12,678
12,218	▼7.4							
12,100	0.0	21,100	4,700	2,500	6,100	120	26	
12,098	▼3.0	14,345	9,091	2,329	3,679	165	34	
12,069	▼7.0	16,390						
12,048	▼2.8	10,703	9,977	2,957		79	17	
11,994	▼0.8							
11,973	▼9.2		8,001	2,434		130	36	
11,918	▼9.2	22,990						
11,701	▼2.7	13,850				91	18	12,000
11,671	▼6.1	6,582	7,939	1,227		61	8	
11,639	▼6.5	8,600	8,606	5,061		120	57	
11,505	▼4.4	14,715	5,400	1,786	5,526	138	32	11,922
11,236	1.9	17,000						
11,200	16.2	5,761	9,328	1,598	1,083	113	17	11,884
11,141	0.0	19,306	6,216	1,391	3,124	100	25	
11,018	▼2.1	22,803	7,361	1,743	4,105	132	28	
11,010	▼11.5	12,548	4,753	3,261	2,535	168	32	
10,904	▼1.5					130	37	
10,763	▼1.9	23,868						
10,654	▼2.5	14,610	9,158	2,069		105	16	
10,626	▼7.5	14,300						

④表中の「売上高」は原則として19年6月～20年5月に迎えた「直近の決算期」もしくはそれに準ずる期間の年間集計の数値

⑤※1は前期もしくは前々期に大規模な増床や減床・改装のあった施設。※2は同期間内に新規開業した施設。※3は今回調査から新たに加わったもしくは再び加わった施設。※4は計上方法などに変更ほかがある施設

全国主要SC（ショッピングセンター）19年度売上高ランキング④

順位	施設名	所在地	企業名	開業年	決算期
144	アトレ目黒	東京都	アトレ	67	20/3
145	東京ミッドタウン日比谷※2	東京都	東京ミッドタウンマネジメント	18	20/3
146	みなとみらい東急スクエア	横浜市	みなとみらい東急スクエア	17	20/3
147	光が丘IMA（リヴィン、イオン除く）	東京都	新都市ライフホールディングス	87	20/3
148	セレオ国分寺（丸井除く）※3	東京都	JR東京西駅ビル開発	89	20/3
149	テルミナ（ヨドバシカメラ除く）	東京都	錦糸町ステーションビル	61	20/3
149	三井アウトレットパーク仙台港	仙台市	三井不動産	08	20/3
151	三井アウトレットパーク北陸小矢部	富山県	三井不動産	15	20/3
152	東京ドームシティラクーア	東京都	東京ドーム	03	20/1
153	京阪モール（京阪百貨店除く）	大阪市	京阪流通システムズ	70	20/3
154	アピア	札幌市	札幌駅総合開発	99	20/3
155	三井アウトレットパーク倉敷	岡山県	三井不動産	11	20/3
156	マイング／博多駅地下街／博多一番街	福岡市	博多ステーションビル	63	20/3
157	サンピアザ、デュオ（イオン、カテプリ除く）※3	札幌市	札幌副都心開発公社	77	20/3
158	ラスカ平塚	神奈川県	湘南ステーションビル	73	20/3
159	札幌パルコ	札幌市	パルコ	75	20/2
160	モリタウン（イトーヨーカ堂除く）	東京都	昭和の森綜合サービス	84	20/3
161	盛岡駅ビル・フェザン	盛岡市	盛岡ターミナルビル	81	20/3
162	上野マルイ	東京都	丸井	85	20/3
163	アトレ大井町	東京都	アトレ	93	20/3
164	津田沼パルコ	千葉県	パルコ	77	20/2
165	さっぽろ地下街オーロラタウン／ポールタウン	札幌市	札幌都市開発公社	71	20/3
166	丸井錦糸町店	東京都	丸井	83	20/3
167	ミウィ橋本	相模原市	住商アーバン開発	01	20/3
168	アトレ上野	東京都	アトレ	02	20/3
169	新宿ミロード	東京都	小田急SCディベロップメント	84	20/3
170	セルバ／セルバテラス	仙台市	住商アーバン開発	99	20/3
171	なんばマルイ	大阪市	丸井	06	20/3
172	ザ・キューブ	京都市	京都駅観光デパート	97	20/3
173	プレンティ（ダイエー除く）	神戸市	OMこうべ	89	20/3
174	マーサ21（イオン除く）	岐阜市	カワボウ	88	20/2
175	サッポロファクトリー※1	札幌市	サッポロ不動産開発	93	19/12
176	モラージュ佐賀	佐賀市	双日商業開発	03	20/3
177	京王聖蹟桜ヶ丘SC（京王百貨店など除く）	東京都	京王電鉄	86	20/3
178	アトレ亀戸	東京都	アトレ	78	20/3
179	国分寺マルイ	東京都	丸井	89	20/3

《表の見方》

単位：百万円、前年比伸び率％、▼減、面積平方㍍

①調査はアンケートを基本として決算発表や前回調査をもとに繊研新聞社の独自取材などを加えてまとめた

②売上高、営業面積（共用部分を除き、空き店舗部分を含む）は百貨店、ＧＭＳなどの核店舗は除いた

③核店舗の位置付けは施設によって異なる場合がある

[売上高総利益率ランキング]

順位	企業名	総利益率
1	三越伊勢丹	28.1
2	高松三越	25.3
3	近鉄百貨店	24.2
3	京王百貨店	24.2
5	トキハ	23.8
6	博多大丸	23.7
6	阪急阪神百貨店	23.7
8	高島屋	23.6
8	山形屋	23.6
10	名古屋三越	23.4
11	鳥取大丸	23.1
12	宮崎山形屋	22.9
12	藤崎	22.9
12	大和	22.9
15	津松菱	22.5
16	ながの東急百貨店	22.4
17	広島三越	22.3
18	大丸松坂屋百貨店	22.2
18	高知大丸	22.2
20	そごう・西武	22.0
21	米子高島屋	21.5
21	川徳	21.5
23	さいか屋	21.3
24	松屋	21.1
25	東武宇都宮百貨店	21.0
26	山陽百貨店	20.9
27	さくら野百貨店	20.3

（単位%）

[営業利益率ランキング]

順位	企業名	営業利益率
1	大丸松坂屋百貨店	3.7
2	博多大丸	2.8
3	阪急阪神百貨店	2.6
4	井筒屋	2.4
5	山陽百貨店	1.5
6	近鉄百貨店	1.4
7	東武百貨店	1.3
8	松屋	1.2
8	岩田屋三越	1.2
8	京阪百貨店	1.2
11	三越伊勢丹	1.1
12	伊予鉄高島屋	1.0
13	大和	0.9
13	トキハ	0.9
15	高知大丸	0.7
16	ながの東急百貨店	0.6
17	東急百貨店	0.3
17	宮崎山形屋	0.3
17	藤崎	0.3
20	京王百貨店	0.1
20	高島屋	0.1
22	山形屋	0.04
23	そごう・西武	0.03

（単位%）

[経常利益率ランキング]

順位	企業名	経常利益率%
1	高崎高島屋	2.7
2	博多大丸	2.4
3	三越伊勢丹	2.3
4	山陽百貨店	1.9
5	井筒屋	1.7
6	東武百貨店	1.4
6	藤崎	1.4
8	近鉄百貨店	1.3
9	松屋	1.2
9	岩田屋三越	1.2
11	伊予鉄高島屋	1.0
12	京阪百貨店	0.9
12	トキハ	0.9
14	高知大丸	0.8
15	大和	0.8
16	鶴屋百貨店	0.8
16	新潟三越伊勢丹	0.8
18	ながの東急百貨店	0.5
18	京王百貨店	0.4
18	東急百貨店	0.4
21	岐阜高島屋	0.2
22	高島屋	0.1
23	山形屋	0.01

[百貨店総売上高の推移]

	13年度	14年度	15年度	16年度	17年度	18年度	19年度
百貨店総売上高	6411800	6281000	6252300	6035700	6029000	5615300	5155700
回答店舗数	214	216	212	202	191	153	142

※単位＝百万円、前期比伸び率、構成比%、▼減
※売上高は国内百貨店事業の決算。
・天満屋グループは米子しんまち天満屋を含めた２社計
・名古屋三越はラシックの売上高を含む
・鳥取大丸は 19 年８月期（18 年度）の実績
・加古川ヤマトヤシキの前期（18 年度）は 18 年３～ 12 月の 10 カ月決算

百貨店企業別売上高ランキング

［19年度百貨店業績ランキング］

（単位：百万円　前期比伸び率：%、▼減）

順位	企業名	売上高	伸び率	営業利益	伸び率
1	高島屋	760,284	▼1.1	4,248	▼50.6
2	大丸松坂屋百貨店	656,152	▼3.6	24,555	▼7.4
3	そごう・西武	589,410	▼2.5	172	▼94.7
4	三越伊勢丹	583,203	▼8.1	6,255	▼65.9
5	阪急阪神百貨店	450,458	▼0.3	11,679	▼33.5
6	近鉄百貨店	258,580	▼1.1	3,609	▼29.6
7	東急百貨店	179,390	▼0.1	625	▼42.8
8	ジェイアール東海高島屋	165,321	1.6		
9	東武百貨店	138,170	▼1.1	1,773	0.5
10	小田急百貨店	128,485	▼5.0		
11	岩田屋三越	107,163		1,260	
12	名古屋三越	87,681	▼3.9	▼ 196	
13	京王百貨店	87,038	▼5.4	120	▼89.2
14	天満屋グループ	83,997	▼3.3		
15	松屋	81,650	▼2.6	1,013	▼51.3
16	ジェイアール西日本伊勢丹	64,463	▼5.0		
17	札幌丸井三越	61,116	▼6.5	▼ 707	
18	井筒屋	58,717	1.6	1,404	
19	トキハ	57,303	▼3.5	501	▼14.8
20	鶴屋百貨店	53,167	▼5.3		
21	博多大丸	52,978	▼3.4	1,496	▼32.2
22	京阪百貨店	50,796	0.0	586	94.2
23	福屋	49,374	▼0.5		
24	名鉄百貨店	48,953	▼5.4		
25	藤崎	44,873	0.3	117	▼66.8
26	大和	43,667	▼4.3	402	7.2
27	新潟三越伊勢丹	42,922			
28	山形屋	42,148	▼3.0	18	
29	伊予鉄高島屋	34,262	▼0.2	343	▼5.9
30	仙台三越	30,184			
31	東武宇都宮百貨店	29,797	▼2.3		
32	水戸京成百貨店	25,146	▼2.0		
33	高松三越	21,532	▼5.3	▼ 238	
34	山陽百貨店	20,323	0.2	313	6.7
35	川徳	20,163	▼3.5		
36	岡山高島屋	18,648		▼ 94	
37	さいか屋	18,431	▼5.0	▼ 18,824	▼45.2
38	さくら野百貨店	17,822	3.2		
39	静岡伊勢丹	17,718	▼6.9	0	▼99.8
40	高崎高島屋	16,002	0.7		
41	ながの東急百貨店	15,253	▼4.6	89	▼62.1
42	広島三越	13,769	▼1.9	▼ 560	
43	岐阜高島屋	13,631	▼3.0		
44	下関大丸	12,695	▼6.2		
45	宮崎山形屋	12,235	▼2.7	32	1296.3
46	松山三越	11,731		▼ 815	
47	高知大丸	11,072	▼5.3	81	▼40.4
48	藤井大丸	10,591	▼2.8		
49	函館丸井今井	7,438			
50	一畑百貨店	7,345	▼8.2		
51	加古川ヤマトヤシキ	6,016	11.5		
52	津松菱	5,965	▼9.3	▼ 71	
53	藤丸	5,611	▼5.4		
54	鳥取大丸	4,769		▼ 53	
55	米子高島屋	4,504	▼5.9	▼ 22	

19年度					19年度						
営業利益	経常利益	前期比	期末店舗数	期末従業員数	メンズ	レディス	子供服	きもの	インナー	服飾雑貨	その他
102,474			817	44,156	39.3	46.9	7.6			2.6	3.6
23,485	23,551	▼10.5	2,158	14,940	9.3	32.3	7.2		24.3	11.3	15.6
20,762	41,166	2.3	437	9,713	7.5	15.4	2.0		6.3	5.1	8.0
28,100			421								
12,885	12,843	74.9	1,392	11,882	14.9	66.0					19.1
8,758	8,803	▼22.2	359	4,848	25.9	42.2				9.1	22.8
▼164	1,020	▼91.9	887	6,734	83.1	16.9					
1,908	2,348	▼40.3	1,006	4,689			48.0			52.0	
9,067	9,168	17.1	926	5,709							
			1,732								
			474	5,951	18.1	70.8					11.1
			616								
2,886	2,391	▼64.8	638	3,993	81.4	18.6					
			117	2,847							
19,170	20,666	40.1	868	351	100.0						
			176		50.2	40.4	2.5			4.9	2.0
5,500			573			76.5					
▼2,175	▼2,196		473	3,595	55.6	26.6	8.4			9.3	
			275		25.7	71.8				2.5	
4,604	4,586	1.0	356	1,511							
3,422	3,659	▼8.0	233	2,900	11.0	20.0	5.0	2.0	21.0	17.0	24.0
73	454	▼66.8	542								
376	639	▼70.3	464		85.9	14.1					
2,400	2,553	▼50.6	881	3,341		88.7				10.9	0.4
	▼1,100		415	1,348							
			213	1,700	33.5	39.1	0.1			23.4	3.9
				1,977					44.2	55.8	
299	361	▼12.2	79	1,233	45.7	47.1	4.0			0.0	3.2
			151						100.0		
▼1,357	▼1,338		371	1,409	47.5	23.8	11.5				17.3
504	494	▼30.6	487	2,629		63.9				33.4	2.7
			306	832			100.0				
▼1,184	▼1,225		297	1,397							
1,216				629	50.0	47.0	0.2			1.0	3.0
▼431	▼219		272	1,337	89.8	10.0	0.2				
▼685	▼669		12								
▼1,532	▼1,516		451	1,642							100.0
▼604	▼445		222	1,245	35.2	38.6	5.8			15.7	4.7
			103					100.0			
249	262	▼57.8	273	935						100.0	
1,295	1291		58	357	53.2	46.8					
▼53	89	▼60.8	35	500	94.9	3.5					
	430	▼28.3	105	563	61.7	10.9				7.8	19.5
			341	1,270		100.0					
			93			58.3		37.4			4.2
▼377	▼269		49	580				96.9			3.1
			94	711							
582	646	3.5	88					100.0			
205	209	▼13.6	73	415	10.1	23.4	3.9		37.9	12.8	11.9

全国専門店売上高ランキング①

［19年度全国専門店ランキング］

順位	企業名	代表者	所在地	業種	19年度		
					決算期	売上高	前期比
1	ユニクロ	柳井　正	山口	カジュアル	19/8	872,957	0.9
2	しまむら	鈴木　誠	さいたま	複合	20/2	516,068	▼4.4
3	良品計画	松崎　暁	東京	複合	20/2	328,358	8.7
4	ジーユー	柚木　治	山口	カジュアル	19/8	238,700	12.7
5	アダストリア ◎	福田　三千男	水戸	レディス	20/2	222,376	▼0.1
6	ユナイテッドアローズ ◎	竹田　光広	東京	複合	20/3	157,412	▼0.9
7	青山商事	青山　理	広島	メンズ	20/3	153,162	▼17.0
8	西松屋チェーン	大村　禎史	兵庫	子供服	20/2	142,954	3.5
9	パルグループホールディングス ◎	井上　隆太	大阪	複合	20/2	137,700	5.5
10	ストライプインターナショナル ◎	立花　隆央	岡山	レディス	20/1	132,500	▼2.9
11	ベイクルーズ グループ ◎	杉村　茂	東京	複合	19/8	131,000	10.3
12	サザビーリーグ ◎	角田　良太	東京	複合	20/3	112,400	1.0
13	AOKIホールディングス ◎	青木　彰宏	横浜	メンズ	20/3	98,352	▼14.0
14	赤ちゃん本舗	佐藤　好潔	大阪	子供服	20/2	96,744	▼5.7
15	ワークマン	小濱　英之	群馬	メンズ	20/3	92,307	37.8
16	ビームス	設楽　洋	東京	複合	20/2	85,400	2.9
17	マッシュホールディングス ◎	近藤　広幸	東京	レディス	19/8	78,700	11.8
18	ライトオン ◎	藤原　祐介	茨城	カジュアル	19/8	73,960	▼3.7
19	アーバンリサーチ	竹村　幸造	大阪	複合	20/1	68,000	▼4.9
20	バロックジャパンリミテッド ◎	村井　博之	東京	複合	20/2	65,880	▼7.3
21	三喜 ◎	八木下　眞司	千葉	複合	20/2	65,732	▼1.8
22	コナカ ◎	湖中　謙介	横浜	メンズ	19/9	60,698	▼6.8
23	はるやまホールディングス ◎	治山　正史	岡山	メンズ	20/3	50,582	▼8.9
24	ハニーズホールディングス	江尻　義久	福島	レディス	20/5	42,560	▼12.5
25	レリアン	小谷　建夫	東京	レディス	20/3	37,619	▼10.0
26	ウィゴー ◎	園田　恭輔	東京	その他	20/2	35,000	0.6
27	チュチュアンナ ◎	上田　利昭	大阪	靴下	19/7	27,369	▼3.8
28	シップス ◎	三浦　義哲	東京	複合	20/2	26,571	▼2.1
29	ワコール（小売事業本部・WEB事業部）	伊東　知康	京都	インナー	20/3	25,666	4.3
30	マックハウス	北原　久巳	東京	カジュアル	20/2	25,610	▼8.6
31	パレモ・ホールディングス ◎	吉田　馨	愛知	レディス	20/2	24,084	3.5
32	F・O・インターナショナル	小野　行由	神戸	子供服	19/6	23,836	▼5.3
33	サマンサタバサジャパンリミテッド ◎	門田　剛	東京	レディス	20/2	23,550	▼15.1
34	デイトナ・インターナショナル	鹿島　研	東京	カジュアル	20/2	22,639	30.6
35	タカキュー	大森　尚昭	東京	メンズ	20/2	22,380	▼10.5
36	バーニーズ・ジャパン	高橋　幸智	東京	複合	20/2	19,235	▼7.6
37	藤久	後藤　薫徳	名古屋	その他	19/6	18,939	▼6.1
38	コックス	寺脇　栄一	東京	カジュアル	20/2	17,121	▼10.4
39	やまと ◎	矢嶋　孝行	東京	きもの	20/3	15,956	▼14.9
40	タビオ ◎	越智　勝寛	大阪	靴下	20/2	15,722	▼4.6
41	トウキョウベース ◎	谷　正人	東京	複合	20/2	15,247	
42	坂善商事グループ	村上　隆司	東京	メンズ	19/9	13,096	▼0.8
43	ザザホラヤグループ ◎	洞　晧人	北九州	メンズ	19/7	12,800	▼8.2
44	タツミヤ	指田　努	東京	レディス	20/2	11,617	5.0
45	三松	斎藤　徹	東京	きもの	20/3	10,849	▼7.2
46	京都きもの友禅 ◎	服部　雅親	東京	きもの	20/3	10,514	13.8
47	R1000	金子　一弘	福島	レディス	20/2	9,725	
48	BANKANわものや	形部　幸裕	名古屋	きもの	20/3	9,635	8.6
49	アージュ	増田　英紀	広島	レディス	20/2	9,414	2.1

19年度					19年度						
営業利益	経常利益	前期比	期末店舗数	期末従業員数	メンズ	レディス	子供服	きもの	インナー	服飾雑貨	その他
▼741	▼767		112	538		100.0					
764	796	▼2.6	31	473		15.1	13.6			8.2	63.0
▼154	▼157		43	331	10.2	21.7	7.7		29.3		6.3
705	667		18	197	100.0						
687	544	6.3	47	563	10.9	18.5	2.1		4.5	22.9	41.1
			88	360							
28	35	▼66.7	84	428	61.6	14.2	0.9			23.3	
4	94	28.8	63	418		92.6					7.4
							100.0				
642	794	▼12.6	56	294	90.2	9.8					
121	126	147.1	61	395	15.0	49.0	1.0			26.0	9.0
88	91	▼73.2	28			89.1	10.7			0.3	
			52			94.0				6.0	
296	387	▼15.3	70			90.0				10.0	
▼28	38	▼78.3	31	707	81.2	8.1				9.3	1.4
	176	▼66.4	49	213		74.5					25.5
			26	172		100.0					
▼73	▼96			221	72.0	8.0	1.0			19.0	
▼64	▼69		49	294					100.0		
▼73	▼74		42	197	78.9	4.3				16.8	
	38	▼74.1	15			100.0					
	240	▼1.2	41	180		100.0					
486	490	▼8.4	33	122							
100	103	47.1		220			100.0				
74	84	▼19.2	30	180		90.0				10.0	
▼340	68		25	220	70.0	15.0				15.0	
			47	163		75.0				25.0	
			32		3.4	95.8					0.8
▼89	▼91										
			31	165	7.7	92.3					
			9	91	14.1	81.1					4.7
			51	286		94.2				5.8	
25	22	175.0	6	86	80.6	19.4					
			7								
63	60	▼38.8	32	163							
20	33	43.5	10	67	46.1	34.5	1.5			17.9	
84	91	16.7	9	78		50.5				36.3	13.2
47	35	94.4	27	127	4.5	95.5					
						80.0				20.0	
110	115	▼21.8	7	135	69.0	31.0					
	15	0.0	29			100.0					
12	10	11.1	23	80		100.0					
			35			100.0					
	40	100.0	19	70	0.8	96.8	0.5		0.1	1.5	0.3
	9	125.0	7		99.6						0.4
			5	30	54.2	7.4			0.3	10.5	27.6
33	32	39.1		46	7.0	64.0				29.0	
▼22	▼20		8	51							
			3	24	55.0	35.0				10.0	

全国専門店売上高ランキング②

順位	企業名		代表者	所在地	業種	19年度		
						決算期	売上高	前期比
50	玉屋		竹田 篤史	大阪	レディス	20/2	9,360	▼9.4
51	アミング		西江 あきよ	金沢	複合	19/7	9,295	4.7
52	サミット・コルモ		上小城 秀幸	東京	複合	20/3	9,249	▼3.9
53	タンゴヤGSカンパニー		田城 弘志	大阪	メンズ	19/7	8,812	
54	プロジェクトファイブ	◎	太田 貞利	愛知	複合	20/2	8,748	8.8
55	アイジーエー	◎	五十嵐 昭順	福井	レディス	20/2	7,800	▼12.0
56	ジーンズメイト		冨澤 茂	東京	カジュアル	20/3	7,769	▼9.4
57	ピーアンドエム		泰道 真也	東京	レディス	20/2	7,421	▼6.9
58	ブランシェス		原 忠司	大阪	子供服	20/2	7,366	0.9
59	オンリー	◎	中村 直樹	京都	メンズ	19/8	7,242	1.6
60	鈴乃屋		小泉 寛明	東京	きもの	20/3	6,500	▼18.8
61	クラッシュアンドカンパニーグループ	◎	天野 宏宣	新潟	レディス	19/7	6,467	0.6
62	ANAP	◎	家髙 利康	東京	レディス	19/8	6,261	▼5.5
63	銀座マギー		植松 伸一	東京	レディス	19/8	6,200	▼1.6
64	セキミキ・グループ		関 亮一	福岡	レディス	19/8	5,473	1.6
65	銀座山形屋グループ	◎	小口 弘明	東京	メンズ	20/3	5,154	▼7.8
66	田中興産		田中 敏男	大津	レディス	20/2	4,999	▼4.1
67	恵山	◎	沖山 英嗣	東京	レディス	20/3	4,781	▼17.8
68	マルカワ		小川 聖司	東京	カジュアル	20/2	4,186	▼5.4
69	ウンナナクール		塚本 昇	京都	インナー	20/3	4,121	▼0.3
70	シーズメン		三河 宏彰	東京	カジュアル	20/2	3,626	▼4.9
71	アストリア		安藤 康成	東京	レディス	20/2	3,575	▼18.2
72	サキヤクリエイト		佐々木 正明	岡山	レディス	20/3	3,569	▼13.5
73	ベイブルック	◎	原田 賢治	熊本	メンズ	19/7	3,529	▼3.7
74	マーキーズ		廣畑 正行	大阪	子供服	19/7	3,352	2.4
75	オー・アール・エフ		古田 芳文	名古屋	レディス	20/1	3,275	13.2
76	メーカーズシャツ鎌倉		貞末 奈名子	神奈川	複合	20/5	3,229	
77	ベルラピカ		寺畠 修	東京	レディス	20/2	2,465	▼2.8
78	花菱		竹中 治郎	東京	レディス	20/2	2,418	▼11.4
79	ジャックコーポレーション		金子 崇史	金沢	カジュアル	20/2	2,409	▼24.1
80	スミノ		角野 吉則	横浜	レディス	20/3	2,102	▼8.8
81	アクセ		高垣 圭一朗	広島	レディス	19/7	2,055	4.2
82	アルファベットパステル		濱田 一康	札幌	レディス	19/8	2,011	
83	ロフトマン		木村 真	京都	カジュアル	19/7	1,856	8.2
84	ビッグアメリカンショップ		安達 実	岡山	カジュアル	20/2	1,756	0.6
85	ビズ・カンパニー		陳 必正	宮城	レディス	20/2	1,551	3.4
86	ボーンフリー		藤野 壽男	滋賀	カジュアル	20/2	1,540	0.0
87	クロシェ	◎	沼部 健	神戸	レディス	20/1	1,538	▼1.9
88	立花屋		笠井 俊生	福岡	カジュアル	20/1	1,480	▼1.7
89	ティムティム		藤木 康史	千葉	レディス	20/2	1,361	▼7.2
90	JAM TRADING		福嶋 政憲	大阪	カジュアル	19/11	1,211	▼8.4
91	シンキ		信貴 豊長	京都	レディス	20/2	1,200	0.0
92	ギャラリークリエイション		杉原 和雄	東京	レディス	20/2	1,181	2.5
93	アカシヤ	◎	河野 茂樹	甲府	レディス	20/1	1,167	6.0
94	サロンモード		山口 健次郎	佐賀	レディス	20/5	1,100	10.0
95	ヒノヤ		新保 洋治	東京	メンズ	20/1	1,084	1.5
96	カワノ		川野 勝広	東京	複合	19/9	1,041	▼2.7
97	フォワイエグループ	◎	高田 明彦	高松	レディス	19/8	1,013	▼1.8
98	イケダヤ		池田 勝臣	静岡	複合	20/2	986	▼6.0
99	タイガース・ブラザース		全 龍雄	神戸	カジュアル	20/2	983	▼9.8

19年度					19年度						
営業利益	経常利益	前期比	期末店舗数	期末従業員数	メンズ	レディス	子供服	きもの	インナー	服飾雑貨	その他
						100.0					
35	35	▼5.4	1	35		100.0					
114	59	555.6	17	2		100.0					
8.8	7.7	28.3	10	35		95.0				5.0	
3	3	▼57.1	6	34	10.8	71.3				17.9	
▼66	▼67		7		30.2	69.8					
14	1	0.0	23	55		100.0					
15	7	▼22.2					100.0				
			5			91.4				5.7	
35			3	4	30.0	70.0					
5	5	▼28.6	4	6	42.0	58.0					
					11.3	33.5				55.2	
▼22	▼21		6	15		86.0				14.0	
8	4	33.3	1	2	0.2	99.8					

全国専門店売上高ランキング③

順位	企業名	代表者	所在地	業種	19年度 決算期	売上高	前期比
100	ザ・ステージ ◎	塚本 智子	広島	レディス	19/7	819	9.6
101	和光ハトヤ	桜井 聖剛	東京	レディス	20/2	706	1.0
102	タビインターナショナルジャパン	荘司 暁生	東京	レディス	19/12	642	2.9
103	たまや	安保 尚雅	三重	メンズ	19/7	498	6.2
104	平徳本店	平澤 孝夫	秋田	レディス	20/1	485	▼3.0
105	タカハシ ◎	高橋 文柄	秋田	レディス	19/8	480	▼1.8
106	BASE	青木 隆幸	岐阜	レディス	20/2	444	
107	ウエルビー	外賀 裕孝	神戸	レディス	20/3	440	▼6.4
108	サーカス	西分 顕	大阪	子供服	20/2	418	▼10.7
109	マツノ	松野 郁夫	富山	レディス	20/6	350	▼18.6
109	イリヤ	佐藤 尊志	広島	レディス	19/7	350	
111	マトッティ	岩高 哲也	神戸市	レディス	20/2	255	▼5.6
112	ビィビィ池田	池田 吉孝	大阪	複合	19/11	212	▼3.6
113	ケムコレクショングループ	金三津 幹男	東京	レディス	19/9	208	▼5.9
114	石川商店	石川 英章	静岡	レディス	19/8	84	2.4

《表の見方》

①単位＝百万円、前期比伸び率、構成比％、▼赤字・減
②分野別の服飾雑貨はかばん、靴、靴下、アクセサリーなど
③連結決算＝社名に◎がついた企業
④アイジーエーは全社売上高に海外事業と子供服などを含む
⑤青山商事のメンズ、レディス売上高はビジネスウエア事業のみ
⑥ＡＯＫＩホールディングスはファッション事業
⑦アルファベットパステルは７カ月決算
⑧サザビーリーグの業績は決算未了のため見込み概算
⑨ジーユーの業績は海外事業含む
⑩しまむらの構成比は「ファッションセンターしまむら」業態のみ
⑪シップス、ストライプインターナショナルは今回から連結に変更
⑫ハニーズホールディングスの業績は国内事業のみで、構成比にその他収入を含まない
⑬タンゴヤＧＳカンパニーは決算期変更
⑭ＢＡＳＥは11カ月決算
⑮良品計画の分野別売上高は靴・バッグを除く衣服・雑貨売上高と国内供給事業の数字の合計

						61,893	12.8	61,893	2.8
						17,130		17,130	9.9
22,800	22,000	8,520,000	5,100,000	1.1	1.1	26,872	▲ 7.9	26,872	6.2
7,000		165,000		1.5		14,009		14,009	11.7
6,931	7,974	10,437,736	11,368,935	1.1	1.2	73,960	▲ 3.7	73,960	2.2
2,800	2,500	360,000	150,000					1,621	98.7
40,000	40,000	928,000		2.7		37,619	▲ 10.0	37,619	4.3
3,000	3,200	532,000	451,875	1.1	1.1	4,186	▲ 5.4	4,186	38.1
						50,327	▲ 14.8	48,031	3.2
						13,096	▲ 0.8		
12,700	12,000					9,700	▲ 3.8	9,700	12.9
14,700	14,500	1,650,000	1,600,000	1.8	1.8	5,168	6.3	5,168	22.4
	8,765	2,625,537	2,211,973			7,800	▲ 12.0	7,800	14.7
22,728	11,160	18,642		2.2	2.5	16,726	34.5	10,917	9.6
						4,184	0.6	4,184	25.0
						18,939	▲ 6.1		
10,363	11,154	40,040,000	1,385,000			58,493	▲ 7.0	58,424	1.7
3,200		3,000,000		1.5		15,722		15,722	6.3
12,000	12,000								
20,350	17,515	4,141,535	2,354,291			9,115	10.9	8,801	10.4
10,000	8,896	1,454,572	1,255,098	1.5	1.5	1,018	9.0	1,018	88.8
						4,916	21.6	4,850	17.7
						3,821	▲ 0.1	3,630	22.0
13,338		31,162		1.5		20,711		20,711	3.7
						22,380	▲ 10.5		
						983	▲ 9.8		
						7,421	▲ 6.9		
						21,945			
30000～40000	32,000	4,550,000	4,500,000			10,200	▲ 1.7	10,200	6.4
		2,234,500	1,847,000			11,195	▲ 1.0	11,195	5.5
10,300	10,500	2,966,700	2,265,576	1.8	1.8	1,351	1.7	1,351	45.2

ジンズホールディングス	8	1,740	17.3						
コックス	2	1,697	15.7	20.5		79.5			
エフ・ディ・シィ・プロダクツ	2	1,665	▲ 2.1	77.1	78.9	22.9	21.1		0.0
ダブルエー	1	1,643		35.0		65.0			
ライトオン	8	1,634	▲ 34.5	33.0	36.0	67.0	64.0	89.0	90.0
センティーレワン	1	1,600	▲ 1.6	4.7	5.2	97.8	97.3	81.0	80.0
レリアン	3	1,600	21.0	65.2	61.7	34.8	38.3	75.0	50.0
マルカワ	2	1,596	10.4	0.7	0.8	99.3	99.2	76.0	69.0
ファイブフォックス	8	1,536	21.0	30.0	30.0	70.0	70.0	85.0	80.0
坂善商事グループ	9	1,447							
ファミリア	1	1,249	▲ 0.5	97.1	98.7	2.8	1.2	87.7	82.6
サダ・マーチャンダイジングリプリゼンタティブ	12	1,160	7.5	100.0	100.0	0.0	0.0		
アイジーエー	2	1,150	▲ 4.2	87.7	86.8	12.3	13.2		2.0
ダイドーフォワード	3	1,047	▲ 0.4	82.3	86.9	16.9	13.1		
三高	1	1,046							
藤久	6	1,046							
クロスプラス	1	1,003	113.0	70.0	65.0	30.0	35.0	87.0	72.0
タビオ	2	986		39.4		60.6		65.4	
クリケット	7	976	7.0	9.8	8.5	90.2	91.5		
ミルク	2	916	9.8	39.2	30.3	60.8	69.7	95.5	92.3
ヘブンジャパン	3	904	4.1	27.1	26.7	72.9	73.3	91.0	89.0
キムラタン	3	860	4.2	43.0		57.0	43.0		57.0
イーゲート	3	800							
三起商行	2	769	▲ 30.1	66.8		33.2		0.0	
タカキュー	2	735	18.7						
タイガース・ブラザーズ	2	722	▲ 9.2						
ピーアンドエム	2	712	4.6						
チュチュアンナ	7	666		3.4					
スタージュエリー	5	650	18.6	100.0	100.0	0.0	0.0	90.0	80.0
ヴァンドームヤマダ	8	615	13.9	51.0	47.7	49.0	52.3		
JAMトレーディング	11	611	2.3	50.0	49.2	50.0	50.8		

《表の見方》

ゾゾ、ロコンドのファッション商品ネット売上高は商品取扱高

・ディノス・セシールのネット売上高はファッション以外の商材受注を含む

・ジュピターショップチャンネルは本社推定。

ジュピターショップチャンネルのネット売上高はファッション以外の商材受注を含む。

・良品計画の同売上高は国内ウェブ事業数値

・ベイクルーズは 19 年 8 月期実績

・三陽商会は決算期変更に伴い 14 カ月の数字

・表には本社 19 年度アパレルメーカー、専門　店業績アンケート回答を含む

19年度アパレル売上高ランキング上位30社

順位	社名		決算期	ｱﾊﾟﾚﾙ売上高	前期比
1	ワールド※	◎	20/3	214,574	▼4.8
2	オンワードホールディングス	◎	20/2	205,265	▼4.3
3	ワコールホールディングス	◎	20/3	186,760	▼3.8
4	TSIホールディングス	◎	20/2	164,800	3.0
5	デサント	◎	20/3	105,441	▼13.1
6	ゴールドウイン	◎	20/3	97,899	15.3
7	グンゼ	◎	20/3	69,491	▼4.3
8	クロスプラス	◎	20/1	58,493	▼7.0
9	カイタックホールディングス	◎	20/2	55,600	8.6
10	ジュン	◎	19/9	53,000	▼3.6
11	モリリン		20/2	49,387	▼5.2
12	ミズノ	◎	20/3	48,600	▼9.7
13	ファイブフォックス	◎	19/8	48,031	▼18.1
14	タキヒヨー		20/2	44,144	▼6.6
15	4℃ホールディングス	◎	20/2	43,339	▼5.3
16	イトキン	◎	20/1	43,318	▼8.5
17	ルックホールディングス	◎	19/12	43,237	▼0.4
18	トリンプ・インターナショナル・ジャパン※		19/12	43,000	
19	岡本	◎	20/3	42,100	▼0.9
20	小泉グループ	◎	20/2	39,503	▼9.2
21	アシックス	◎	19/12	39,227	▼13.3
22	サンラリーグループ	◎	19/12	39,155	4.6
23	菅公学生服	◎	19/7	35,751	2.6
24	ドーム		19/12	33,153	▼13.5
25	ナルミヤ・インターナショナル	◎	20/2	32,044	7.9
26	ジャヴァグループ※	◎	20/3	30,000	
27	トンボ	◎	19/6	29,142	2.6
28	八木通商		20/3	28,602	9.3
29	チュチュアンナ	◎	19/7	27,369	▼3.8
30	ジョイックスコーポレーション		20/3	25,894	▼4.0

単位：百万円、前期比伸び率%、▼減　◎連結またはグループ合算

※ワールドはIFRS

※トリンプ・インターナショナル．ジャパンとジャヴァグループは本社推定

※繊研新聞社ランキング調査（2019年度）より

突破《とっぱ》するSC《エスシー》ビジネス
続／新ショッピングセンター論

2021年 6月1日 初版第1刷発行

著　者　大甕 聡 & 未来SC研究会
発行者　佐々木 幸二
発行所　繊研新聞社
〒103-0015 東京都中央区日本橋箱崎町 31-4 箱崎314 ビル
TEL 03-3661-3681 FAX 03-3666-4236
印刷・製本　中央精版印刷株式会社

ISBN 978-4-88124-341-1 C3063